関係としての自己

木村 敏

みすず書房

関係としての自己◇目次

序論

《真理とは、それがなければある種の生きものが生きられないような誤謬のことである。生きることにとっての価値が最終的な決定を下す[1]》とニーチェはいう。

「真理」などという大げさなことでなくてよい。われわれは人間として、健全に生きてゆくために、感覚や意識を総動員して世界を自分の都合のよいように編集している。われわれに見えている色もかたちも、聞こえている音も、われわれの周囲に広がっている空間も、われわれを押し流してゆく時間も、すべてわれわれが自分の生きて行きやすいように「構築」したものではないのか。意識に現象しているこの世界は、すべて健全で有用な錯覚から成り立っているのではないか。

ドゥルーズはニーチェに託してこう書く。《意識はけっして自己《ソワ》の意識ではなく、意識的でない自己に対する自我《モワ》の意識である。それは主人の意識ではなく、主人に対する奴隷の意識であって、主人は意識的である必要がない[2]》。

生きるために、あらゆる手だてを尽くして世界という現象を構築し、その錯覚のなかに安住しているのは、自我の意識、奴隷の意識である。なんとしても生きねばならぬ、死んではならないという、個人の生の、死に対する絶対的優先。それこそこの錯覚の最たるものだろう。個体の死こそが、種の生の継続を可能にしているというのに。

自我の意識の背後に控えている自己について、ニーチェ自身はこういう。《感覚と精神は道具であり玩具である。その背後にはさらに自己《ゼルプスト》がいる。自己は感覚の目でもって探索し、精神でもって聞き耳を立てている。／自己はつねに聞き耳を立て、探索している。自己は比較し、強制し、征服し、破壊する。自己は支配する。そして自己は自我《イヒ》を支配する者でもある。／兄弟よ、きみの思考と感情の背後に、一人の強大な命令者、知られざる賢者がいる。その名を自己という。それはきみの身体のうちに住む。きみの身体がそれなのだ》[3]。

身体の役割は両義的である。それは一方では意識の座として、自我《イヒ》による世界の構築に力を貸しながら、他方では自己の住みかとして、《口に出して「わたし《イヒ》」とは言わないが、「わたし」を実行している》[4]ものとして、つまりは非人称で無意識の「それ《エス》」として、わたしと世界の関係の実質的な媒介者の役を果たす。

媒介者の地位は宿命的に両義的であらざるをえない。ヴァイツゼカーは、フロイトが「エス」を無意識そのものとして心的機構に導入したことによって、身体は不要になってしまったと批判する。それでもやはりエスの両義性は残る。《エスは非自我なのに、自我はエスの差異化された一部にすぎないという両義性は、［フロイトによって］純粋に心的な事態として、いわば合法化された。無意識の概念と同様に大きな論理的矛盾を含んだこの両義性を、除去すべきだというのではない。むしろわれわれは、エスが自我を含んでもいるし、自我から排除されてもいるというこの事態を、肯定的に受け入れなくてはならない。そうすると研究者とその学問（それは所詮つねに自我機構の中でのみ成立する）は、この両方の観点を活用する以外ない。このことを次のように表現してもよい。エスは人間にとって恒常的で確固とした土台でなく、いわば不断に形成され続けるのみで、けっして恒常性に到達することのないものである[5]》。

　このエスとは自己のことである。自己はこうして頭を意識の表面に出し、「自我」として世界と立ち向かいながら、両脚を深々と非人称の「無意識」にひたしている。こうして、自我と世界の媒介者である自己は、意識と無意識の差異そのものとして、一人称と非人称との「あいだ」を生み出す源泉として、自分自身を媒介しながら「不断に形成され続け」ている。

　フロイトの「エス」を批判的に継承したヴァイツゼカーにとって、エスとは主体／主観《ズブイエクト》の別名とも見なされうるものだった。主体／主観について、ヴァイツゼカーはこう書いている。《古典的自然科学の問い方が「認識が客観を認識する」という形式であったのに対して、新しい問い方は「一つの自我がその環界に出会う」という形式をもつ。ここで「自我」と心的現象との一切の混同を防止するために、われわれは現象との結びつきをまだ残している自我の概念から、それと環界との対置の根底をなす原理を取り出して、これを主体／主観と呼ぶ[6]》。

この「主体／主観」の概念は、心的・意識的な現象《エアシャイヌング》と混同されうる「自我」と等価な、いわば自己の最表層を指している。ところがヴァイツゼカーは、明らかにこれと深度の違うもうひとつの「主体／主観」ないし「主体性／主観性《ズブイエクテイヴイテート》」の概念を有していた。「自己」ないし「自己性」の概念といってもよい。それはこうである。

《生物学的経験にとっては、生きものがその中に身を置いている規定の根拠それ自体は対象となりえない。このことを生物学における「根拠関係」*Grundverhältnis* と呼ぼう。生物学を支配している根拠関係とは、客観化不可能な根拠への関わり Verhalten *zu* のことであって、因果関係の場合のように、原因と結果といった認識可能な事物間の関係 Verhältnis *zwischen* ではない。つまり根拠関係とは実は主体性／主観性のことなのだが、これは一定の具体的かつ直観的な仕方で経験されるものである[7]》（強調はヴァイツゼカー）。

「生きものがその中に身を置いている規定の根拠」とは、「生それ自身」のことにほかならない。個々の生物が生それ自身へと関わるということは、その生物が生きているということである。生きる営みとしての主体性／主観性ないし自己性とは、その個体を主体／主観ないし自己たらしめている根拠との関わりのことである。自己はこうして、その両脚を対象化不可能な「生それ自身」にしっかり据えている。無意識で非人称のエスに、といってもよい。自己はこのようにして、その表層で一人称の自我に接し、その深層で非人称のエスに接しながら、両者を媒介する両義的なあり方を、つまり関係というあり方をもっている。

個体のそれぞれがいとなんでいる個性的な生活／生存、つまりアポロン的ビオスは、生物を生物たらしめている生それ自身、つまりディオニューソス的ゾーエーが、そのつどの身体を通じて、自らを限定し個別化したものである。そして自己とは、この自己限定と個別化がそのつど立ち上がるはたらき、いいかえれば「個別化の原理」にほかならない。自己を一人称的自我として成立させる個別化の原理は、個の側での死すべき生、ビオスと、種の側でのそれ自体としては死を知らぬ生、ゾーエーとのあいだの、いわば「生命論的差異」（本書第Ⅷ章参照）を、自己の身体というかたちで媒介し、具現している。

意識的自我が、対象を知覚し判断しながら言表可能なかたちで思考する——そこで「真理」という名の錯覚に陥る——営みは、その根を、自己／身体による媒介を隔ててディオニューソス的ゾーエーに張っている。動物的本能に、といってもよいだろう。人間以外の生きものは、動物も植物も単細胞の生物も含めて、ゾーエー的な集合的・集団的生命の圧倒的な優位のもとに生きている（zoē は本来、動物 zôon の生を謂う言葉だが、ここではそれは一応措く）。そこではアポロン的ビオスの個別化を云々する余地はない。各個体の一見自由意志によって動いているかに見える行動も、人間の自由意志とは違って、集団全体の、種に固有の目的追求的な行動が、各個体に配分されて実現しているものにすぎない。各個体の行動を触発する対象知覚も、種に固有の外界認知が各個体の感覚装置に映し出されたものと見ることができる。

人間における脳の急激な発達が、本能的行動から離脱した自由意志による随意行動と、集団の感覚に吸収し尽くせない各個人の認知能力を可能にした。しかし人間も生物の一種として、「個体以前」「個別化以前」の種的・本能的な感覚や行動を放棄したわけではない。それらは人間において消滅したのではなく、隠蔽され忘却されているだけである。

人間の自我は、それが知覚して意識した外界の対象を、実在として、リアリティとして認知する。しかし生物としての人間《ヒト》は、この意識的表象的な経験「以前」に、すでにその対象と生命的に関わっているはずである。対象へのこの意識的表象以前の生命的な関わりは、それが隠蔽され忘却されているかぎりにおいて、人間の経験にとっては「潜在的」「潜勢的」、つまりヴァーチュアルなありかたを保っていると言わねばならない。しかしその同じ関わりが、たえず自己ないし身体という両義的な媒介を通ることによって、その一端を人間の経験にのぞかせる。この一瞬の意識にひらめくヴァーチュアリティの非恒常的な立ち上がりは、人間の自由意志による世界への関わりと深く関係していて、われわれにそのときどきの行為的現実感、つまりアクチュアリティを与えてくれる。現勢態であるアクチュアリティは、潜勢態であるヴァーチュアリティがそのつどの現在においてそれ自身を限定し個別化する過程で、触媒のようにはたらいて、それによって意識面でのリアリティの生成を触発し、リアリティにぴったり張り付いたかたちでそれ自身を顕在化する。

以下本書に頻出する「ヴァーチュアル」virtual（ないし「ヴァーチュアリティ」virtuality）の語は、最近の電子技術でよく用いられる「ヴァーチャル・リアリティ」（仮想現実）とは関係がない。それはむしろ、フランス語やドイツ語で「潜在的」「潜勢的」の意味で用いられる virtuel の語の英語表記である（英語の virtual は、この意味では通常あまり用いられていないようにみえる）。

右に書いた「個体以前」「経験以前」の「以前」は、人間の経験全体における発生的・系譜的《ジェネアロジク》な意味での「以前」であるだけでなく、そのつどの経験における時間的な「以前」でもある。「時間的な以前」であるかぎり、それはあるいは「計測可能」であるかもしれない。そのような期待をわれわれに抱かせるのが、神経生理学者ベンジャミン・リベットの一連の実験[8]である（この実験についてはノーレットランダーシュ[9]が詳細に紹介し、深尾憲二朗[10]がさらに立ち入った検討を加えている）。

リベットの仕事は大きく二つに分けられる。その一つは脳手術を受けた患者の協力を得て行われたもので、脳に末梢の感覚刺激が到着したとき、意識は実際にはそれよりかなり遅れて、〇・二秒から〇・五秒後にようやく刺激に気づくのだが、主観的にはその感受時刻が繰り上げられて、ほとんど遅れなしに気づいていたかのように経験しているという、彼が「主観的時間遡行」subjective back referral in time と呼んだ現象の発見である。二番目は随意運動に際して、運動の主観的な意図はやはり実際の脳活動の開始より約〇・三五秒遅れて自覚され、それからさらに約〇・二秒遅れて運動が遂行されるという事実の発見である。

最初の感覚実験で見出された「主観的時間遡行」はなにを物語るのか。有機体の身体表面に外界から刺激が加えられると、それはほぼ瞬時に（神経伝達に要するわずかの時間で）大脳皮質に伝達され、脳波上に「誘発電位」と呼ばれる電位変化を生じさせる。しかしその刺激が対象意識にリアリティとして到達するためには、皮質の興奮が〇・二秒から〇・五秒持続する必要がある（百分の一秒を争う陸上や水泳、スキー、スケートなどの競技のことを考えてみれば、これはかなりの時間である）。ところが意識はこの「時間差」を事後的に修正して、すでに無意識的に（ヴァーチュアルに）感受されていた刺激の直後まで、知覚のリアリティを遡らせる。刺激伝達が実際に行われた客観的な時刻と、それが対象として主観的に意識に登録された時刻とのあいだにはかなりのズレがあるのに、意識はいわばそのズレを抹消してしまう。

リベットはこの実験で、主観的時間遡行を司っているのが「特殊投射系」と呼ばれる系統発生的に新しい経路（末梢から内側毛帯と視床特殊核を経由して大脳皮質の体性感覚野に至る）であることを確かめている。そこで（リベットとは独立に）、この修正を受ける前の無意識の刺激感受を伝達している経路が、系統発生的に古く、ヒト以外の動物とも共通のものだと想定すればどうだろう。このヴァーチュアルな感覚は、ヒトの集団行動においては集団全体の主体性に吸収されてしまうことになるような、個別主体成立以前の基底層で感受されることになるのに違いない。これに対して感覚が「現にいま感じられている」というアクチュアルな現前意識は、無意識でヴァーチュアルな「集団感覚」と、意識に表象された「個体感覚」とのズレそのものとして成立し、しかもこのズレは、それが成立すると同時に「主観的時間遡行」の機制によって実質的に消去される。いいかえればアクチュアルな現前意識は、成立するやいなや直ちに対象意識のリアリティによって覆い隠される。先に、ヴァーチュアリティの「非恒常的な立ち上がり」であるアクチュアリティがリアリティの生成を触発し、リアリティにぴったり張り付いたかたちでそれ自身を顕在化する、と書いたことを想起してほしい。そのおかげでわれわれは、物理的世界での活動に不都合を生じるほどのズレを感じないで済んでいる。

次に随意運動の実験では、被験者が自由意志で好きなときに自分の指を曲げるという運動を意図したとき、脳の「補足運動野」と呼ばれる部位がすでに運動の準備状態に入っていることを示す「準備電位」が脳波に記録され、その約〇・五五秒後に実際に運動が遂行されて、これが末梢の筋電図に記録される。しかし指を曲げようとする主観的な意図が被験者に自覚されるのは、準備電位の立ち上がりよりかなり遅れて、運動遂行のわずか〇・二秒前になってからである。つまりここでも、感覚実験で見出されたヴァーチュアルな刺激感受とリアルな対象意識の成立との時間差とほぼ等しい約〇・三五秒のズレが、運動のヴァーチュアルな「意図」とそのアクチュアル／リアルな自覚とのあいだに挿入されている。しかしここでは感覚実験での「時間遡行」に対応するようなズレの補正は確認されていない。リベットはむしろ自らの運動実験の解釈の力点を、運動の意図が自覚されてから実行に移されるまでの〇・二秒間に行われうる「実行の取り消し」（自由意志による拒否権 veto の発動）の可能性という点においている。

感覚的認知の場合と違って、運動に際しては、それが遂行されるという事態がそのままアクチュアリティを構成していて、厳密な意味での（主体にとっての）リアリティはどこにも成立しえない。運動の意図を「自覚」するという、運動そのものよりもむしろ認知に属する局面ではじめて、萌芽的なリアリティが（アクチュアリティと分離不可能なかたちで）云々できるだけである。右にアクチュアル／リアルという書き方をしたのもそのためだった。純粋な運動は意識の介入を必要とせず、非人称の自己《エ》／身体《ス》のみの活動として営まれると言ってよい。意識が全面的に関与するのは、運動遂行の直前に拒否権が発動される場面だけだろう。

リベット自身はこの「拒否権」について、モーセの十戒をもちだして、道徳的・倫理的な意味での個人の自由意志と結びつけた解釈を試みているのだが、それとはやや違った、もっと社会的な解釈もありうるのではないか。

いまもしその個体が他の個体たちと集団を作って動いている場合を想定してみると、その個体の脳の準備電位で示されるヴァーチュアルな「意図」は、もはやその個体単独の現象ではなく、集団全体の運動の「意図」がその成員である各個体の脳に反映されたものと見ることができるだろう。そしてこの個体自身のアクチュアルな個別性は、この集団的意図に対する「拒否権」の発動というかたちでしか形成されえないことになるだろう。自己の個別化は必然的に、全体への無条件の帰属に対する拒否としてしか成立しえない。これが人間社会においては、集団心理のヴァーチュアリティに押し流されて止まるところを知らない「全体主義」に対する、個人主義の最後の砦となると考えることもできるだろう。

自己と自我の問題に戻ろう。ニーチェの「自己」は、奴隷である「自我」の意識を背後から支配する主人であった。主人と奴隷の相互依存関係について、ここでこと新しく書くことは何もない。われわれにとって興味があるのは、それと同じ相互依存関係をフロイトが「エス」と「自我」の間にも認めていたことである。

周知のようにフロイトは『自我とエス』(11)で、それまでの意識・前意識・無意識の「第一局所論」を、自我・エス・超自我の「第二局所論」に変更した。彼にそうさせたのは、「無意識」概念の曖昧さだった。無意識はなによりもまず「抑圧されたもの」なのだが、この抑圧を行う側の「自我」の仕事も、やはり意識されていないのである。そこでフロイトは彼の信奉者だったグロデックから、ドイツ語の非人称代名詞 es を名詞化した「エス」das Es の概念を借りて、それによって無意識の心的機能を表現しようとした(12)。

ところが、ここでもやはり事態の複雑さは解消できない——というか、ここにいたってますます明白にその姿を現す。《ある個人の心的過程の脈絡ある組織》(13)として《知覚系Wから由来する、まずは前意識的な》(14)「自我」と、自我がそれの《未知の制御不可能な力によって「生きられて《ゲレープト》」いる》(15)ところの「エス」との関係が、今度は両義性をおびることになった。《自我は、知覚・意識系の仲介のもとで外界の直接の影響によって変化するエスの部分》である一方で、《理性とか分別とかと呼ばれるものを代表して、さまざまな情念を含むエスと対立している》(16)。自我のエスに対する関係は《手に負えない力をもつ馬を制御する騎手に似ている》が、落馬を防ぐために《ふつうはエスの意志を、あたかも自分の意志であるかのように実行に移している》(17)。主人と奴隷の相互関係をここにも見てとることは容易い。

それだけではない。フロイトはさらにこんなことも書く。《系統発生に言及すれば、〔……〕われわれはこのような自我とエスの分化を、原始人だけでなく、それよりずっと単純な生物にも認めなければならない。〔……〕エスは、自分のもとで外界の代理をしている自我を通じてでなければ、外部の動きを体験したり経験したりすることができない。しかし〔このような経験が〕自我の中でそのまま遺伝するとはいえない。実在の個体と種の概念との間には隙間が空いている。〔……〕自我がエスの特別に分化した部分であることを忘れてはならない。自我の諸体験はそのままでは遺伝されずに失われるように見える。しかしそれが世代を通じて多くの個体に十分しばしば強力に反復すれば、それはいわばエスの体験に置き換えられて、その刻印が遺伝的に保存されることになる(18)》。

ここでフロイトを長々と引用したのはほかでもない、フロイトのいう「エス」がニーチェの「自己／身体」やヴァイツゼカーの「主体／主観」と同じく、一方で個別的自我に接続しながら（そのかぎりで一人称的な個別性を保持しながら）、他方では非人称のヴァーチュアルな「種の生命」に根を張った、両義的な媒介者であることを明らかにしたかったからである。フロイトが「エス」と名づけようとしたもの、それはわれわれが「自己」の名で呼んでいるアクチュアルなはたらきのことではなかったか。「エス」の避けがたい両義性は、それがそれ自体において、一人称の個別的な生のリアリティ（ただしそれは「リアリティ」として名指されたとたんに三人称化する）と、非人称の種的な生のヴァーチュアリティとの関係そのものであることを物語っている。

《人間とは精神である。精神とは何か。精神とは自己である。自己とは何か。自己とはそれ自身に関係するところの関係である。すなわち関係ということには関係が関係自身に関係するということが含まれている、——だから自己とは単なる関係ではなく、関係が関係それ自身に関係するというそのことである》[19]（キルケゴール）。

関係が関係それ自身に関係するような関係、そのような関係であるところの自己は、統合失調症ないし分裂病という病的事態に直面して、根底からその存立を脅かされる。少し乱暴に言い換えれば、「自己と自己との関係」が「自己と自己との無関係」に、あるいは「自己と非自己との関係」に変質しようとする。ふだんは自我の制御のもとに、あまりにも自明な「存在」としてふるまっている自己が、危機に瀕して関係としての正体を暴露する。

本書の各章は、これまでわたしが書き続けてきたものとまったく同様、このような自己の危機的事態についての臨床経験を踏まえて、自己という奇妙なあり方の謎に迫ろうとするたどたどしい思索が残した痕跡である。どの章にもほとんど同じ言説が繰り返し出てくるけれど、ほぼ執筆順に配列した各章を通読していただけば、そこに少しは発展が読みとれるのではないかというささやかな期待を抱いている。

注

（1） Nietzsche, F.: *Der Wille zur Macht. Versuch einer Umwertung aller Werte.* Kröner, Stuttgart 1964. Drittes Buch 493, S. 343.

（2） Deleuze, G.: *Nietzsche et la philosophie.* PUF, Paris 1973, p. 44-45（足立和浩訳『ニーチェと哲学』国文社、一九七四年、六五頁）。訳文は一部変更した。

（3） Nietzsche, F.: *Also sprach Zarathustra.* Werke in drei Bänden, Hanser, München 1966. II, S. 300（薗田宗人訳『ツァラトゥストラはこう語った』ニーチェ全集第一巻、白水社、一九八二年、五二頁）。訳文は一部変更した。

（4） 同。

（5） Weizsäcker, V. v.: *Natur und Geist.* Ges. Schr. 1, Suhrkamp, Frankfurt a. M. 1986, S. 168.

（6） Weizsäcker, V. v.: *Der Gestaltkreis. Theorie der Einheit von Wahrnehmen und Bewegen.* 1. Aufl. Thieme, Leipzig 1940, S. 153; Ges. Schr. 4, Suhrkamp, Frankfurt a. M. 1997. S. 299（木村敏・濱中淑彦訳『ゲシュタルトクライス』みすず書房、一九七五年、二七五―二七六頁）。ここに引用した文章は、戦前ライプツィヒのティーメ社から刊行された初版本（一九四〇年）からのものであって、戦後シュトゥットガルトに移った同じティーメ社から刊行されている第三版（一九四七年）以降の版では（一九九七年にズーアカンプ社から出た全集第四巻の版でも）、《「自我」と心的現象 psychische Erscheinung との一切の混同》の個所が《「自我」と物的／身体的現象 physische Erscheinung との一切の混同》に変えられている。この変更に気づいたのはごく最近のことで、従来から私がヴァイツゼカーの主体／主観概念について論じるときにかならず引用してきたこの個所は、（本書に収録した諸論文でも）すべて第三版以降の表記によっている（ただし、本書第Ⅻ章でのこの個所の引用は、初版に則して改めておいた）。この変更が改版の際の誤植によるものなのか、ヴァイツゼカー自身によって意図的に書き換えられたものなのかは不明であるが、ヴァイツゼカーの心身論の本領が「心的」と「身体的」を分断しない点にあることを考えれば、これによって文意が根本から変わったとは考えなくてよいだろう。なお、右記拙訳（これは一九五〇年の第四版を底本にした）ではこの個所を《「自我」と物理的現象との一切の混合》と訳してあるが、これはあまり適切といえない。

（7）同書 S. 318（邦訳二九八頁）。

（8）Libet, B.: Production of threshold levels of conscious sensation by electrical stimulation of human somatosensory cortex. *J Neurophysiol* 27; 546-578, 1964.

Libet, B, Wright, E. W. Jr., Feinstein, B., Pearl, D.: Subjective referral of the timing for a conscious sensory experience. *Brain* 102; 193-224, 1979.

Libet, B.: Time of conscious intention to act in relation to onset of cerebral activity (readiness-potential): The unconscious initiation of a freely voluntary act. *Brain* 106; 623-642, 1983.

（9）Nørretranders, T.: *The User Illusion. Cutting Consciousness Down to Size.* Penguin Books, 1998（トール・ノーレットランダーシュ『ユーザーイリュージョン——意識という幻想』柴田浩之訳、紀伊國屋書店、二〇〇二年、第九章）。

（10）深尾憲二朗「自己・意図・意識——ベンジャミン・リベットの実験と理論をめぐって」。中村雄二郎・木村敏監修『講座・生命2004 vol. 7』河合文化教育研究所、二〇〇四年。

（11）Freud, S.: *Das Ich und das Es* (1923). Studienausgabe III, Fischer, Frankfurt a. M., 1982, S. 273ff.（小此木啓吾訳「自我とエス」、『フロイト著作集』6、人文書院、一九七〇年）。引用は直接原書から訳出した。

（12）フロイトがグロデックの「エス」概念を借用した際の問題をはらんだやり口については、拙著『分裂病の詩と真実』（河合文化教育研究所、一九九八年）所収の「エスについて——フロイト・グロデック・ブーバー・ハイデガー・ヴァイツゼッカー」（『木村敏著作集』第七巻、弘文堂、二〇〇一年に再録）を参照してほしい。

(13) Freud: *Das Ich und das Es*. S. 286（邦訳二六七頁）。
(14) 同書S. 292（邦訳二七三頁）。
(15) 同書S. 292（邦訳二七三頁）。
(16) 同書S. 293-4（邦訳二七四頁）。
(17) 同書S. 294（邦訳二七四頁）。
(18) 同書S. 305（邦訳二八三・四頁）。
(19) キェルケゴール『死に至る病』斎藤信治訳、岩波文庫、一九三九年、二〇頁。訳文は一部変更した。

第Ⅰ章　私的な「私」と公共的な「私」

1　「私」の両義性

「私」とは、私自身のことである。自分自身のことを実感を込めて「私」という一人称で名指せる存在、それはこの私自身の他にはこの世界にだれもいないはずである。ところが、実際にはこの世界に生きているすべての人が、それぞれ自分のことを「私」と言い、私自身も当然のこととしてそれに倣って自分のことを「私」と呼んでいる。これは考えてみればおかしなことではないのか。(1)

私が「いまここにいる」da sein ということ（私の「現存在」Dasein）に備わったひとつの際だった存在性格を、ハイデガーは「それぞれに私のものであること」という意味で「各自的」jemeinig (je meines) と名づけた。(2) しかしこの「それぞれに」je とは、どういう意味か。「各自」でありうるのは、だれなのか。

「それぞれ」がそのようにありうるということは、「だれもが」jeder 例外なくそのようにありうるということである。それは、世界中でこの私の他にはだれもいないような、そんな「私」に関することではありえない。ここでは「私」は「各自の自己」に変質している。「各自の自己」がそれであるところの「私」、それはいったいだれなのか。「自己」という三人称名詞が指示するような「私」とは、だれのことなのか。

いまここにいる、世界中で唯一無二のこの私だけではなく、私以外のだれもが、自分のことを「私」という一人称代名詞で名指すことができる。すべての人が例外なく、各自的に「私」であることができる。その意味で「私」とは「公共的」öffentlich, public な存在でもありうる。私が私自身の目の前にいる他者のうちにも「私」を認め、彼をひとりの主体／主観として認めるとき、彼と私は共通の公共的間主観性／間主体性に参入する。これが一切の共同体 Gemeinschaft, community さらには社会 Gesellschaft, society の前提となる。

このような「私」、だれもがそれでありうる公共的な「私」、あるいはそのような存在としての「自己」は、一般に対する特殊として位置づけることができる。それは「私」一般のうち、特定の時点に特定の場所を占めている特定の「私」であり、「自己」一般のうち、特定の他者（たち）に対して特定の関係を持つ特定の「自己」である。

そのような「私」たち、そのような「自己」たちの「それぞれ」が、それぞれ各自の世界を生きている。そしていずれは各自の死を死んで行く。親兄弟のように、その人がどんな「私」、どんな「自己」を生き、そして死んで行くかが、つまりその人の生死が、私自身にとって重大な問題となるような、そんな人もいるだろう。私とはまったく別の世界で、私の全然知らないところで、生き、そして死んで行く人もいるだろう。そのような人たちも、それぞれに各自の「私」や「自己」をもっている。

しかしこの世の中には、つまり私がそれを生き、それを経験しているこの世界のうちには、そういった「私」一般、「自己」一般の一特殊例というのとはおよそ存在感覚を異にした、それとはまるで意味の違ったひとつの実感が、（いまこの文章を書いている）私自身の意識の場所で、なまなましく生きられている。それは、もしそれがなかったら、そもそも世界というようなものが存在しえず、だれもがそれでありうるような「私」や「自己」も存在しえないところの、つまり一切のリアリティの窮極の可能性の条件であるところの、なまなましいアクチュアリティの実感のことである。もしこのアクチュアリティそれ自身に言葉を与えて語らせれば、その最初の言葉は「私は私自身である」という言葉であるだろう。それ自身を「私（自我）」das Ich や「自己」das Selbst といった三人称の普通名詞によってではなく、「私」という一人称代名詞によってのみ代表させうる特権をもった唯一の主体／主観、それはこのアクチュアリティそれ自身にほかならないだろう。

以下の論述では、このアクチュアリティそれ自身としての「私」についてのみ「私的」という形容を行う。これは英語でいえば private ということになるのだろうが、この語の語源からもし欠如態的 privative な含意が連想されるとすれば、それはリアリティとしての実体を欠くという意味でのみ容認できるだろう。この「私的」をpersonal（個人的）と解することは、のちにも述べるような個人の公共性という観点から見て適切ではない。

要するに、私が私自身についての意識をもつ場合、この「私自身」myselfすなわち私の「自己」は、まったく次元を異にする二種類の「私」からなっている。

そのひとつは、私の身体が生きているいまこの場所の主体的活動そのものであるところの、私的な実感としての「私」である。この「私」は「私の世界」というのと同義であって、もし私が死ねば、私の世界も消滅し、私以外のすべての人も、私にとって存在しなくなる。だからこの「私」は、絶対に各自的ではありえない。

もうひとつの「私」は、私が生きているこの世界で、私自身だけでなく、私以外のどの人にもそれぞれに備わっているものとみなされるところの、つまり各自がそれぞれにそれであるところの公共的な「私」である。そして――これが問題を複雑にするのだが――ここにいる私的な実感としての私自身も、生きているかぎり、やはりこの各自的・公共的な「私」を備えている。つまり私にとっての「私」とは、第一の意味での非・各自的な「私」であると同時に、第二の意味での各自的な「私」でもある、ということになる。

私がある言語を（「パロル」として）語る場合、「私」という一人称代名詞で指示できるのは第一の意味での「私」に限られる。しかし、私がその言語を（「ラング」として）理解しているかぎり、私以外のだれもが――そして当然私自身も――それぞれ自分のことを「私」という一人称代名詞で指示しているのを、文法的に正当なこととして了解している。つまり「私」の語は、それを語る場合と理解する場合とで、意味と次元を変える。それを語る場合には、それはアクチュアリティとしての「私」を指示するし、それを理解する場合には、それはリアリティとしての「私」を指示する、といってもよいだろう。そして私自身にとって、「私」とはアクチュアリティであると同時にリアリティでもあるような、そんなひとつの現実である。(3)

2 「私」の自明性に関する精神病理学的考察の意義

私にとっての「私」という実感は、それがあまりにも当然で自明な現実であるために、その複雑な構造を取り出して、あらためて論じようとすると、思いがけない大きな抵抗にぶつかる。

この大きな抵抗は、一方では人間の知性の有限性に由来するものでもあるだろうが、他方では、むしろそれが私たちの「健全」な日常生活を保障し、私たちが必要以上に厄介な問題に巻き込まれないようにしてくれている「生活の知恵」だとも考えられる。

現象学的社会学者のA・シュッツは、日常性――これを彼は「至高の現実」ausgezeichnete Wirklichkeit, paramount reality と名づける――に特有の「自然な態度のエポケー」について、こう書いている。

《現象学はエポケー〔判断停止〕の概念を導入した。現象学的にいうと、この概念はデカルト的な哲学的懐疑の方法を徹底的に押し進めることによって、自然な態度の克服に到達するために、世界の実在性に対するわれわれの確信を排除するという操作を意味している。これとは別に、人間は自然な態度のなかでもある特定のエポケーを――ただし現象学者のいうそれとはまったく異なったエポケーを――使用しているといえるかもしれない。これは、外的世界とその諸対象とに対する確信を排除するものではなく、むしろ逆に、この世界の実在に対する懐疑の方を排除するものである(4)》。

フッサール現象学のいうエポケーが、私たちの日常生活を支配している「自然な態度」の遂行を一時停止して、自己や世界の存在に関する素朴な確信を「括弧に入れる」ものであったのに対して、シュッツのいう「自然な態度のエポケー」(この「の」は「主格的所有格」と読むべきである)は、逆にこれらの確信に対する一切の懐疑を停止して、これを括弧に入れる。この「自然な態度の(自然な態度に属する)エポケー」こそ、私たちが生きている日常生活の巨大な自明性を保証して、これを「健全」に保つ「生活の知恵」にほかならないだろう。

フッサールの意味での現象学的エポケーの先駆者であったデカルトが、有名な懐疑の実験を開始する前に、この懐疑によって彼自身の生活世界の自明性が危機にさらされるのを予防する目的で、「世間の人」として幅広い常識を身につける努力を行なったことについては、精神病理学者のW・ブランケンブルクも注意をうながしている。[5] 生活世界の自明性が危機にさらされるということは、健全な日常性が脅かされるということであり、それはそのまま「理性の喪失」へ、「狂気」へとつながりうるものだからである。私たちの生活における「自然な態度」は、それ自体、人間として生きるうえでの生命的な安全保証機構にほかならない。これに対する懐疑をエポケーする「生活の知恵」Lebensweisheit は、だからそのまま「生命の知恵」でもあるということになるだろう。

しかしこのことは、逆にいえば、精神生活の健全さが危機に瀕している精神病や神経症の患者たちにおいては、シュッツのいう「自然な態度のエポケー」が十分に機能せず、むしろデカルト／フッサール的な「懐疑」が病的に肥大して、自己や世界の存在に関する素朴な確信が「成立不全」に陥っているということである。ブランケンブルクはその著『自明性の喪失』の中で、フッサールが彼の現象学的エポケーによって取り出した「自然な自我」（これはほぼリアリティとしての「私」に対応する）と「超越論的自我」（アクチュアリティとしての「私」に対応すると一応はみなしておこう）の関係が、分裂病者でいかに障害されうるかを示した。この「自然な自我」や「超越論的自我」、あるいはその両者の関係などは、日常生活の自然な態度の中ではけっして見えてこないものであり、それに対する反省が「自然な態度のエポケー」によってつねにあらかじめ停止されているものである。分裂病という精神生活の健全さの危機においては、現象学者なら「超越論的な生の営為」を記述するための前提として「悪戦苦闘」の末に獲得しなければならぬところの自明性への懐疑が、なんの哲学的な素養もない患者によって「比類のない苦しみ」として受け取られている[6]（もちろんこのことは、「病的なエポケー」と現象学的なエポケーがただちに同一の事態に関わっているというわけではない。ブランケンブルクも別の論文[7]で両者の違いを周到に検討している)。

しかしいずれにしても、分裂病の病理において「自然な態度のエポケー」が解体され、それによってそれまで不問に付されていた日常性の背後構造が一挙に露呈してくることは、ビンスヴァンガー以来の現象学的精神病理学がこれまで示してきたとおりである。

以下の論述においては、これまた日常的自明性の壁に阻まれて通常の目には見えていない「私」の両義性のいまひとつの側面——私的な「私」と公共的な「私」の関係——を、対人恐怖症という日本ではありふれた神経症の精神病理を手がかりとして考えてみたい。

3　対人恐怖症状の状況選択性

「対人恐怖症」anthropophobia, social phobia というのは、自分の身体的な劣等性や欠陥が他人から軽蔑されるとか、他人に不快感を与えるとかの確信から人前に出ることができない、という特徴をもつ一群の神経症の総称である。その代表的な症状としては、赤面恐怖、表情恐怖、自己視線恐怖、異貌恐怖、体臭恐怖などがある。思春期・青年期に好発し、西洋諸国と比べて日本人に圧倒的に多いとされている。

赤面恐怖とは、人の前で顔が赤くなる、それを見た人に変に思われるだろうから人前に出たくない、という症状である。実際にかなりの患者は人前で緊張すると赤面するので、患者の訴え自体に不合理なところはない。ただ、この赤面が他人の軽蔑の対象となるという点については、異常に強い確信を持っている。

表情恐怖は、人前に出たときに自分の顔の表情がこわばったり、ゆがんだりして不自然になるので、相手から変に思われる、というものである。診察室で観察するかぎり、患者の表情にはそれほど不自然なこわばりは認められないのが普通である。

自己視線恐怖は自分の目に現れた表情恐怖であって、患者は自分の目が異常に鋭いとか「いやらしい」目つきだとかの理由で、相手と目を合わせようとしない。だからこの症状は正視恐怖とも呼ばれている。この症状をもつ患者の中には、自分の視野が異常に拡がっていて、まっすぐ前を向いていても両横にいる人まではっきり見える、という訴えをもった人もいる。

異貌恐怖は、異形恐怖、醜貌恐怖などとも呼ばれ、dysmorphophobia の名で西洋諸国でも知られている。患者は、自分の顔が異常で他人に不快感や恐怖感を与える、あるいは自分の容貌が醜いので他人から劣等視されると思いこみ、そのために人を避ける。顔以外の身体部分、たとえば女性の乳房や男性の性器なども異形の確信の内容となることがある。多くの患者は、自分の容貌の異常がきわめて特別な種類のものであって、世界中に類を見ない、ということを強調する。美容整形外科医を訪れて整形手術を求める人も多いが、もちろん手術後も訴えは軽減しない。

体臭恐怖もやはり西洋諸国にもみられる症状で、これに関しては西洋人によるいくつかの研究論文が発表されている。口臭、腋臭、その他大小便や精液のにおいなど、自分のからだから不快な臭気が出ていて、周りの人たちがそれに気づく、というのが訴えの内容となる。自身の体臭を自分でもにおうという人と、自分にはわからないが、バスに乗ったりすると他の乗客が窓を開けたりハンカチを鼻のところへもっていったりするのですぐわかる、という人とがいる。歯科医で口臭の治療を求めたり、腋臭の外科的手術を受けたりする人もいるが、これも恐怖症に対しては治療効果がない。

これらの諸症状のうち、赤面恐怖、表情恐怖、自己視線恐怖は比較的純粋に神経症圏内の患者に出現する症状であるけれども、異貌恐怖と体臭恐怖はときとして分裂病の初期症状となることもあり、その分、より重篤な障害であるといえる。対人恐怖症を長年研究している内沼幸雄は、この神経症が次第に進行するにつれて、赤面恐怖→表情恐怖→(自己)視線恐怖→醜貌(異貌)恐怖の順に症状が変遷して行くことを指摘している(内沼は体臭恐怖をすでに対人恐怖症に含めていない)[8]。

精神科医には周知のことだが、これらの対人恐怖症状にはひとつの注目すべき特徴がある。それは、これらの症状の出現が「状況を選ぶ」ということである。いいかえれば、患者にとって症状の出やすい(したがって苦痛の激しい)状況と、症状の出にくい(苦痛の軽い)状況が、かなりはっきり区別される。ただしこの状況選択性は、症状が重篤になるにつれて目立たなくなる傾向が指摘されている。

症状が出にくく、患者にとって楽な状況には二種類あって、その第一は家族や気心の知れた友人など、いわゆる「身内」だけのうちにいる状況、そしてもうひとつは、逆に周囲がまったく見ず知らずの「あかの他人」だけという状況である。対人恐怖の症状は、普通、この両極端の中間の状況、つまり完全な身内でもなく、まったく無関係な他者でもないという、中途半端な顔見知りの人たちの前でもっとも強く出現する。この中間的な対人状況とは、いわば患者が自分と相手との関係あるいは心理的距離を、さまざまな程度に意識せざるをえない状況だということができる。だから、通常なら症状の出現しないはずの「あかの他人」に対しても、何かの拍子で偶然その人とのあいだに関係の生じたときには、即座に対人恐怖症状が現れる。それはたとえば、電車で座っていて前に立った老人に席を譲り、老人からお礼の言葉をかけられたとか、何かをうっかり落としてだれかに拾って貰ったとか、身体が接触して謝るとか、そういったごく一時的な対人関係で十分である。

この中間的な対人状況は、どのような構造から対人恐怖症の症状発現を促進するのだろうか。この点を考察することによって、通常の日常性ではシュッツのいう「自然な態度のエポケー」によって隠蔽されている私的かつ公共的な「私」の両義性を、精神病理学的に明らかにすることができるのではないかと思われる。

4　羞恥における私的な「私」と公共的な「私」の交錯

対人恐怖症が、健常者における羞恥の現象の病的に肥大したものであることは、容易に考えられる。内沼も、対人恐怖症と「人見知り」とのあいだには発達論的に深い関係があり、先に述べた症状変遷を逆に病前にまでさかのぼれば「人見知り」に行きつくことを指摘して、対人恐怖症状全体を「羞恥の病理」として考察している。[9] そう考えれば、ルース・ベネディクトが『菊と刀』[10]（一九四六）で「恥の文化」として規定した日本の文化圏に対人恐怖症が多く見られるという、その「文化依存性」もよく理解できる。

羞恥の現象学的研究としてよく引き合いに出されるものに、マクス・シェーラーの未完の遺稿「羞恥と羞恥心」（一九一三）がある。[11] この論文でシェーラーは、人間が性器や裸身を隠すという性的羞恥心の分析から考察を開始している。彼によると、《身体が人間の本質に属するからこそ、人間は羞恥せざるをえない状態になる》ことがあるのだし、また《自分が精神的人格として存在することを、「身体」および身体から生じうるすべてのものからまったく独立したものとして体験するからこそ、人間が羞恥しうる状態になることが可能なのである》（一六頁）。だから羞恥心の生じる本来の場所は、《思考、観照、意欲、愛などの超動物的営為の一切である精神と、それらの存在形態である「人格性」とが、動物的なものと漸次的にのみ相違するにすぎないもろもろの生命欲動および生命感情に対して、接触を保っている個所》であり、したがって《動物には羞恥心とその特定の表現とが欠けて》いるし、一方《「羞恥する神」を思い浮かべることはまったくの背理》である（一三頁）。

具体的に羞恥心の発生しうる場面として、シェーラーは次のような例を挙げる。非常に羞恥心の強い女性でも、モデルとして画家に見られたり、患者として医者に見られたり、入浴中に召使いに見られたりしても、羞恥を感じない。それは彼女が、芸術的鑑賞の対象、症例、女主人などとして一般者的に与えられていると感じているからである。恋人から注視されているときも彼女は羞恥を感じない。

この場合には、自分が個人としてのみ与えられていることを知っているからである。ところが、画家や医者や召使いが、彼らの精神的志向のなかで一般的な態度から逸脱して個人の目で彼女を見、そのことが彼女に感づかれると、彼女はその瞬間に「自分自身へのかえりみ」を起こして、激しい羞恥を感じるだろう。また、恋人の志向が個人としてのあり方から逸脱し、画家がモデルを見るような目で彼女を見たとする。それに彼女が気づいたら、彼女はすぐさま反射的に羞恥を感じるだろう。要するに羞恥を開始させる自己へのかえりみが生じるのは、《感知される他人の志向が個体化的意図と一般化的意図とのあいだで動揺する場合であり、自分の志向と［自分によって］体験された相手の志向とがこの相違に関して同一方向ではなく反対方向をとる場合である》（三一、三二頁）。このようにして、羞恥は総じて《一般者の全領域に対する個人の個的価値の防衛感情》だとみることができる（三三頁）。

このシェーラーの分析は、対人恐怖症の好発状況の理解にとって大きな示唆を与えてくれる。内沼も彼の対人恐怖症論においてこれを大きく取り上げ、それを彼自身が躁鬱病の構造としている「没我」ないし「自他合体」の方向性と、彼が分裂病の構造としている「我執」ないし「自他分離」の方向性とのあいだを漂う「間」の意識と解釈している。

わたしはこの点で——ことに躁鬱病と分裂病における自他関係の病理をこのような対称形では考えないという点で——内沼とは違った前提から出発しているし、自と他の概念自体も当然内沼とは別なので、以下の論述でも独自の観点からこの問題を追求することになる。

対人恐怖症状は、患者が自分の身体に備わっていると思いこんでいる欠陥（赤面、表情や視線の不自然さ、特異な容貌、体臭など）のために、他人の前で示す病的な羞恥とみることができる。身体が人間の本質に属することと、身体から独立したものと体験される精神的人格の存在とが、シェーラーもいうように羞恥一般の、そして対人恐怖症状の必要条件となる。

身体的欠陥のなかでも、とくに顔の欠陥は大きな比重を占める。このことは身体が全体として、その中でもとくに顔が、シェーラーが「精神的人格」と名づけた私的内面と、それを外部から観察する他者たちの公共的外面との境界領域をなしていることから、理解に難くない。

マクス・ピカートは、顔において《内部のものは外部へ現れ出ようとする、……内部はこの地上に、この地上の光と空気のなかに存在しようとするのである。〔中略〕このようにして内部は、すでにその構造からして「汝」Du へと向けられている》(12) と書く。また周知のように、レヴィナスにとって「顔」visage とは、そこにおいて他者の絶対的他者性の「公現」épiphanie が、「汝殺すなかれ」と私に訴えかける「神秘」であった(13)。理性の光によっては絶対に認識しえない内部の何ものかが、他人の顔において私に向かって呼びかけ、私の応答を求める。私のであれ他者のであれ、その私的内面が、顔を通じて、あるいは一般に身体を通じて、それと外部から出会ってくる人に向かって顕現する。私的内面が公共的外面に立ち現れるとき、身体（顔）はつねにその媒介となる。

ここで十分に注意しておかなければならないことがある。われわれはややもすると「私的」を「個別」に、「公共的」を「一般」に対応させがちであるけれど、厳密にみれば両者の関係はもっと複雑である。

公共性はいうまでもなく多様な個別を前提としている。私たち人間がそれぞれに――各自的に――個別者でありうるのは、各自がそれぞれの身体をもって生まれてきたからにほかならない。個人の生命は、必然的に身体的（有機的）生命であらざるをえない。私と他者とは、別個の身体を与えられていることによって別人なのである。

これに対して、個別的身体を媒介として立ち現れる私的内面は、それ自体として――つまり身体的個別化以前の（この「以前」はさしあたり時間的ではなく、構造的な「以前」である）現実として――みるならば、そこには自他の区別、私と他者の区別はまだまったく成立していない。レヴィナスが他者の「顔」に公現するとした絶対的他者性は、この段階では、そのまま絶対的自己性でもある（だからわたしは、レヴィナスが他者の顔から読みとっている「汝殺すなかれ」は、「私」自身の死の恐怖と同根だと考えている）。身体や顔を通じて内面が外面化するとき、この「内面」にはまだ「私」や「汝」の標識がつけられていない。この標識は、外面化が完了した後にはじめて、事後的につけられる。「私的内面」は、それ自体としてみれば、まだ「私」一人のものではない。それはいわば、当面の相手にまで拡大された私的内面であり、通常は一人称複数の「私たち」によって代表されるような内面である。

この事情を、わたしはかつて合奏音楽を例にとって論じたことがある。[14] 室内楽のような合奏において、個々の演奏者が各自のノエマ的な音知覚に導かれてノエシス的に生成させる音楽が、各自の音楽体験としては高次のノエシス的統合（メタノエシス）を達成し、ノエマ面においてすら自他の区別が消失してしまう、という事態が生じうる。ここでノエシス的な音楽生成は身体を通じて外面化する内面に、ノエマ的な音楽知覚は外面的な身体経験にほぼ対応する。

だから、さきに述べたシェーラーの羞恥論には基本的な誤りがある。彼が「個体化的意図」と呼んだ個人的な目というのは、実は当事者双方の合意の上での、あるいはその一方のみの志向性における複数一人称的な関係のなかで、当事者の個別的身体を透過して、その身体に公現する以前の（メタノエシス的な）私的内面を直視している目のことである。また彼が「一般化的意図」と呼んだ没個人的な目というのは、その個別的身体そのものに焦点を当てて、いわばこれを三人称的・ノエマ的に表象する外面的・公共的な目のことである。羞恥心とは、身体の個別性を止揚して相手の一人称的・私的な「精神的人格」（自己）と出会おうとする志向性と、身体的個別性の次元でそこに相手の三人称的・公共的な存在を表象しようとする志向性が、自他の間で動揺したり食い違ったりした場合に生じてくるような、一人称的内面価値の防衛感情だ、といわねばならない。

このことから、シェーラーが正当に指摘している「他人の代わりに羞恥する」という現象も十分に理解できることになる。それはたとえば男同士で猥談をしているところに若い女性が居合わせた場合のように、《われわれに羞恥を感じさせる当のものが、第三者に向かってまたはわれわれ自身に向かってなされた他人のふるまいであるような場合》（三四頁）であって、この場合に私は、この「第三者」（若い女性）とのあいだに、身体的個別性以前の複数一人称的・メタノエシス的な連帯関係を――たとえその女性がそれを意識していなくても――感じとっている。

そこでいま一度、対人恐怖症状の発生状況に戻ってみよう。症状の出現しにくい状況、つまり一方で気心の知れた身内、他方でまったく無関係な他者たちに囲まれた状況というのは、複数一人称的・私的な世界か、それとも三人称的・公共的な世界かのいずれかが圧倒的に優勢であって、患者に両義的な選択を迫らない状況であるといってよい。患者は気楽な身内のなかで、自己の個人的で単数一人称的・私的な内面を、相手との複数一人称的に拡大された私的内面のなかへと、ほぼ完全に埋没させて過ごすことができる。またもう一方の見ず知らずの他者たちのあいだでは、患者は彼らと無関係に、もっぱら自己の私的な内面のみを生きることができる。

これに対して、症状の出現しやすい中途半端な顔見知りに囲まれた状況では、患者はつねに、自己自身を私的・一人称的内面として規定すべきか、それとも公共的・三人称的個別として規定すべきかの二者択一を迫られることになる。いいかえれば患者は自分のことを、いまここでの唯一無二の私的な「私」として生きるべきか、それともだれにとっても通用する一般的規定としての公共的な「私」

として理解すべきかの両義性の板挟みになっている。健常者の自然な自明性の中では完全に隠蔽されているこの二つの「私」のあいだの齟齬が、シュッツのいう「自然な態度のエポケー」を無効化するような仕方で問題として浮かび上がり、患者をいたたまれない気持ちに追いつめる。患者はこの苦痛を、この二つの「私」のあいだを媒介する自己身体（特に顔）の欠陥のせいだと思い込む。

異貌恐怖の患者がしばしば訴える「世界中に例をみない異貌」という表現は、患者の顔が彼の唯一無二の私的な「私」を公共面に向かって媒介しているという構造を考えれば、それほど奇妙なものではない。

5　対人恐怖症と「挨拶」の状況

さきに述べたように、対人恐怖症状の出現頻度は西欧諸国と比べて日本人には圧倒的に多いとされている。(15) だからこの「文化依存性」とこの症状の病理それ自体とのあいだに、なんらかの本質的な関連があるのではないかという予想が当然でてくる。

対人恐怖症状の出現しにくい状況と、出現しやすい状況を比べてみると、前者（一方では身内、他方ではあかの他人）では、自己はそのつどの相手に対して、どのような「心理的距離」——これは普通、相手とのあいだの「間《ま》」と呼ばれている——をとるべきかに迷うことが少ない。いいかえれば相手に対して、自らの主体性をことさらに自覚する必要がほとんどない。相手との間を意識するということは、その人との関係における自己の主体性を発動することだからである。

身内の人たちとの場合、心理的距離はもちろんそれぞれの相手によってさまざまに違うだろう。しかしこの違いはいわば日常的・習慣的に固定してしまっていて、それぞれの場面で新たに設定し直す必要がない。それになによりもまず、この心理的距離や自己の主体性は多くの場合――後に立ち入って述べるように――ことさら「対自化」されることなく、身内という集団全体の間主体性のなかへ埋没してしまっている。もう一方の「あかの他人」に対しては、偶然の会話その他のできごとが起こらないかぎり、心理的距離を設定する必要がそもそも起こらない。両方の場合を通じて――象徴的な言いかたをするならば――それは自己が相手に向かって、ことさら主体的に「挨拶」をする必要のない状況だということができる。

もちろん、家族に対しても気心の知れた親友に対しても、挨拶の必要がまったくないわけではない。一般の家庭では、起床や就寝、食事、外出や帰宅などの節目節目での挨拶を子どもにしつけているのが普通である。しかしそのような型にはまった挨拶は、自己の主体性をわざわざ動員しなくても、「口先だけで」行うことができる。ここでいう「挨拶」は、そのような儀式化された挨拶の意味ではない。

これに対して中途半端な顔見知りの他者との関係では、そこにもきわめて大きな濃淡の差はあるけれど、ともかくも相手と出会うためには自己の主体性を「対自化」して、前面に押し出さなくてはならない。そこではつねに、個と個の対決、主体と主体のぶつかりあいという、抜き差しならない事態が発生する。身内の人たちや不特定多数の他者たちの前で自己はその私的内面に安住することができるのに対して、ここでは自己は否応なく公共の場に立たされる。そして、公共の場における自他の出会いを象徴的に表現するふるまいが、挨拶という行為にほかならない。さきに述べたように、対人恐怖の症状が本来なら出現しにくい不特定多数の他者に対しても、乗り物の座席をゆずるとか、うっかり相手と接触するとかして、そこで挨拶が必要になるような状況が発生したとたんに症状が出現して来るというのは、きわめて示唆的である。挨拶の必要な状況が、対人恐怖症状の成立をうながすといってよい。

対人恐怖症状の発現を促進する状況として「挨拶」に象徴されるような公共の場が考えられ、患者がそのような公共の場を極力避けるということと、この症状が日本人に多いということのうちに、日本人一般の公共性との関わりかたの特徴が反映されている。

日本人が自己の価値評価に際して、個としての主体的判断よりも他者からの——公共の場からの——評価を基準にする傾向のあることについては、わたし自身が一九六一年からのドイツ滞在の機会に行なった日独両国の鬱病患者の罪責体験の比較が、はっきり示している。[16][17] ドイツ人患者が、個人としての自己の道徳的劣等性を理由として罪の意識を抱きやすいのに対して、日本人患者では、家族や職場の同僚などの身近な他人、あるいは「世間」に迷惑をかけているという理由から自責感を抱きやすい。ドイツ人では「神の声」を内面化した良心が善悪の判定基準を与えるのに対して、平均的な日本人にとってはむしろ公共性が、自己の価値の優劣を判定する基準として受け取られている。

この相違は、前述のベネディクトが提唱した欧米の「罪の文化」と日本の「恥の文化」の対比をかなりよく裏付けるものだし、またこの対比は、さしあたってはユダヤ・キリスト教的な神と個人の垂直的関係と日本的な水平的・間柄中心的な心性との対比に、さらにさかのぼればヨーロッパと日本それぞれの風土的特性の差異に基づく人間と自然との関係の持ち方の違いに、帰着するものと考えてもよい(18)。

挨拶という行為を公共の場における自己の個としての主体性の象徴的表示とみなすなら、しばしば指摘される日本人の「挨拶下手」も容易に理解しうるものとなる。平均的日本人にとって、相手に相応の挨拶をすることには、欧米人にはときとして不可解な羞恥や恥辱の感情を伴うことがある。買い物や食事・喫茶などで店に入った客と、それに応対する売り子やウェイトレスのあいだで、欧米諸国で普通に見られるような対等の個人対個人の挨拶や会話が行われることはめったにないといってよい。そのような個人対個人の公共的な応対は、日本人にとってはなにか羞恥や恥辱に近いものと感じられ、客の側に「沽券《こけん》にかかわり」「誇りを傷つけられる」感覚を呼び起こし、そこで「体面を保ち」「面目を失わない」ために、ほとんど無言のままでの注文と支払いが行われることになるのだろう。

公共の場での挨拶や会話に際して、それが自己の体面を損ない面目を失わせるように感じられるということのうちには、日本人特有の公共性の捉え方がよく現れている。いまも述べたように、公共性は日本人にとっては自己の価値の優劣——多くの場合に劣等性——を判定する基準として機能している。私的集団である「仲間」とはっきり区別された意味での「世間」が、「世間の風は冷たい」とか「世間に顔向けできない」とか、「世間を騒がせて申し訳ない」とか、そういった言い回しにはっきり現れているような「審判者」の役割を担っていることは、かなり日本独特のことだろう。

日本語の「公」（おおやけ）は public であるとともに official であり、日本語はこの両者を区別して表現する語彙をもたなかった。「おおやけ」は「大家」として、つねに支配階級（「おかみ」）と同一視されてきた。公の場に出るとき、私人は恭順の意を表して卑下しなければならなかった。このことは公共性が自己の価値に対する審判者的な役割を有することや、公共的な挨拶が卑下の感を伴うこととも関係があるだろう。ついでに言えば、「体面を損なう」「面目を失う」「顔向けできない」などの表現には、自己の私的内面と公共的外面との境界領域、あるいは媒介としての身体ないし顔という、前述の主題を読みとることができる。

このような観点から見るならば、対人恐怖症状の出現しやすい状況というのは、公共の場での挨拶や会話に伴う羞恥心が——それを羞恥心として自覚するかいなかにかかわらず——発生しやすい状況のことだといってよいだろう。そしてそれはそのまま、自己の私的側面と公共的側面とが両義的に交錯しあい、唯一無二の「この私」と各自がそれであるところの「私一般」の一特殊例としての「私」とが、いいかえればノエシス的一人称としての純粋に私的な「私」とノエマ的三人称としての公共的な「私」とが、本来の相補性 complementarity を失いやすい状況だということもできる。

6　ふたたび「私」の両義性について——比較文化論的考察

対人恐怖症のような症状が日本人に多発するという事実は、日本人の精神構造において、純粋に私的な「私」と公共的な「私」の相補性の構造が、欧米人に比して相対的に脆弱であるということを物語っているように思われる。

さきにわたしは、自分が「私」という一人称代名詞を、なまなましい実感を伴って語る場合と、一般に語られているこの語を、自分にも当てはめて理解する場合とでは、この語の意味と次元が変化すると言った。そしてそれは次のような意味においてであった。

この語をアクチュアルないしノエシス的な行為として語りうる存在は、この世の中に私一人しかいない。そのような「私」は、私が生きているこの「世界」と同義であり、私が死んでそのような「私」を意識する可能性が消滅するのと、この世界が消失するのとは完全に同じことである。この意味で、この私的な「私」は、世界の中の卓越した特異点としてのアクチュアリティそれ自身である。

その一方で、「私」の語には、私自身を含めたすべての人が、それを用いて各自それぞれに自分自身のことを——文法的な正当性をもって——語ることができるという性質も備わっている。私は日本語を理解しているかぎり、この意味も当然理解しているし、会話の相手もそれを理解していることを期待して、自分自身についてもこの代名詞を適用する。しかしこの場合には、この語の指示する対象はあくまでもリアリティとしての、各自的で公共的な「私」である。

しかし、これもすでに述べたことだが、この私的なアクチュアリティは、一人の単独者としての——単数一人称としての——私一人だけの内面だけに限定されてはいない。ドイツ語でいえばIchとDuで指示されるような親密な相互二人称関係が成立している状況では、「私」Ichと「汝」Duの代名詞が発語される以前の、いわば純粋に前人称的・前述語的な状態では、この私的なアクチュアリティが私から当面の相手にまで拡がっていて、そこに純粋に私的「内面」としての「複数一人称性」が成立しうる。

この複数一人称的事態においては、複数の主観／主体がひとつの「間主観性／間主体性」Intersubjektivität を形成している。しかしこの「間主観／主体性」は、フッサール[19]が客観性の根拠として問題にしたそれであるよりも、むしろメルロ＝ポンティ[20]が「肉（＝身）の間主観／主体性」intersubjectivité charnelle ないし「間身体性」intercorporéité として記述したそれに相当する。いいかえれば、前者は「公共的間主観／主体性」、後者は「私的間主観／主体性」と呼ぶことができるだろう[21]。なお、メルロ＝ポンティのいう間身体性では、身体（肉＝身 chair）は私的内面から公共的外面への境界ないし媒介というよりは、むしろ自他の「地続き的」で複数一人称的な癒合性 syncrétisme の場として、したがって私的アクチュアリティの性格の強いものとして捉えられている。

日本人は、この純粋に私的な複数一人称集団を形成しやすいといってよいのではないか。日本語で親密な対人関係を表すときによく用いられる「身内」や「仲間うち」という言葉が、このことを雄弁に物語っている。この「身内」という言葉は、メルロ＝ポンティのいう「肉（＝身）の間主観／主体性」の概念を文字どおり表記したものにほかならない。この身内／仲間うちでの支配的な理念は「一心同体」であって、そこでは単数一人称の「私」が、独立した単独者として意識の主観となったり行為の主体となったりすることは困難である。「私」の意識や行動には、つねに身内全体の複数一人称的な共同主観／主体が色濃く染み込んでいるし、「私」の主観／主体はつねにこの共同主観／主体の中に深く埋没していて、それ自体として表に出にくい。

この身内集団の「一心同体性」は、それを維持するために、現実の、あるいは仮想的な「敵」を必要とする。この「敵」のなかには、日本語で通常「世間」と呼ばれている公共性も含まれる。「渡る世間に鬼はない」という諺が反語的に意味しているように、世間とは冷酷で恐るべきものである。しかもそれは、身内集団を外部から脅かす「敵」であるだけでなく、さきにも触れたように共同体の公共的な価値基準として、身内集団全体やそこに埋没している私的な「私」の善悪ないし優劣を——多くの場合ネガティヴに——判定する審判者でもある。ある意味で身内とは、その成員を世間の厳しい批判から護る「保護膜」のようなものでもある。だからその場合には、その身内全体が世間の目を気にしなくてはならないことになる。

しかし――これはとくに日本の政治家の行動をみているとよくわかることだが――身内というものは、そして身内と世間の境界は、決して永続的に固定したものではありえない。大きな身内集団はその内部に多くのより小さい身内集団をかかえ、それがさらに細分化されるといった重層的な「入れ子構造」が、ごく一般にみられる。その場合、そこで生きている個々の個人は、どの水準の（どの規模の）身内集団に自己を「同一化」するかによって、そのつど違った私的内面を生きることになる。ときには親友どうしが、ときには家族が、ときには地域共同体が、またときには日本全体、さらには人類全体が、そのような私的内面の同一化の「受け皿」となりうるだろう。そしてどの場合でも、私的内面を同一化しなかった他者たちの集団には、身内ではない「世間」としての役割を与えられることになるだろう。だから私にとって、たとえば私の妻は、ある場合には複数一人称的な同一化の受け皿となって、私は彼女と私的世界を共有することになるだろうけれども、別の場合には私の悪癖を非難する公共的な世間の代表者ともなりうるのであって、その場合には私の側も、妻の前で、私的な世界から公共的な世界へといわば引き出されている。そしてこの「ある場合」と「別の場合」は必ずしも別々の時点のことではなく、両方が同時に成立していることもしばしばありうる。

このように考えれば、最初に述べた私的な「私」と公共的な「私」との両義性は、このうえなく流動的で、状況依存的な性質のものであることがわかる。私がいまそれを生きているアクチュアリティそのものであるところの私的な「私」は、けっして純粋に私一人の「私有物」ではありえず、つねにだれかに――つまり私と複数一人称を共有する他者に――からめ取られている。

この「だれか」が私の目の前に現前している必要は毛頭ない。「私は私である」という私の自己同一が、私自身のこれまでの歴史との同一化の表現であってみれば、この私の歴史それ自体が、そこに多くの他者たちが登場したという事実を含めて、すでに一個の巨大な「他者」である。私は現在のアクチュアリティの中で、この「私自身の過去という他者」を三人称化することなく一人称的に引き受け、それと同一化する限りにおいてのみ、私自身でありうる。リクール[22]は自己の自己性を「同じもの」idem の意味での「同一性」identité から区別し、「それ自身」ipse に由来する ipséité の概念で表して、その標識を「約束を守ること」parole tenue に見ているが、イダンティテが三人称的同一性を意味するのに対して、イプセイテは明らかに一人称的同一性を意味している。

私自身の私的な「私」がつねにだれかとの「共有物」であるということのうちに、それが各自的な、つまり三人称の「自己」でもって概念化されうるような、公共的な「私」でもありうることが、すでに示されている。いいかえれば、私は公共的な「私」でありうる可能性を免れた仕方で、私的な「私」であることができない。リアリティの裏付けなしに、アクチュアリティが成立することはありえない。しかしその一方で、私的な「私」のアクチュアリティを離れた公共的な「私」のリアリティというようなものは、抽象的観念以外のなにものでもないだろう。私的な「私」と公共的な「私」、アクチュアルな「私」とリアルな「私」の関係、それは二つの契機の双方が互いに基礎づけあって一つの現実を構成しているという意味で、「相補的」complementaryな関係ということができる。

「私」を構成するこの両契機の相補性は、もちろん人間一般、人類全体について妥当する原理である。しかし、現在の人類が出現してからの何万年かのあいだに、人類は地球上の各地に分散し、それぞれの地域の風土的な条件に合わせた生活形態を、そしてそれにふさわしい対人関係の形態を身につけてきた。狩猟民族と農耕民族では、身近な他者の意味がまったく異なっている。複雑な事態を最大限に簡略化して言ってしまえば、一方は個と個が互いに独立した人格として友好関係や敵対関係を結ぶような主体性の原理を促進し、他方は集団全体がひとつに癒合して、そこに身内と世間の輻輳した共属関係が生み出される間主体性の原理を促進した、と言えるかもしれない。あるいはそのような対比以前に、人間を自然から独立させ、自然とのあいだに優美な主観客観関係を樹立させた（地中海的・ヨーロッパ的な）風土条件と、自然の懐に抱かれて自己（みずから）と自然（おのずから）を同根とみなすのが人間にとって唯一可能な生き方であった（日本的な）風土条件との対比を考えてもよいだろう。

その合理的な説明や解釈はどうあれ、この何万年かのあいだに西洋人は個人の主体性と個人間の公共的な間主観／主体性を中心においた対人意識を確立してきた。そこにも当然、私的な「私」と公共的な「私」の相補的な両義性は成立している。しかしそこでは、私的な「私」のアクチュアリティはほとんど完全に単数一人称的な個別者としての「私」として意識され、そのぶんそれは「各自性」のリアリティに近づけられて、公共的な「私」との摩擦相剋がそれだけ少なかった、と言えるのではないか。両者の相補的な両義性は、構造としては成立しているものの、個人の意識面でそれほど大きな問題を引き起こすことはない、といってもよいだろう。

これに対して日本人では、私的な「私」がすでに複数一人称的な身内意識によって根底から侵食され、この身内意識そのものが前述の複雑な入れ子構造のために絶えずゆれ動いているので、個の主体性に裏打ちされた単独者としての「私」の意識も、各自の「私」のあいだで取り結ばれる公共的な間主観性／間主体性も、十分に発展しなかった。「私」は自分自身を意識するたびに、つねに変動する私的内面と公共的外面との板挟みになって、両者の関係がもっとも不安定で相剋のもっとも激しい「中間的な顔見知り」という対人状況で、対人恐怖症という独特の神経症を生み出すことになった。

しかし、繰り返して言うなら、「私」の私的側面と公共的側面との両義性という構造は、それ自体、けっして日本人独特のものではない。ただ、平均的な西洋人の場合には、シュッツのいう「自然な態度のエポケー」によってこの自明性についての問題意識がほぼ完全に排除され、それが「至高の現実」である日常性の中へ侵入してこないように保護されている。日本的心性というこの一種の「自然の実験」が、対人恐怖症という特筆すべき具体例を通じて、この両側面の複雑な相補的関係をはじめて明らかにしてくれる。これは比較文化論的精神病理学が、自己意識という哲学上の難問に対して果たしうる寄与の一例だといえるだろう。

注

（1） 木村敏『時間と自己』中公新書、一九八二年、七四頁以下を参照。なお、これは永井均が『〈私〉のメタフィジックス』（勁草書房）以来、精力的な論究を続けている問題である。永井が〈私〉と表記するこのユニークな「私」については、これを文字に書く——さらにはその前提として意識に表象する——だけで、すでにその「本態」が雲散霧消してしまう体のものなので、永井のテキストを引用することにはあまり意味がないだろう。しかしわたし自身、永井の著書から多くの刺激と啓発を受けてきたことに対して、深く敬意を表しておきたい。

（2） Heidegger, M.: *Sein und Zeit.* Niemeyer, Tübingen 1927, S. 41f.（辻村公一訳『有と時』、「世界の大思想」28、河出書房、一九六七年、六〇—六一頁）。

（3） アクチュアリティとリアリティの概念については、木村敏『分裂病の詩と真実』（河合文化教育研究所、一九九八年）の5章を参照。

（4） Schütz, A. (1945): Gesammelte Aufsätze. Bd. I, 1971, S. 263.

（5） W・ブランケンブルク（一九七一年）『自明性の喪失』木村敏ほか訳、みすず書房、一九七八年、一一二頁。

（6） 同書一一五頁。

（7） Blankenburg, W.: Phänomenologische Epoché und Psychopathologie. in: W. M. Sprondel u. R. Grathoff (Hrsg): *Alfred Schütz und die Idee des Alltags in den Sozialwissenschaften.* Enke, Stuttgart, 1979.（若松昇・木村敏訳「現象学的エポケーと精神病理学」『現代思想』八—一一号、一九八〇年、一一三—一一四頁）。

（8） 内沼幸雄『対人恐怖の人間学』弘文堂、一九七七年、同『羞恥の構造——対人恐怖の精神病理』紀伊國屋書店、一九八三年。

（9）内沼幸雄『対人恐怖の人間学』五三頁。

（10）R・ベネディクト（一九四六年）『菊と刀』長谷川松治訳、「社会思想社現代教養文庫」一九六七年、下巻一〇〇頁以下。

（11）M・シェーラー（一九一三年）「羞恥と羞恥心」浜田義文訳、『シェーラー著作集』15、白水社、一九七八年（引用個所の頁は本文中に表記した）。

（12）M・ピカート（一九五二年）『人間とその顔』佐野利勝訳、みすず書房、一九五九年、三九―四〇頁。

（13）E・レヴィナス（一九六一年）『全体性と無限』合田正人訳、国文社、一九八九年、二九二頁以下。

（14）木村敏『あいだ』弘文堂、一九八八年、五章。

（15）アジア諸国でのこの症状の発生状況については、まだよく知られていない。少なくとも韓国には日本と類似した対人恐怖症状の発生しうることが確かめられている。この点については、北西憲二ほか「東アジアにおける比較文化精神医学の研究――対人恐怖に関連して」『精神科治療学』八巻一二号、一九九三年、一四七五―一四八二頁を参照。その頻度については臨床統計的な調査が必要だが、この症状が多発すると考えられている日本ですら、精神科を受診しない症状所有者がきわめて多いため、臨床統計はほとんど無意味である。

（16）Kimura, B.: Vergleichende Untersuchungen über depressive Erkrankungen in Japan und in Deutschland. *Fortschr Neurol Psychiat* 33 ; 1965, 202-215.

（17）木村敏『人と人との間――精神病理学的日本論』弘文堂、一九七二年、第2章。

（18）Kimura, B.: Schulderlebnis und Klima (Fuhdo). *Nervenarzt* 37 ; 1966, 394-400.

（19）E・フッサール（一九二九年）『デカルト的省察』船橋弘訳、「世界の名著」51、中央公論社、一九七〇年、五五節。

(20) M・メルロ＝ポンティ（一九六〇年）『シーニュ 2』竹内芳郎監訳、みすず書房、一九七〇年、二七頁以下。

(21) 木村敏『心の病理を考える』岩波新書、一九九四年、一四五頁以下を参照。

(22) Ricœur, P.: *Soi-même comme un autre.* Seuil, Paris 1990, p. 148（久米博訳『他者のような自己自身』法政大学出版局、一九九六年、一五八頁）。

第Ⅱ章　時間の人称性

1　はじめに

《では時間とはいったい何でしょう。だれも私にそれをたずねないなら、私にはそれがわかっています。たずねられて説明しようと思うと、わからなくなるのです。(1)》

あまりによく知られたアウグスティヌスのこの言葉は、なにを言おうとしているのだろう。この偉大な教父哲学者ならずとも、われわれの全員が時間に関して抱いている同じこの実感は、どこに由来するのだろう。時間とは何であるかを誰からもたずねられなかったときの私と、それを誰かにたずねられて説明しようとしているときの私とで、何がどのように違っているのだろう。それが何かと問われたとき、それによって時間についてのわれわれの知が変化するのだろうか。それとも、それは何かと問われたことによって、時間そのものがなんらかの変質を来すのだろうか。

時間は古来の哲学上の大問題であるだけでなく、精神医学にとっても、その中心的問題の一つになっている。それは、時間と呼ばれる現象が（後述のように）自己存在と切り離しがたく結びついていて、精神疾患に際して自己存在が深刻な変化を蒙るとき、それとほとんど同じ一つのこととして時間の変化も見られるからである。だから、精神病者の自己あるいは現存在のありかたに特別な注目を寄せる現象学的ないし人間学的な精神病理学者は、好んで時間をテーマにした発言を行なっている。ただしそこで「変化」する時間とは、いうまでもなく客観的ないし物理学的な時間ではない。いったいどのような「時間」が、心理的な例外状態において変化を蒙るのだろう。

たとえばベルグソンの影響を強く受けたウジェヌ・ミンコフスキは、《点の併置でもって考えられた持続と、常に生命ある組織を合成する生きられる持続との相違》(2)を重要視する。そして分裂病や躁鬱病のような精神病の基礎に、この「生きられる持続」ないし「生きられる時間」temps vécu の変化を見ている。同様にゲープザッテルも鬱病の時間論的研究において、体験外在的な「世界時間」と体験内在的に「生成」Werden として生きられる時間を区別し、鬱病の基礎障害をこの生成の抑止と考えている。(3)彼らが病的な「変化」を見出している「生きられる時間」ないし「生成」とは、どのような時間なのだろう。また彼らの区別したこの二種類の時間とアウグスティヌスの言表とのあいだには、どこか深い関連があるのではないだろうか。この点を明らかにするために、次にいくつかの概念を導入しておきたい。

2　三人称性と一人称性、リアリティとアクチュアリティ

知や悟性は実在 reality を客観的・合理的に捉えようとする。ある人の知的・悟性的な実在判断と、別の任意の人のそれとのあいだには、十分な合致がなくてはならない。それによってはじめて実在が実在として共有の事実となる。それが判断の客観性ないし合理性ということの意味である。知を体系化したものとしての科学では、当然この客観性と合理性が最重要の要件となる。観察／観測や実験は、研究者の私的な事情に関わりなく、つねに再現可能、追試可能でなくてはならない。私的・主観的な個人的事情がいっさい排除されるという意味で、これは「公共的」な観点と呼んでよい。それはまた、あらゆる当事者がその対象から距離をとっているという意味で、「三人称的」と呼んでもよいだろう。三人称とは会話の当事者以外の人や物を指示するために用いる言語表現なのだから。

科学の世界とは違って、われわれが生きている現実の日常生活では、すべての判断に主観的・私的な感情や価値観が混入している。ある人の現実判断と別の人のそれとが無条件に合致するということは原則的に起こりえない。だからここでは再現可能性も判断の公共性も、原理的に成立しえない。そこでくだされる現実判断は、純粋にその現実の当事者だけに妥当するものであるから、この観点を「一人称的」と呼んでおくことにする。

しかしこのような私的な感情や価値観は、生活や行動をともにして「同じ」現実を生きている「相互二人称的」な――互いに相手と二人称で会話を交わす――複数の当事者の主観によって、集団的に

共有されることが多い。一般にこのような集団では、「われわれ」という集団的自己意識で結ばれた「一人称複数」の世界が形成される。この一人称複数の観点でも、上述の一人称単数の観点と同様、合理的・公共的な判断は構成されない。「われわれ」の判断も「私」の判断と同様に、「われわれ」集団の外部を基準にとれば三人称的な客観性を欠いている。

ただし「われわれ」集団が純粋な複数一人称性をおびるのは、かなり稀な場合に限られるだろう。多くの場合、集団の成員相互のあいだにもさまざまな程度の三人称的な距離が保たれている。たとえばもっとも純粋な複数一人称集団と見なしてもよい恋人どうしのあいだでさえ、そこにはつねに多少なりとも「他人行儀」な三人称性が混入している。

合理的科学は、現実を客観的・三人称的なリアリティとして捉えることを使命としている。観察者／観測者から一定の心理空間的な距離をとって三人称的に捉えられたリアリティは、心理時間的には観察／観測の時点から一定の（情報処理に必要な）時間幅だけ遅れて捉えられる。つまりリアリティは観察／観測の「結果」としてしか確認しえない。確認されたリアリティは、観察／観測の現場である現在からつねに一瞬遅れて、現在完了形で成立する。

しかしわれわれが生きて活動し続けている現実は、この三人称的・現在完了的なリアリティの成立を待つことなく、たえず現在進行形で動き変化している（エルヴィン・シュトラウスはこのことを《われわれは現在形で生き、完了形で理解する》(4)と表現した）。この現在形ないし現在進行形で変化し続けている生の現実を、「活動の現場」を意味するアクチュアリティという語で名づけておこう。（リアリティがラテン語で「物」を意味する res の語に由来して事物的・対象的な実在を意味するのに対して、アクチュアリティの語源はラテン語で行為・活動を意味する actio である。）

通常の生活場面でわれわれが無反省に捉えている「現実」は、リアリティであると同時にアクチュアリティでもある。それはけっして厳密な意味で三人称的に確認されたリアリティとはいえない。そこには一人称で生きられるアクチュアリティの実感がさまざまな程度に混入している。だからリアリティとアクチュアリティは、概念としても多くの場合に混同されている。一般の健常者にとって、リアリティはかならずアクチュアリティ成分を含んでおり、アクチュアリティはリアリティを基盤にしてしか成立しない。ただ、著者が別の論文[5]で明らかにしたように、「離人症」と呼ばれる状態ではこの両者が明瞭に分離する。

3　離人症における時間のアクチュアリティの欠落

離人症 depersonalization というのは、症状名であって病名ではない。精神分裂病や躁鬱病の経過中にも比較的しばしば見られるけれど、それ自体としてはむしろ神経症レベルに属する症状で、それがもっとも典型的に出現するのは「離人神経症」と呼ばれる神経症の一型においてである。ということはつまり、離人症という症状自体はけっして理性や知性の障害を伴わず、患者はその症状がもたらす大きな苦痛にもかかわらず、日常的な判断や行動には乱れを見せない。

離人症の最大の特徴は、患者が周囲の世界や自己の内界を正確に知覚し認識しているにもかかわらず、その「実在感」あるいは「現実感」を感じられないという点にある。だから離人症は、その別名をderealization（実在感喪失症）ともいう。

たとえば離人症の患者は、ここに花があること、それがこれこれの大きさでこれこれの色であることは目で見てよくわかるのに、それに実感が伴わない、だからその花が美しいということもわからない、という。音楽を聞いても、ひとつひとつの音の高さや大きさは以前と同様に聞き取れるのに、音楽全体としての印象が感じられない。映画やテレビドラマのそれぞれの場面で演じられている事件は理解できるのに、場面が変わると途端に混乱して、全体としてのストーリーがつかめないし、楽しいドラマか悲しいドラマかということもわからない。他人を見ていても、それが他人であることは頭では理解できるのに、他人という実感が出てこない。だからよその人でも自分の家族でも、一様に他人に見えてしまう、などという訴えが、離人症患者の口からしばしば語られる。知覚や認識が正常に保たれているにもかかわらず、そこに実在感や現実感が伴わない離人症の病理に対しては、以前から精神科医だけでなく、多くの哲学者が大きな関心を寄せてきた。

多くの離人症患者、とくに内省能力と表現能力にすぐれた患者は、この状態に陥ってから、自己、時間、空間などがまったく感じられなくなったと訴える。自己に関しては、自分が自分であることは頭ではよくわかっているのに、瞬間瞬間に別々の「私」がばらばらに意識されるだけで、ひとつにまとまった私とか自己とかいうものが消えてしまった、という。時間に関しても同じことで、時計を見ればいま何時何分かということはちゃんとわかるのに、時間が経って行く感じがまったくない、無数の「いま」が断片的に出ては消え出ては消えるだけで、そういった「いま」と「いま」のあいだ、「時」と「時」のあいだが感じられないので、一本につながった時間の流れがなくなってしまった、という。あるいは、「いま」に広がりが感じられない、ともいう。空間については、遠近や高低の判断はできるのだが、遠さや近さ、高さや低さの実感が起こらないために、景色を見てもまるで絵はがきを見ているようで、なにもかも平板に見えるという。これはいったい、どのような変化が起きているのだろうか。

まず本論のテーマである時間に関していうなら、時計の時間がわかるということは、三人称的なリアリティとして公共的に表象される時間は正確に認知されているということである。だから離人症患者と時間を決めて待ち合わせることは充分に可能である。しかし時間にはそれ以外に、現実にその時間を体験している「私」だけに属していて、ミンコフスキが「生きられる時間」と呼び、ゲープザッテルが「生成」と名づけた、もうひとつの時間様相がある。それは「現在」あるいは「いま」の生きとしたアクチュアリティの様相であって、無関係な第三者とはけっして共有することのできない、つまり「私的」な時間様相である。ただし、親密な相互二人称ないし複数一人称の関係にある相手とだけは、この「いま」のアクチュアリティを共有することができる。というよりも、「いま」のアクチュアリティを共有している集団は、その規模の大小にかかわらず一人称複数を形成するのだといってもよい。

「いま」のアクチュアリティのもつこの純粋に私的な性格を考えるなら、「いま」とはそのつどの私自身のことであるというハイデガーの命題も容易に理解することができる。(6)「いま」とは、あるいは「いま」に凝縮されている時間とは、実は「私」の別名以外のなにものでもない。時間と自己が離人症患者においてまったく同じかたちで「断片化」することによって「消滅」するのは当然のことである。

これに対して離人症における空間の変化はやや様相をことにしている。患者は、遠近や高低は観念的に理解できても、それに実感が伴わないという。考えてみると、「遠い」という感じは目標に達するのに時間がかかるという感じだし、「近い」というのはそこまで「すぐ」だということである。「高い」「低い」についても同じような時間感覚を対応させることができるだろう。要するに離人症患者の空間から失われているのは、空間の中の時間様態、空間のアクチュアリティ成分だということができる。物理学的にいえば時間は空間の一次元であって、時間と空間は互換性をもつはずである。しかしこれは物理学が、時間と空間をともにリアリティとして扱っているかぎりのことであって、そこにアクチュアリティの契機を入れて考えれば、空間というリアリティの中へ時間というアクチュアリティが混入して、「生きられる空間」を形成していることになる。

4　タイミングと自己

アクチュアリティとしての時間がもっともはっきりと感じられるのは、空間的な広がりをもたない「いま」の瞬間においてである。われわれの意識は、時間についても「前後」「長短」「流れる」「過ぎ去る」などの空間的な表現を行う日常言語の助けを借りて、時間を疑似空間的に表象しているのだが、この通常の意味での時間とは本質的に異なった純粋な時間を、ベルグソンは「持続」durée と呼んだ。(7) しかしこの概念ですら、そこから空間的な表象を完全に取り除くことは難しい。「持続」という表現には、どうしてもなんらかの「幅」というイメージが付着しているからである。

私は、空間的なイメージを伴わない純粋にアクチュアルな時間を表現しうる言葉としては、英語の timing の方がふさわしいのではないかと思う。タイミングという表現は、time の語を「ころ合いを見計らう」「機を得る」「拍子を合わせる」などの意味で動詞的に用いて、それを動名詞にしたものである。しかもこの語は、すでに外来語として十分に日本語に組み込まれている。伝統的な日本語のなかでその同義語を探すなら、「間（ま）」あるいは「間合い」の語がほぼこれに対応するのだろうが、「間」にはまたしても空間的なイメージがつきまとう。

日本語でタイミングという語が比較的しばしば用いられるのは、スポーツで一瞬の決定的なポイントをとらえる場面だろう。たとえば野球でバッターがピッチャーの投げるボールをバットの芯でとらえるタイミングが、その好例である。サッカーのシュートを決めるタイミング、柔道の技をかけるタイミングというものもあるだろう。相撲の立合いの場合には、タイミングという外来語ではなくて「間合い」という純日本語が用いられるようだが、意味するところはまったく同じである。スポーツ以外でタイミングが重視されるのは音楽の合奏だろう。一応のレヴェルに達している演奏者どうしの合奏では、タイミングの取り方の成否が合奏の死活を決する。その場合には「呼吸を合わせる」とか「息の合った」演奏とかの表現も好まれる。古来の邦楽で重要視される「間」でも、長く続いた沈黙から一音を出すタイミングあるいは呼吸が、生きた「間」を作りだすことになる。日常的行動の場でも、話を切り出すタイミング、相手のしゃれに笑いを返すタイミング、いとまを告げるタイミングなどが、円滑な人間関係の触媒となる。

要するにタイミングとは、完全に行動の場面での時間感覚である。客観的な時間を受動的に感じているだけ、あるいは時間というものを知覚的に認知しているだけの場合には、タイミングという表現で言い表すのが適当であるような事態は生じない。タイミングということを言いうるためには、そこで「いま」起こっていることへの、主体の能動的で行動的な、そして現在進行的な関与が必要である。つまりタイミングとは、上に述べた意味で一人称的なアクチュアリティの場面でしか用いられない表現だということができる。

私が以前の論文(8)で報告したある分裂病の男性患者は、「タイミングがうまくとれない。父にタイミングを狂わされる。父にタイミングで負けている。すこしでも間があくとつけこまれる。人と話していても間がもてなくて、全体の雰囲気よりも早めに出てしまう。いつもフライングをしている感じで、自分がキープできない。自分がつかめないからフライングしてしまう」と訴えていた。分裂病とは、他者との関係の中で自己の自己性・主体性が確立できない精神疾患で、患者はつねに「相手に主導権を奪われる」という思いをもっている。自己の主体性を主張して、相手に主導権を奪われないためには、つねに先手を打たなくてはならない。分裂病患者が例外なく、未来を先取りしようとする焦りのなかで生きているのはそのためである。この未来の先取りを、私は「アンテ・フェストゥム」と名づけた。(9) この患者が「フライング」と呼んでいるのは、このアンテ・フェストゥム的な時間構造を言い表したものである。

上述のスポーツや合奏、日常の対人関係、さらにはここにあげた分裂病患者の例からも理解できるように、タイミングには必ず相手がある。だから人間関係でのタイミングは、つねに相互二人称の関係における一人称のアクチュアルな現象だということができる。三人称のリアリティから区別されて、いっさいの空間的なイメージを伴わない時間様態としてのタイミングには、一人称のアクチュアリティが純粋な姿で現れている。

5　時間の不可逆性

通常、時間は方向をもっていて不可逆とみなされている。しかし純粋に三人称的な物理的リアリティとしての時間は、空間の第四次元として、本質的に可逆性をもっているはずである。人間の世界において、時間に不可逆性を与えるものは何であろうか。私はそれを、人間の時間表象にひそかに混入している一人称性だと考えている。

一人称のアクチュアリティは、人間の生死と不可分に結びついている。意識的に表象するしないにかかわらず、われわれ人間の思考や経験は、われわれが死すべきものであるという冷厳な事実によって色濃く染められている。ハイデガーは人間の現存在を、それが存在することにおいてみずからの存在そのものに関心を向けているという点で、他の存在者から際立った特徴をもっているものとしてとらえた[10]。いいかえれば人間存在の特性は、みずからの生存につねに私的・一人称的に関心を向けていることにある。人間は生に対するこのいわば「無意識」の関心から、自分が誕生以来そこでこれまで生きてきた既在の領域を「過去」とし、今後そこへ向かって生きてゆき、死んでゆく未在の領域を「未来」として方向づける。こうしてわれわれは「取り返せない」過去と「予測できない」未来を、アクチュアリティのレヴェルで区別している（未来の一部が予測可能であるかに思われるのは、過去の連続性を現在を超えて延長したリアリティレヴェルでの経験的な想定にすぎない。物理学における未来の予測も、もちろんその一例である）。

生死の意識と一人称的でアクチュアルな時間とは、このようにして同じ一つの根源から発生する。その根源とは、もはや心理学的な性質のものではないだろう。それはおそらく、心身分離以前のいわば遺伝子レヴェルにあるものと思われる。したがってそれは人間独自のものでなく、生死の意識や時間意識、あるいは自己意識をまだ発達させていない他の動植物にも共通の根源であろう。アクチュアリティとしての時間の不可逆性は、生命そのものの関数であるといってよい。

各自の生、とくに死は、他人には絶対に代理してもらえない、もっともすぐれた意味での一人称的な「私事」である。しかしわれわれは、家族や友人、それに医者にとっての患者など、親密な複数一人称の関係では、この私的なアクチュアリティが個体を超えて拡大しうることを知っている。というよりもむしろ生と死のこの複数一人称性こそ、時間や自己の一人称的アクチュアリティの源泉なのかもしれない。時間意識や自己意識にとらえられた時間や自己は、すでにいくぶんかの三人称的リアリティによって汚染されている。親密な二人称的他者と複数一人称的に「ともに老いる」zusammenaltern（アルフレート・シュッツ(11)）という仕方で現在進行的に生きている時間、そこでこそ純粋な時間が生成し過ぎ去っているのだろう。

三人称的リアリティとしての物理的・現在完了的な時間と、一人称的アクチュアリティとしての現在進行的な「生きられる時間」は、互いにまったく別個の現象である。前者は生命とは独立に知的に構成されたものだし、後者は生命そのものの一側面なのだから。この両者を混同して、ともに「時間」と呼ぶことから、問題が錯綜してくる。《では時間とはいったい何でしょう。だれも私にそれをたずねないなら、私にはそれがわかっています。たずねられて説明しようと思うと、わからなくなるのです》とアウグスティヌスはいった。時間とはなにかを問われることによって、彼にとってそれを問われるまでアクチュアルな一人称的現実だった時間が、突然リアルな三人称的対象に変化したのである。現在進行形の時間が現在完了形の時間に変わった、といってもよい。アウグスティヌスの当惑は、この三人称的リアリティを、物理学の概念を用いずにアクチュアルな現象として説明しようと思ったことから由来したのにちがいない。

注

（1）アクグスティヌス『告白』第一一巻第一四章（山田晶訳、「世界の名著」14、中央公論社、一九六八年、四一四頁）。訳文は一部変更した。

（2）Minkowski, E.: *Le temps vécu. Études phénoménologiques et psychopathologiques*. Delachoux et Nestlé, Neuchâtel 1993（中江育生・清水誠訳『生きられる時間 I』みすず書房、一九七二年、三五頁）。

（3）Gebsattel, V. E. v.: Die Störungen des Werdens und Zeiterlebens im Rahmen psychiatrischer Erkrankungen. In: *Prolegomena einer medizinischen Anthropologie*. Springer, Berlin 1954.

（4）Straus, E.: *Vom Sinn der Sinne*. Springer, Berlin 1935, S. 312.

（5）木村敏「リアリティとアクチュアリティ」（木村敏『分裂病の詩と真実』河合文化教育研究所、一九九八年、一二七頁）。

（6）木村敏『時間と自己』中公新書、中央公論社、一九八二年、五二頁。

（7）ベルグソン『時間と自由——意識に直接与えられているものについての試論』平井啓之訳、『ベルグソン全集』1、白水社、一九六五年。

（8）木村敏「タイミングと自己」（木村敏『偶然性の精神病理』岩波書店、一九九四年、九九頁以下）。

（9）木村敏『時間と自己』八六頁以下。

(10) Heidegger, M.: *Sein und Zeit*. 7, Aufl., Niemeyer, Tübingen 1953, S. 12（辻村公一訳『有と時』、「世界の大思想」28、河出書房、一九六七年、二七頁）。

(11) Schütz, A.: *Der sinnhafte Aufbau der sozialen Welt*. Suhrkamp, Frankfurt 1974, S. 144.

第Ⅲ章　他者性のクオリア

1　他人の遠さと近さ

他人とは、自分でない人、自分と別の人のことである。他人を見たとき、私はそこに人間以外の生物でもロボットでもなく、私と同類の人間を見ている。そしてそれが私と同様、物質的身体のほかに知情意の機能をもち、そこに「こころ」と呼ばれる主観的あるいは主体的な世界が開けていることを、晦渋な哲学的他者認知理論を持ち出すまでもなく、ほとんど生物的・生命的な本能のレヴェルで、直接に感じとっている。

しかしこのように他人として知覚した人物について、それが自分とは別の、独立した主体／主観であるという意味での他者性が経験されるのは、それほど自明のことではない。この経験には、私が自分と他人の双方をともに主体／主観として意識するだけでなく、なにかそれとは別の——人間固有ではあっても、おそらくはやはり生物的・生命的な本能に根ざした——「自分と違う」という意識も加わっているように思われるからである。この他人の主体的／主観的な他者性は、私にどのように経験されるのであろうか。最近よく使われる術語を用いて、他人の他者性のクオリア qualia はどのようにして認知されるのか、といってもよい。（以下多くの場合、煩雑さを避けるために「主体／主観」などの表記をやめ、文脈によって「主体」もしくは「主観」のいずれかを用いる。しかしその場合でも、元来 hypokeimenon/subjectum の一語に由来する「主体」と「主観」の意味上の共属性は一貫して保持される。）

一般に他人といっても、親子や夫婦のように日々の生活を共にしている人から、偶然に私の傍らを通り過ぎただけの人、あるいは見知らぬ国の見知らぬ人々まで、私との関係の深さによってその経験はさまざまである。そしてそこには、相互に「われわれ」という複数一人称的な私的間主観性が経験される「近さ」の契機と、自分との違いないしは異他性の際立つ「遠さ」の契機という、それぞれがほとんどゼロからほとんど無限大に至るまでの範囲で変化しうる二つの変数を取り出すことができるだろう。

「近さ」と「遠さ」を一次元的な直線距離で量的に表象して、近さが大きければ遠さが少ないかのように（つまり単一の変数として）考えないことが大切である。「対人距離」ということでいえば、「無限に近くて無限に遠い」としか言いようのない関係も実際に存在するし、そこにこそ本論の問題の核心がある。だからここでは「近さ」も「遠さ」も非空間的な質的契機（クオリア）として理解すべきである。質的な契機に「ゼロ」「無限大」「変数」などの量的な表現を用いるのは不合理だが、これを外延量としてでなく、内包量（＝強度 intensity）として理解するなら許されるだろう。しかし「内包量」は実は「量」ではない。

母親と乳児のように近さの契機が極大で遠さの契機が極小といえる関係や、知識としてその存在は知っていても実際には見たこともない人たちという、近さのみか遠さの契機も極小であるような関係は別として、私が多かれ少なかれ関係をもつ大多数の他人では、この二つの契機（クオリア）がさまざまな比率で混じりあい交錯しあっている。そしてこの交錯こそが、他人の他者性をめぐる最大の難問の源泉となっている。西田幾多郎が好んで引用する[1]大燈国師の「億劫相別れて須臾も離れず、尽日相対して刹那も対せず」も、この交錯の禅的な表現だろうし、西田自身が私と汝の媒介として述べている「絶対の他[2]」の「絶対的非合理性」も、そこからしか考えられない。

西洋ではことにレヴィナスが、「絶対に他なるもの」l'absolument autre としての「他人」autrui の他者性 altérité を、死と等価な未来の未知性、不可知性から取り出している[3]。西田とは違う意味においてであるが、この他者性についての「絶対」も、死が帯びているのと同種の「近さにおける遠さ」「遠さにおける近さ」のクオリアを考えなければ捉えられないだろう。

実際、よく熟知している親密な他人が私とは絶対に別個の、私には絶対的に不可知の世界を生きている、という驚きがなければ、他人の絶対的他者性には思い及ばないだろうし、逆に無縁の他人でも、遠くから見てその顔が気になるとか満員電車で身体が触れ合うとかのかりそめの関係でも生じなければ、その他者性が問題になってくることもないだろう。他人の他者性という問題はこのようにして、私的間主観性ないし自他の「あいだ」の共有（近さ）と互いの世界の異他性（遠さ）という、相互に独立した二つの変数間の弁証法的関係を問うということに帰着する。

このような他人の他者性をめぐる問題系において、精神医学はほとんど特権的といってもよい特異な場に立っている。精神科の診療場面は――治療者が心理療法を志向している場合にはなおさらのこと――治療者と患者のあいだの近さと遠さの緊張関係によって、完全に支配されている。一方で最大限の接近を模索しながら、他方で患者との距離を維持しようとする治療的態度、一方で相互の信頼が十分にできていると感じながら、他方でどうしても相手の心中がわからないもどかしさ、フロイトのいう転移・逆転移現象に現れる好意と反感の扱いにくさ、そういったさまざまな自他関係の織りなす綾が、精神医療の基本的な図柄を形成している。

たとえば私が十数年来治療している三十歳台の女性神経症患者にとって、私はほとんど唯一の「心を許せる」相手だという。にもかかわらず彼女はときどき、「先生に会うと調子が悪くなる、先生の診察はひどく疲れる」といって、母親に薬だけを取りに来させる。この「疲れ」は相互的である。彼女にとって私の診察が「疲れる」ようなとき、私にとっても彼女の診察はひどく「疲れる」ものとなる。要するにそのような面接場面では、彼女と私とのあいだで自他が十分に分離できていない。互いの自己が相手の自己との密着状態から自分を引き離そうとして躍起となる結果が、「疲れる」という感情につながるのだろう。この女性患者は、幼時から父親とのあいだで「距離がとれない」という感じを抱き続けてきた人である。

治療場面で扱われる病的な事態をとってみても、それはほとんどの場合、患者が周囲の他人たちとのあいだで遠さと近さの弁証法をうまく解決できなかったことに基因している。身近な他人とのあいだで遠過ぎもせず近過ぎもしない適当な距離感が保たれているときには、精神の障害はまず起こらない。

ある二十歳台の女性患者は、自分の心が他人にひとりでに「伝わって」しまうという。目の前にいる他人だけでなく、姿も見えない遠くの他人にも伝わるし、テレビのアナウンサーにすら伝わる。伝わったということは相手の顔を見ていればわかるし、どこか遠くから人が自分になにかを言ってくるのも、伝わった自分の心に対する返事だと思う。そんなことになったのは中学三年の秋からで、それまでは家庭でも学校でも相手に逆らって自己主張をしたことのない、目立たない控えめな子だったという。

別のやはり二十歳台の女性患者は、すなおで手のかからない子だったが、高校時代から他人を避けて孤立するようになった。大学入試の当日、この大学には自分を待っている男性がいるにちがいない、だから入試はそのまま結婚のテストだという意識を強く抱いた。その後も、だれとははっきりいえないけれど、なにか自分ではないものが自分の中に入ってきて、そのために自分の心が自分の自由にならない、という体験が続いている。

他人の遠さと近さというこの二つの互いに矛盾するクオリアの弁証法は、私がこのところよく話題にしている自己の個別主体性と集団主体性の二重構造とも密接に関連している。[4] 人間は他の多くの生物種と同様、集団を作って行動する。集団的行動の中では、各個人は自己の（単数一人称の）生命欲求にしたがう個別主体的な行動と、集団全体の（非人称ないし複数一人称の）生命欲求に根ざした集団主体的な行動とを調和させなくてはならない。具体的な例を出せば、数人の親しい友人で議論しているとき、その話題が議論に加わっている各個人の意向とは関係なく（ときにはそれと相反する方向へ）独り歩きを始めることがある。集団の結合を壊さないでおこうとすれば、各人は自分の主体的な行動（その議論に退屈するなど）と集団全体の行動（議論の続行）とのあいだで（それを意識するかどうかは別として）いわば二重帳簿的な態度をとらなくてはならない。この場合「遠さ」は個別主体性と、「近さ」は集団主体性と、それぞれ対応している。

この「集団」を多数の個体が生存の必要から集合した形成物と考えるのは、おそらく誤りだろう。私はむしろ、「集団」こそ一次的で、個体は集団が、種としての生存の必要から（もしそう言いたければ進化の淘汰圧によって）細分化し個別化したものだろうと考えている。だからここでいう主体の二重構造も、個体が集団を形成したときではなく、集団から個体が個別化したときにこそ生じるものだというこことになる。そして——人間の場合——個別化した自他間で共有されるコモン・センスの自然な自明性は、個別自己の自己性にあくまで先行している。私の見るところ、統合失調症（従来の精神分裂病）の基本障害は、この集団主体性と個別主体性（つまり自明性と自己性）の綜合が、おそらく遺伝子レヴェルで困難になっている点にある。

さらに一言付記しておくならば、この「集団主体性」はさしあたり自分が当面所属している集団全体の主体性を意味するけれど、この「近さ」の契機はさらに掘り下げれば人類全体からすべての「生きとし生けるもの」にまでおよぶ生命的連帯感にまで拡がるものである。その意味で、ここでいう「近さ」はニーチェの「ディオニューソス的原理」に対応するだろうし、それとの関連でいえば「遠さ」は「アポロン的原理」に対応するといえるかもしれない。

2　「紛れもない他人」の実感

その人との会話、その人の思い出、その他さまざまのかたちで私が個人的・私的に出会う他人は、私にとって、三人称的に認知可能なさまざまの特徴をもって外界に実在する、自分とは別の人、別の同種個体というだけではない。その他人は、ある特別な他者性の実感を——つまり他者性のクオリアを——おびた存在である。つまりその人は、私にとって絶対に知りえない固有の主体的内面を生きている人物であると同時に、私の主観に直接はたらきかけ、私の主体的行動を触発するという仕方で、私とのあいだに共通の間主観的世界を開いているような、しかもそのことを私が直接主観的に実感できるような、そんな特別な他者である。私たちは日常の実生活の中で、家族や知人たち、あるいは生活の必要からさまざまな程度に接触を持つことになる多くの他人たちとのあいだで、つねにそういった主体的他者性を実感しながら生きている。ところがこの他者性の実感《クオリア》は、離人症の病態ではすっかり消え去ってしまうことがある。

《この二年間、「目の前の子ども」を前にして手探りでずいぶん接してきたように思います。子どもを夢中で叱っているときはいいのですが、いつのまにかシナリオの台詞を言っているようで真実味がなく、子どもと二人なのに、一人二役の芝居を演じているようです。電話での会話も、受話器の向こうに紛れもない「他人」という人がいるのに、私の現実の中では平板で、その人の存在もその人との会話も拡って行かないのです。紛れもない他人なのに自分の延長上で話をしてしまい、気がついてみると、ちょうど鏡を前にして鏡の中の自分（他人）と話をしているときの状態と一緒なのです。やはり電話の相手はすべて一緒ですし（親しい人も親しくない人も、御用聞きの人も主人の両親も）、こちらから距離をとるのではなく私の中に飛び込んできては去っていきます。こちらはただ板のように立っているだけで、自由に自分の世界をとることができません。》

《接点、他人と自分との境界線、輪郭をはっきり「目」に感じることができないのです。そのため、「目」そのもので、これ以上自分の世界へ入らせないという意思表示ができないのです。……「ある」という広がりの意味が体でわからず、またその中に個人がいるということ、一人の犯すことのできない別人格をもった人がいるということがわからない。空間の中の個というものの意味がはっきりわかっていない。まるで空間も個もぐちゃぐちゃとまざってしまっているのです。……要するに外に対して能動的に働きかけることができない。「目」が働いてくれない……。》

これはかつて著者が治療した、特別の哲学的な素養のない離人症の女性が、著者あてに書き送ってきた手紙からの抜粋である。彼女は離人症がすでに発症してから大企業のエリート社員と見合い結婚をして、二人の子どもを出産して育てている。(5)

この患者が書いている「紛れもない他人」とは、どんな存在なのだろう。患者はそれを、「一人の犯すことのできない別人格をもった人」とも、「個人」あるいは「空間の中の個」とも呼んでいる。そしてそういった紛れもない他人を感じられなくなったいまでは、他人との会話は「ちょうど鏡を前にして鏡の中の自分（他人）と話をしているときの状態と一緒」で、「他人と自分との境界線、輪郭をはっきり「目」に感じることができないのです。そのため、「目」そのもので、これ以上自分の世界へ入らせないという意思表示ができないのです」とも書いている。

鏡を前にして鏡の中の自分と話をしているときの状態を思い浮かべてみよう。必要なら、これはいつでも自分で実験してみることができる。

鏡を見ている生身の自分から何十センチか離れた虚の空間にもう一人の「人物」がいて、それが自分を直視している。この患者が「自分（他人）」と書いているように、それは通常なら他人の占める位置にいるのだが、本物の他人だったらそこに必ず感じとられるはずのあの特別な実感《クオリア》、この患者が「紛れもない他人」という場合の「紛れのなさ」を保証している他者性の実感は、自分の鏡像からはもちろん感じられない。向こう側の空間にこちら側とは切り離された別の人体が見えているのに、「個人」あるいは「空間の中の個」という実感も、まして「別人格」という実感もない。もっと奇妙なことには、鏡像には「自分という実感」は十分にあって、それどころかその実感は、いわば見ているこちら側と見られている向こう側とで重なり合って倍加され、あるいは自乗されているかのようですらあるのに、そこには自分というものの内実であるはずの主体性や主観性はまったく感じられない。鏡を前にして鼻を掻いたり、そこに痒みを感じたりする能動的な主体性や主観性は、もっぱらこちら側の生身の自分のほうだけで実感され、鏡像のほうはひたすら受動的にその外形を模写するだけである。

自己とその鏡像の関係は、いってみれば「近さ」の極致だろう。そこには通常なら不可能な対象化をこうむった（しかも左右の反転した）自己身体の視覚像や、虚の視覚空間における距離などの「外延量」的な外部性はあるものの、「内包量」としての「遠さ」（異他性）の契機はいっさい含まれていない。近さのみがあって遠さの契機を欠いているというこの鏡像の特性こそ、そこに他者性のクオリアだけでなく、主体性のクオリアをも欠落させる決定的な要因となっているのではないか。他者が主体他者（紛れもない他人）であるためにはこの遠さの契機が不可欠であり、紛れもない他人の主体性というものは自己と他者の境界面でしか生じないのだとしたらどうだろう。われわれの患者も「接点、他人と自分の境界線、輪郭をはっきり「目」に感じることができない」と書いていた。

3　生命論的差異と他人の他者性

V・v・ヴァイツゼッカーは、主体 Subjekt を《有機体〔これは必ずしも意識を持った人間とは限らない〕と周囲世界との対置の根底をなす原理 das seiner Gegensetzung zur Umwelt zugrunde liegende Prinzip》(6)（強調は引用者）と規定したうえで、《生きものを生きものとして規定している根拠〔つまり「生きている」ということ〕それ自体は対象化することができない。このこと〔生きものがそのような規定のうちに身を置いているということ〕を「根拠関係」Grundverhältnis と呼ぼう。……根拠関係とは実は主体性 Subjektivität のことである》(7)と述べている。

人間を含む有機体の主体や主観を「周囲世界との対置の根底をなす原理」とみるこの規定は、従来の人間中心的で独我論的な主体や主観の規定を大きく破るものだが、ここではそれに立ち入る余裕はない。(8) 主体が主体であり主観が主観であるためには、そこに必ず「他者」としての周囲世界との接触ないし対置がなければならないということを確認しておくだけにとどめたい。

ここで問題にしたいのは引用の後半、「根拠関係とは実は主体性のことである」の部分である。ヴァイツゼッカーは、個々の生物が生存しているという意味での物質的な「生命」と、生物を生物たらしめている「生きていること」としての「生命それ自身」とをはっきり分けている。ハイデガーが個々の存在者の存在と「あることとそれ自身」とのあいだに設けた「存在論的差異」にならって、これを「生命論的差異」biologische Differenz と呼んでもよいだろう。ヴァイツゼッカーは《生命それ自身はけっして死なない。死ぬのはただ個々の生きものだけである(9)》ともいう。

この「生きていること」としての「生命それ自身」を根拠 Grund として、生きものは「生物／生きているもの」として規定される。この根拠それ自体は、個々の生物のように認識の対象とすることができない。しかし個々の生物は、この根拠に関わることによってのみ、生きものとして生存することができる（この関わりが途絶えればその生物は死ぬ）。この根拠との関わりのことをヴァイツゼッカーは「根拠関係」と呼び、それこそが「主体」を可能とする「主体性」だというのである。

ヴァイツゼッカー自身は明示的に論じていないが、ここにはわれわれの問題設定にとって重要な論点が含まれている。問題を人間的な自他関係に限っていうと、自己が主体であるのは、いま述べたように他人との境界面において、他人との「対置の根底をなす原理」としてであった。しかも、それが自他の境界面であるかぎり、そこには同時に相手方の他人の主体も成立しているはずである。そのことは通常、これも先に述べたように、直観的に（いわば生物的本能のレヴェルで）感じとられている。そして、自他の双方において、この主体の成立は「生きている」という生存の根拠との関係 Verhältnis[10]に担われることによって、はじめて可能となっている。

われわれは生きているかぎり、つねに(顕勢的《アクチュアル》あるいは潜勢的《ヴァーチュアル》に)他人と出会い続けなくてはならない。この出会いの場面においては、私も他人もともに個別的生命の根拠としての「生命それ自身」とのあいだに根拠関係を維持している。この根拠関係の共有は(この「共有」は、先に述べた集団の個体に対する一次性に照らして、文字どおりの厳密な意味に解さなくてはならない)、さしあたり私とその他人との「近さ」あるいは集団主体性の根拠であるだろう。「さしあたり」と書いたのは、生命それ自身に根ざしたこの「近さ」は、先にも触れたように、本来的には当面の集団主体性に限定されるものではないからである。それはむしろ、ときには他種生物との生命的連帯感にまで拡がりうるような、根拠関係の共有とみなさなくてはならない。

この根拠の近さを基盤にして、その上に当面の他人との「対置」あるいは境界面の根底的原理として、個別的な主体性が成立する。それはいってみれば「遠さ」の契機であるけれども、この遠さは近さを基盤にしてはじめて成立するような遠さである。いいかえると、もし近さの契機を欠いた単なる遠さがあるとすれば、それは無機的なロボットやマネキンに対して感じるような無関係さ、無縁さでしかないだろう。そしてそれはもはや、ここで問題にしている異他世界としての「遠さ」ではありえない。

他人の主体的他者性とは、こうして出会いの場での「近さにおける遠さ」、生命的連帯感を基盤にした他人の異他世界の「対置」にほかならない。自他の境界面上の出来事として、それは私の側での主体的自己性と等根源的である。われわれの離人症患者ではこの遠さの設定が不可能になっている。だから彼女にとって他人たちは「(親しい人も親しくない人も、御用聞きの人も主人の両親も)、こちらから距離をとるのではなく私の中に飛び込んできては去っていきます」ということになる。彼女は「目」そのもので、これ以上自分の世界へ入らせないという意思表示ができない」のである。彼女は一般の離人症患者のように「自己の喪失感」についてはあまり語っていないけれども、「紛れもない他人」の喪失と「紛れもない自分」の喪失とは同じ事態の両面であるはずである。

4　派生的な問題

紙幅の関係で、ここで十分に論じることのできなかった問題をひとつ、今後の議論のために提起だけしておこう。

フロイトは『快感原則の彼岸』(一九二〇)で有名な「死の欲動」Todestrieb の概念を提唱した(11)。フロイトによれば《欲動とは生命ある有機体に内在する衝迫で、この生命あるものが外的な妨害力の影響で放棄せざるをえなかった以前のある状態を復元しようとするものといってよい(12)》。そして《例外のない経験として、あらゆる生きものは内的な理由から死んで無機物に還ると仮定してよいなら、あらゆる生命の目標は死であるとしかいえないし、さらに遡って、生命のない状態が生きものより以前にあったとしかいえない(13)》。ここでは「死の欲動」は、明らかに有機体自身が自分の生まれてくる前の状態である死をめざす欲動として語られている。この明らかに「非利己的」な欲動／本能の概念は、フロイトの弟子たちにも容易に受け入れがたいものだった。

ところがフロイトは、『自我とエス』（一九二三）の中でサディズムを論じた文脈では、《ここで死の欲動は――おそらく部分的にではあろうが――外界や他の生物に対する破壊欲動 Destruktionstrieb として現れる》[14]と書き、これをアードラー（一九〇八）によって導入された「攻撃欲動」Aggressionstrieb とほぼ同義に用いている。[15]ここで死の欲動は他個体を攻撃し破壊する、あるいは自己であれ他者であれ、すべて個別的生命を抹殺して「生命のない」状態を「復元」する「本能」を意味することになった。これが精神分析家たちにとって「死の欲動」をいっそう不可解なものとし、さらに大きな混乱を招く原因を作った。

フロイト自身は「あらゆる生きものは内的な理由から死んで無機物に還る」と書いているけれども、われわれのように個体以前の集団（種）の生命を考える立場から見ると、個体の死はただちに無機物への還帰ではなく、集団的生命への再統合を意味するとみなしてもよいだろう。そう考えれば、死の欲動は自個体の死によってであれ他個体の死によってであれ、個別的生命発生以前の状態（ヴァイツゼッカーの用語では「生命それ自身」）を復元しようとする生命の動きだということになる。それは要するに、アポロン的個別化（遠さ）を撤回してディオニューソス的合体（近さ）を再現しようとする、生命そのものにとっては当然ともいえる傾性のことなのである。

他人の他者性という文脈に戻せば、この洞察はレヴィナスの他者論にいくばくかの問いを投げかけることになるかもしれない。彼の倫理の中軸をなす他人の「顔」からの「汝殺すなかれ」の呼びかけと、それに対する私の回答《レスポン》／責任《サビリテ》「私はここに！」me voici! は、死の欲動を肯定する立場からはどう考えればよいのだろうか。ここでは近さと遠さのバランスが一方的に遠さの側へ傾いているのではないか。「愛撫」はたしかに近さの希求ではあるだろう。しかしそれは所詮、特定の他人との一時的な近さにとどまるのではないか。個の個別化（レヴィナスのいうhypostase）以前の、われわれにとっては生命的一体性であるはずの近さの次元は、レヴィナスにとっては「不眠の夜」の索漠とした砂漠でしかないようである。レヴィナスが他者性と類比した未知なる未来としての「死」と、フロイトが「死の欲動」で言おうとした生の目標としての「死」とのあいだには、なんという開きがあることだろう。[16]

注

（1）たとえば、西田幾多郎「自覚について」（上田閑照編『「自覚について」他四篇　西田幾多郎哲学論集 Ⅲ』岩波文庫、二一八―二一九頁）、「場所的論理と宗教的世界観」（同三四〇頁）など。

（2）西田幾多郎「私と汝」（上田閑照編『「場所・私と汝」他六篇　西田幾多郎哲学論集 Ⅰ』岩波文庫、二六五頁以下）。なお、西田の「絶対の他」については、拙著「自己の病理と〈絶対の他〉」（木村敏『分裂病と他者』弘文堂、一九九〇年、十章）をも参照。

(3) Levinas, E.: *Le temps et l'autre.* PUF, 1979（『時間と他者』原田佳彦訳、法政大学出版局、一九八六年）。

(4) たとえば木村敏『心の病理を考える』（岩波新書、一九九四年）V章「分裂病と進化論」、同『分裂病の詩と真実』（河合文化教育研究所、一九九八年）3章「自己と他者」、『偶然性の精神病理』（岩波現代文庫、二〇〇〇年）VI章「無意識と主体性」など。

(5) この症例の詳細については、木村敏『分裂病と他者』八章「離人症における他者」、十三章「離人症と行為的直観」を参照。

(6) Weizsäcker, V. v.: *Der Gestaltkreis. Theorie der Einheit von Wahrnehmen und Bewegen* (1947). Gesammelte Schriften 4, Suhrkamp, Frankfurt 1997, S. 299（木村敏・濱中淑彦訳『ゲシュタルトクライス』みすず書房、一九七五年、二七六頁）。

(7) 同書 S. 318（邦訳二九八頁）。

(8) この点に関しては、木村敏『あいだ』（弘文堂、一九八八年）一〇頁以下、同『生命のかたち／かたちの生命』（青土社、一九九二年）1章、2章、同『心の病理を考える』五八頁以下、一三九頁以下などを参照。

(9) Weizsäcker 前掲書 S. 83（邦訳三頁）。

(10) この「関係」Verhältnis は、同じく「関係」と訳される Beziehung のような、相互外在的な複数項のあいだの関係ではない。それは「行動し」「ふるまう」sich verhalten ことそれ自身が作り出しているような関係、あるいは「関係が関係それ自身に関係することとしての関係」Verhältnis, daß das Verhältnis sich zu sich selbst verhält である。周知のようにキルケゴールはそのような関係をもって「自己」を規定した。

(11) Freud, S.: *Jenseits des Lustprinzips* (1920). Studienausgabe III, Fischer, Frankfurt 1982, S. 253（小此木啓吾訳「快感原則の彼岸」『フロイト著作集』6、人文書院、一九七〇年、一七八頁）。一般に「死の欲動」と訳される Todestrieb は、小此木訳では「死の本能」と訳されている。なお「死の欲動」については、木村敏『偶然性の精神病理』のⅡ章「真理・ニヒリズム・主体」をも参照。

(12)　同書 S. 246（邦訳一七二頁）。

(13)　同書 S. 248（邦訳一七四頁）。

(14)　Freud, S.: *Das Ich und das Es* (1923). Studienausgabe III, Fischer, Frankfurt 1982, S. 308（小此木啓吾訳「自我とエス」『フロイト著作集』6、人文書院、一九七〇年、二八五頁）。

(15)　ラプランシュ／ポンタリス『精神分析用語辞典』（村上仁監訳、みすず書房、一九七七年）の「攻撃欲動」「死の欲動」「破壊欲動」の項を参照。

(16)　ここで私は、和辻哲郎の『風土』（岩波文庫、一九七九年）に描かれた沙漠的宗教（ユダヤ教）と沙漠的人間（レヴィナス）を、そしてそれとは対蹠的なわれわれ日本人のモンスーン的人間観を思い浮かべている。沙漠域では死は自然の側に、生は人の側にあり、モンスーン域では生は自然の側に、死は人の側にあると和辻はいう（同書三〇―三一頁、六九―七〇頁）。一方フロイトは、やはりユダヤ人でありながらモンスーン的宗教である仏教の思想を借りて、「死の欲動」の目標点として「涅槃」Nirwana のイメージを持ち出している（Freud: *Jenseits des Lustprinzips*, S 264. 邦訳一八七頁）。

第Ⅳ章　自分であるとはどのようなことか
――自己性と他者性の精神病理学のために

1　経験の主観的性格

精神病理学 psychopathology がこころの病理学である以上、そこでは当然「こころ」とは何であるのかが問題となる。古典的な精神病理学は、デカルトの名を冠していわれる心身二元論を暗黙の前提として議論を進めてきた。身体（そしてその一部である脳）が目に見える形と大きさを持つ物質的実体であるのに対して、心あるいは精神は「思う」「感じる」「意志する」などの働きだけで成り立っている非物質的な実体として、身体あるいは脳とは別個に存在する、というのがデカルト的二元論である。

最近のニューロサイエンスと、それをよりどころにする科学哲学は、こころないし意識は脳のニューロン・システムの物質的活動に全面的に依存していて、独立した実体ではない、とする物質主義的な一元論あるいは還元主義を強力に主張している。もしその主張が正しければ、精神医学の基本的な研究はニューロサイエンス以外にはなく、精神病理学はたかだか患者の体験や行動を精密に記載するための、いわば「地図作成技術」にすぎないことになる。しかし、このような還元主義的一元論が大勢を占めている英語圏の科学哲学の内部にすら、こころの本質を物質過程に還元しきれない「もう一つ別の事実」further fact とみなす二元論的な立場もある。

たとえばチャーマーズ(1)は二種類の「こころ」mind の概念を区別して、これをそれぞれ「心理学的意識」psychological consciousness および「現象的意識」phenomenal consciousness と呼ぶ。「心理学的意識」とは、行動 behavior の原因あるいは説明として要請されるもの、つまり知覚、アウェアネス、覚醒、内省、報告可能性、自己意識、注意、随意的コントロール、認知その他であって、これは脳の物質的な特性に還元でき、したがってコンピュータによるシミュレーションが可能である(科学哲学がしばしば用いる「意識の報告可能性」reportability というコンセプトは、彼らにとって意識の三人称性を如実に物語っていて興味深い)。

これに対して「現象的意識」とは「経験の主観的クオリティ」subjective quality of experience を特徴とする意識であり、主観的クオリティ(簡単にいえば「クオリア」qualia)とは、ある人が自分のあり方として感じ取っている心境 something it is like to be that being のことである。この現象的意識は脳の物質的特性に還元できず、ニューロンの活動をどれだけ細かく調べても説明できない。

この“something it is like to be that being”というのは、ネーゲル(2)が「コウモリであるとはどのようなことか」What is it like to be a bat？という論文で使った語法である。それはコウモリがコウモリとして生きている状態を、コウモリ自身が主観的にどう経験しているかという実感のことを意味している（ドイツ語でいうと、ある人がある状態にある sich befinden 気分を意味する Befindlichkeit——ふつう「情態性」と訳される——という言葉が、ほぼこれに相当するだろう）。ただしここで注意しなくてはならないのは、これがそのコウモリを観察している人間からの感情移入であってはならないことである。つまり、私がコウモリのようなありかたをしたら、それは私にとってどんな感じだろうかではなく、コウモリ自身にとってコウモリであることが——いってみれば「一人称的」あるいは「内面的」に、つまり主観的に——どんな「心境」なのだろうかが問題なのである（「心境」という表現は擬人的すぎるが、ほかに適当な言い方が見つからない）。

ネーゲルは、ある生物が意識を伴う心的状態をもつのは、「その生物であるというのはそのようにあることであるような何か」something it is like for the organism to be that organism が存在している場合だけであるという。このような「経験の主観的性格」subjective character of experience は、いかなる還元的分析によっても捉えられない。しかし、客観的に捉えられないから、そんなものは存在しないなどということはできない。それは、知性のあるコウモリとか火星人とかが人間について、人間であるというのはどのようなことかを理解しようとする場合のことを考えればすぐわかる。彼らにそれが理解できないからといって、人間にはそんな心境などはないという結論を出したとすれば、それは誤りである。なぜならわれわれは、われわれであることがどのようなことなのかを知っているのだから、とネーゲルはいう。

　チャーマーズは、この「心境」のことを「経験の主観的クオリティ」あるいは「クオリア」という。クオリアというのは、さまざまな知覚に伴う主観的な実感のことである。たとえば赤い色は、それを一定の範囲の波長をもつ色彩として処理される情報とみるかぎり、色覚異常を除く大多数の人にとって、あるいはロボットに装着されたコンピュータにとっても、同じ客観的リアリティとして認知されるかもしれない。しかし、そこで実際に経験される主観的な感じは、個人個人によって、あるいはその赤い色をおびている物体（交通標識、血、リンゴなど）によって、かなり違ってくるだろう。このように個人や状況に依存する主観的なクオリティの感じのことをクオリアという。つまりクオリアは、一定の機構を備えてさえいればだれにでも観測可能なリアリティではなく、個人と世界とのあいだにそのつど新たに成立するアクチュアリティである（クオリアが個人と世界の界面現象として成立するという点は、のちの考察にとって重要である）。

2　クオリアとしての自己

　わたしは一九六三年に発表したドイツ語の離人症論文[3]の中で、「自己」というのはわれわれが外界あるいは内界の対象を知覚あるいは表象したとき、その行為に伴って「自己クオリティ」Ichqualitätが感じられるというTatsache（行為的事実／アクチュアリティ）のことであると書き、道元から西田幾多郎へと受け継がれた「物来って我を照らす」という思想を参照したが、この「自己クオリティ」という言葉で当時わたしが言いたかったのは、現在ならば「クオリア」というであろうことだった。離人症患者が外界の実在感を失うとともに自己がなくなったと感じるのは、意識体験に通常は伴っているクオリアが消失するためである。つまり「自己」の実感というのは、世界がクオリアをおびて立ち現れている、いいかえれば私と世界のあいだにアクチュアリティが成立しているという行為的事実のことにほかならない。さきほどのネーゲルの議論と結びつけていうと、自己の実感とは、私がいまこの状況で私であることが、私にとってどのようなことなのかについての主観的・一人称的な実感のことである（もちろんこれは価値的・内容的な判断に関する問題ではない。私であることが私にとってどのようなことなのかの「内容」は、ナルシシズムや自己嫌悪によって大いに歪められることだろう）。「自己」はクオリアであるかぎり、やはりそのつど新たに私と世界との界面現象として成立する現象的意識であって、ニューロン・システムの活動に還元できるような心理学的意識ではない。

さてネーゲルはこのクオリア的な実感を、それぞれの生物種に固有の一般的な「タイプ」だとしている。What is it like to be a bat? という論文の表題を見ても、この不定冠詞 a は「コウモリというもの」一般としてのタイプを指していると考えるべきである。だから彼はこれが、体験はその所有者にのみ知られうるといういわゆる私秘性 privacy の問題ではなく、それは主観的な実感でありながら客観的でもあるという。この点はもう少し綿密に考えておかなければならない。

上に述べたように、チャーマーズはクオリアを物質的事実に依存しない現象的意識としながら、

「自己意識」self-consciousness はニューロン活動に還元可能な心理学的意識に含めている。もしわれわれのようにクオリアを自己の実感とみなすとすれば、還元不可能な主観的意識としての自己の実感を意識している自己意識は、客観的に還元可能だということになり、そこに大きな矛盾が生じることになる。この矛盾の一部はおそらく、日本語の「自己」と英語の self との違いから来るものだろう。セルフという語に本来含まれている「同一」の意味は、「自己」の語には含まれていない。自己とは現在のアクチュアルな経験の様相であるのに対して、セルフということをいうためには、現在の自己と別の時点における自己との連続性・同一性の保持を、ある意味で外的な視点から確認しなければならない。昨日の自分と今日の自分が同一でなかったら、それはセルフとはいえないのである（この問題に関してリクール(4)は、事物——対象化された自我を含む——の同一性 identité と、自己の自己性 ipséité とを明確に区別した注目すべき考察を行なっているが、ここではそれに立ち入ることができない）。セルフの同一性は単なる一人称的アクチュアリティではなく、その半分はむしろ三人称的リアリティの領域に属している。ということは当然、それが脳の情報処理機構に依存しているということでもある。

自己のクオリアを可能にしているアクチュアリティは、それ自体（この語の通常の用法からもわかるように）現在に密着したものであって、そこには過去や未来との連続の意味は含まれていない。不快な緊張を強いられる場からリラックスした快適な場に移ったとき、セルフとしては明らかに連続していても、自己のクオリアは「別人のように」違うということがありうる。自己のクオリアは、それが私と世界との界面現象であることからみて当然考えられるように、そのつどの場の関数である。そして人間の場合、この「そのつどの場」はほぼ「そのつどの対人的な場」の意味に解して差し支えない。

だれとどのような対人的な場をもっているかによって、自己のクオリアは大いに違ってくる。というよりもむしろ、わたしが以前[5]合奏音楽を例にとって述べたことがあるように、ある種の緊密な対人的な場においては、場全体のクオリアから切り離された自分一人の自己のクオリアというものは、そもそも成立しにくい。私があるパートを受け持っている合奏がスムーズに進行している最中には、私は私自身の指から生み出している音楽だけでなく、他の奏者から出ている音楽も、すべて自己クオリアをおびたアクチュアリティとして経験している。何人かで話がはずんでいて、その場のアクチュアリティが十分に強い場合には、「場違い」な発言は出てきにくい。会話に参加している当事者としての私の自己は会話状況全体の場のクオリアと融合して、それ以外の場面での私の自己と完全に違ったクオリアでできている。

しかし、合奏音楽の場面でも会話の場面でも、私はいついかなるときにでも私ひとりの——セルフとしての——自己クオリアに立ち戻ることができる。「立ち戻る」というより、それまで背景に隠れていた単独の自己のクオリアが前景化するといったほうがよい。合奏がスムーズに流れないようなとき、会話が退屈になったときなどには、単独の自己クオリアの前景化はほとんど必然的ですらある。この事実が物語っているように、自己のクオリアというものはけっして単層構造のものではない。そこではそのつどの相手との対人的な場に規定されているクオリアと、場から相対的に独立していて、ほぼセルフと重なるようなクオリアとの、少なくとも二つの層が、相互隠蔽的に交替している。

自己の構造の重層性は、しかしながらけっしてそれだけではない。まず、単独で自己同一的な現象としての自己、つまりセルフとしての自己だけについてみても、そのような自己は生後まもなくのあいだはおそらく存在せず、その後の人生で母親をはじめとする多くの他人との対人関係をそのつど意識的あるいは無意識的に経験しながら、相対的な不変項として次第に刻印されたものにちがいない。また、当面のあるひとつの対人的な場に関わっている場依存的な自己が、それと同時にその場には顕現していない別の対人的な場によって強く規定されているということもありうる。たとえば失恋の痛みを紛らせるために友人たちとのひとときの談笑を楽しむという場合もあるだろう。精神科の診察室における治療状況も、その優れた実例と見なせる。さらにまた、ここで「対人的な場」と呼んでいるものは必ずしも自分以外の他者との関係だけではない。過去あるいは未来の自己自身が現在の自己にとってはある意味での他者になりうる。だからかりに周囲に他人がいない状況でも、過去の記憶や未来の目標が自己のクオリアを強く規定して、当面のアクチュアルな自己がむしろ背景に退くような場合もありうるだろう。人前で失敗した恥ずかしさが尾を引いているとか、明日のデートの期待に胸をふくらませているなどというのが、その例になるかもしれない。しかしこの場合でも、その状況の背後には必ず他者がいる。

さて、いまここにあげた形での自己の重層構造は、おそらく人間特有のものと思われる。ということはつまり、そのかなりの部分が特殊人間的なニューロン・システムに依存していて、脳の物質的機構に還元可能であるかもしれないということである。脳の物質的過程に依存しない、独立した主観的経験としての「こころ」を問題にするためには、一度人間から目を転じたほうがよい。

3　集団の主体性と個の主体性（関係内在的な自己）

これまでもたびたび論じてきたことだが、ここでもやはり生物の集団行動に目を向けてみる。渡り鳥でも魚群でも、社会的行動を営む昆虫でも、その他どんな生物でもいい。そういった生物の群れは、種の繁殖のために最適な環境を選択するという一義的な目的に導かれた、群れとしての行動を示す。この行動は明らかに集団としてまとまって統制のとれたもので、個々の個体の目的志向行動の加算ではないように思われる。そこでは各個体の「意志」はそれなりに働いているのにちがいないが（もしそうでなかったら空を飛ぶとか海の中を泳ぐとかの行動は不可能だから）、それとは別に、個体の「意志」とは別のレヴェルの、集団全体の「意志」としかいいようのない力動が群れ全体の内部から作用していて、それが群れ全体を目的地まで導くのだろう。タビネズミのポピュレーションが過剰になったときのいわゆる「自殺旅行」や、異常に発生したバッタの大群など、その目的を一義的に説明しにくいものもあるけれど、その場合にはなおさらのこと、個々の個体の「意志」の総計が群れ全体の行動を説明するとは思われない。

群れを構成している各個体にはそれぞれの「意志」があって、さらにそのうえに群れ全体の「意志」も働いているという、この構造は上に述べた自己の重層構造と類比的に理解できるのではないか。合奏音楽の場合でいうと、演奏を開始した音楽は個々の奏者の個別的な意志とは無関係に、その曲自身に内在する力動によって進行を続けようとする。だから上にも述べたように、個々の演奏者は自分以外の演奏者の弾いている音楽までも自分自身のアクチュアリティとして、まるでそれも自分が演奏しているかのような錯覚を抱きながら生々しく経験している。合奏全体が——あるいはそこで演奏されている音楽自身が——演奏者全員を一つの目標へ向けて行動させる強い「意志」を持っているといってよい。しかしいうまでもなく、個々の演奏者がそのために個人の意志を失うということはありえない。それぞれのパートはあくまでも各自の意志で演奏されるのだし、だれかが何かの理由で演奏をやめて合奏全体を中断してしまう自由はあくまでも保持されている。そして、合奏全体ないし音楽それ自身の「意志」と、演奏者各自の自由意志とは、同一平面上での強弱関係にあるのではない。つまり各演奏者は、どの程度まで自分の意志を犠牲にして合奏全体の「意志」を優先させるかというような選択を行うのではなく、一面で合奏全体の「意志」に全面的に規制されながら、その反面でやはり完全に個人の自由意志によって合奏に参加している。そしてこの二つの「意志」は、音楽の進行のそれぞれの局面で、つねに交互に前景に立ったり背景に退いたりしながらせめぎ合っている。だからこの二つの「意志」は、互いに相補的で相互隠蔽的な交替を示しうるような、それぞれ別個の次元に属しているといわなくてはならない。動物の群れの集団行動についても、これと同じ構造を推定してもよいのではないかと思われる。

集団行動に際して集団全体の各個体のありかたを全面的に「規制」するのは、行動やそれを実現させる「意志」といった非物質的な側面だけのことではない。この規制が物質面にまで及んでいる例として、トビバッタの形態変化が有名である。このバッタは、限られた環境に低密度で生息しているときにはトノサマバッタと呼ばれ、羽はあまり発達しておらず、従って飛行距離も短い（この状態を「孤独相」と呼ぶ）。それが気象条件によって異常発生をきたして生育密度が高くなると、「ロカストール」と呼ばれる集合フェロモンを分泌して（三世代をかけて）身体構造を変化させ、羽が長く飛行能力も格段に高い「群生相」のトビバッタに「変身」し、大群を作って長距離を移動するようになる。[6]

チャーマーズの上記の分類に従えば、行動の原因あるいは説明として要請される「随意的コントロール」voluntary control は、脳やニューロンの物質的機構に還元可能な「心理学的意識」に属している。しかし、生物の集団全体の行動を制御しているような脳は存在しない。それよりもまず、そういった集団は、それぞれが物質的な単一体である多数の個体から成り立っているものの、集団それ自体は物質的実体ではない。そのような非物質的な場である集団全体の「意志」や「意識」が、なんらかの物質的機構に還元できるはずがない。ここではむしろ、トビバッタの形態変化に見られるように、集団を構成している各個体の物質的実体の方が、逆に集団行動への「意志」あるいは「意図」という非物質的な「意識」によってコントロールされているように思われる（トビバッタの形態が孤独相から群生相に変化するのは大移動の前である）。合奏音楽の場合でも、各演奏者の個別的な意志と相補的に競合しながら、音楽の流れを形成し続けている合奏全体という場の「意志」ないし「随意的コントロール」は、それを還元すべき脳やニューロンなどの物質的コントロール機構を持っていない。

元来が個人心理学用語である「意志」「意図」「意識」などの概念を集団に適用したりするから、こんな奇妙な議論をしなければならないのだ、という反論は当然予想できる。それはその通りなのだが、集団全体が個々の構成員の心理とは違った「集団心理」を持ちうることは争えない事実だし、もしそうでなかったらば全体主義などという集団現象もありえないことになるだろう。「国民感情」とか「民族意識」とかの表現が何を意味しているのかを、われわれは——それに対して自分が示すプラス・マイナスの態度は別として——十分に知っている。そのような「感情」や「意識」を「生み出している」脳はどこにあるのだろう。もっと身近なところでも、友人たちと話がはずんでいて「場違い」な話題を持ち出しにくいという場合の、その「場」の「空気」はどこから出てくるのだろう。

このような集団全体の「意志」「意識」「感情」などの存在は、集団を構成しているメンバーのだれかがそれに対して違和感を抱いて、その人自身の意志、意識、感情などとのズレを経験しているようなときに、逆にもっとも明らかになる。合奏音楽に参加している一人の演奏者が、音楽全体の流れに疑問を感じることもあるし、国民感情に背を向けて「単独者」としての自己の内面を大切にする個人も少なくない。そのようにして個人が所属集団から距離を置いているときに感じる「居心地の悪さ」は、集団全体には成員各自の主体性とは独立に、集団全体の主体性が具わっていることを雄弁に物語る。ただ、集団への帰属性に安住している大多数の成員にとっては（人間以外の生物ではおそらく全員がそうだろう)、集団の主体性がそのまま自分自身の個体としての主体性としてアクチュアライズされているために、いまわれわれの論じているような問題がそもそも問題として成立してこない。(そしてそのような場合にこそ、全体主義やファシズムの危険は大きなものとなる)。

ここで「集団全体の主体性」という言い方をしたのは、V・フォン・ヴァイツゼカー(7)の「主体」Subjekt の概念に拠ってのことである。彼は、人間以外の(脳や意識を持たない)生き物についても、その有機体と環境世界との対峙の根底をなす原理 das seiner Gegensetzung zur Umwelt zugrunde-liegende Prinzip としての、つまり有機体と環境世界の界面現象としての主体という言い方をする。この主体概念なら、通常の意味での意識や自己を持たない集団全体についても容易に適用することができる。渡り鳥の群れやバッタの集団にとっては生育地の気象条件が、音楽の合奏にとっては彼らの演奏すべき音楽が(楽譜に書かれた音楽という外面的な意味だけでなく、たとえば彼らがそれをどう解釈するかといった内面的な意味も含めて)、さしあたってそれとの「対峙の根底をなす原理」として、その集団の「主体」が要請されるような環境世界ということになるだろう。またその集団に所属する個体にとっては、なによりもまず集団全体の行動が、主体として「対峙」すべき環境世界の資格で立ち現れてくる。

わたしはさきに、自己とはそのつどの世界がアクチュアリティとして立ち現れてくるときの主観的実感、すなわちクオリアにほかならず、したがって自己とは私と世界との界面現象であるといった。これを人間以外の生物にも拡大するためには、「自己」のかわりに「主体」といった方がいいのかもしれない。いうまでもなく、世界とは事物や他個体たちといった物質的実体の総和のことではない。ヴィトゲンシュタイン(8)の言葉を借りれば、世界とはそうであることのすべて Die Welt ist alles, was der Fall ist であり、事実《こと》の全部であって事物《もの》の全部ではない Die Welt ist die Gesamtheit der Tatsachen, nicht der Dinge。これをわたしなりに言い換えれば、世界とはアクチュアリティであって単なる事物的リアリティではないということになる。渡り鳥にとっては群れがまとまって越冬地に向けて移動する飛翔それ自身が、合奏の演奏者にとっては全員で演奏している音楽それ自身が、何にもましてアクチュアルな「事実」Tatsache ないし「そうであること」was der Fall ist である。

世界が「そうであること」のすべてであるのなら、自分が（上に述べた自己の重層構造をひっくるめて）自分自身であるということも、自己にとっての世界だということになり、世界との界面現象としての自己（あるいは主体）は、自己自身との界面現象としても捉えられることになる。わたしがつねづね好んで引用するキルケゴール(9)の「自己とは関係が関係それ自身と関係するという関係である」という言葉も、この意味で理解しなくてはならない。

4　関係外在的な自己と他者

自己とはこのようにして、自己と世界とのあいだ——現在の事物的世界とのあいだだけでなく、当面の他者とのあいだ、所属集団とのあいだ、過去や未来の世界とのあいだなどを含む——の、そしてなによりも自己と自己とのあいだの関係そのもののことである。

しかし、この「関係としての自己」が自己の本来のありかたであるとはいっても、現実に――アクチュアルに――私が自分の自己というものを感じているクオリア、私自身にとって「自分であるとはどのようなことか」what it is like for me to be myself という純粋に一人称的な実感は、どこかこの「関係としての自己」には収まらない、それをはみ出したもの、ある意味での「異物」ではないだろうか。そしてここにこそ、人間のみに特異的な「自己性」の本質が見て取れるのかもしれない。

われわれが現実に自分の「自己」を――あるいは他人と通分不可能な「この私」を――のっぴきならないアクチュアリティとして経験する場合には、それは前項で述べたような、いわば相対論的な「関係」を絶対的に超越してしまう。そのような場合には、自己は自分自身を、世界の、あるいはアクチュアリティの、中心そのものとして経験している。中心は、中心以外のいかなる点ともけっして同列には置けない「特異点」であり、等質空間にとっての「異物」である。中心としての自己は、自分以外のすべてのものを交換可能な多数性の相において見ている反面で、自分だけは絶対的に交換不可能な単独性の相において見ているといってよい。そして、これは十分逆説的なことだが、このような単独者としての自己にとってのみ、自分がたまさかの関係を持った他人もやはり単独者として、絶対的な他者として姿を現すことができる。絶対的な他者とは、自己がそれである世界とは異質な「非世界」、自己がその中心ではありえない「異界」を生きる人である。他人はそこで、単に自分と「別の人」であるのではなく、「関係としての自己」「世界としての自己」を構成するもろもろの関係性・

世界性のなかへの回収を拒むという意味で、「関係外在的」「世界超越的」な存在、つまり「絶対の他」(西田幾多郎[10])としての異物的なアクチュアリティを示してくることになる。

最近ではレヴィナス[11]が、やはり他者の関係外在的・世界超越的な他者性を問題にしている。他者の他者性は私の世界の内部にでなく、他人の「顔」の彼方から、つまり世界の外部から、「汝殺すなかれ」という命令として、私の責任／応答可能性 responsabilité を求めてくる、とレヴィナスはいう。そのような他者の経験は、他者のなんらかの存在の経験ではなく、存在が「存在の他なるもの」l'autre de l'être の「存在と別の仕方」autrement qu'être へ、つまり「存在の外部」へ向かって「過ぎ越す」という超越の経験である。他者は関係外在的・世界超越的であるばかりでなく「存在の外部」ですらある。存在がわれわれの生において経験されるものであるとするならば、「存在の外部」は「生の外部」「生の異界」である「死」においてしか経験されない。レヴィナスにとって他人の他性は、死の絶対的な他性という姿で現れる。

さきにわれわれが自己あるいは主体の重層構造について見ておいたことを思い出そう。集団行動を特徴とする動物たちにおいてはとくに顕著に、人間でも注意さえすれば日常生活のいたるところに見いだされる集団的主体と個別的主体の重層構造についてである。この場合、系統発生的にも個体発生的にも、集団的自己の方が個別的自己よりも明らかに古い。

すでに徹底的に個別化され、「存在」ないし「生」の概念のもとに自分自身の個別的な存在や生存しか理解しえなくなっているわれわれ大人の人間にとって、集団全体の、あるいはそれを越えて「生きとし生けるもの」一般に通底する「生命それ自身」（ギリシャ語が個別的生命である bios から区別している生命一般としての zoē[12]）は、えてして「存在の外部」「生の外部」としての「死」の相貌のもとに経験される。死は、完全に個別化された自己にとっては「存在の外部」「世界の外部」として、絶対的に「未知」のもの、「不可知」のもの、あるいは個別的生命の中では絶対に現前しない「未来」のものである。しかしそれは、集団的自己の観点から見れば、むしろ個別的存在がそこから発生してきた「自己の古層」、禅のいう「父母未生已然の自己」なのではないか。個別的生命より古い集団的生命、個別的な生がそこからの個別化過程を経て初めて成立した、したがって個別的生命の根源といってよいディオニューソス的な集団的生命が、個別的自己の観点から見ればむしろ「死」の外見を呈するという、この特殊人間的な「錯視」がフロイトの直観を惑わせて、「死の欲動」の概念を生みださせたのではないかという解釈を、わたしはすでに以前提出しておいた[13]。

個別的生がそれ自身の「古層」におのれの「外部」、おのれの「死」を見るという考えからすると、レヴィナスが存在外部的な他者からの命令として書いている《汝殺すなかれ》についても、いくぶん違った「聞き取り方」が可能になる。つまりそれは、むしろ「殺しの欲動」の禁止ないし禁じられた欲動への危険な誘惑として聞こえてきはしないだろうか。他性と死が同じ存在外部的な未来性をもっているとするならば、他人の顔からの公現 épiphanie として現れてくる他者の他性に応答するためには、その他者を「殺し」て、その存在の個別化を撤回しなくてはならないはずである。フロイトは、死の欲動をほとんど何の説明もなく「攻撃欲動」「破壊欲動」と言い換えている。自己の個別的生存に対する破壊欲動である死の欲動は、同時に他人の個別的生存に対する破壊欲動でもある。それは要するに、ディオニューソス的・ゾーエー的生命から個別化し「異物化」したアポロン的・ビオス的生命を取り消して、生命それ自身のエートスを回復しようとする欲動のことではないのだろうか。形あるものの形を破壊する、これが生命にとってもっとも根源的な欲求であるように思われる。

そもそも、この生命それ自身《ソーエー》を、個別的生命《ビオス》と並ぶ「もう一つの生命」としてイメージすることから、いっさいの錯誤が始まる。ニーチェ(14)は若いとき、アポロン的原理によるディオニューソス的・ゾーエー的な生命からのビオス的個別化に対して激しい反感を表明していたが、のちの『力への意志』(15)においては、《生成 Werden に存在 Sein の性格を刻印すること、これが力への最高の意志である》と書いて、生命の本質である「生成」を「存在」へと凝固させる「錯誤」について語っている。個別的生命が「存在」であるのに対して、「生命それ自身」は「存在の外部」に「存在と別の仕方」で経験される「生成すること」として、一瞬の静止もない激しい動きなのである。それはつねに発生機の状態にあって、けっしてそのものとしては姿を現さない。ビオス的生命が現勢的 actual であるとすれば、ディオニューソス的生命はつねに潜勢的 virtual だといってもよい。

西田の「絶対の他」もレヴィナスの「存在の外部」としての他性も、アクチュアルな他者の個別性の背後に開けている潜勢《ヴァーチュアル》的な生成の深淵を覗き見たものだし、フロイトの「死の欲動＝攻撃／破壊欲動」は個別的生命のアクチュアリティを撤回して生成それ自身の潜勢態《ヴァーチュアリティ》を復元しようとする（いわば「力への意志」のネガとしての）欲動を指している。個別化の極限において、人間はいっさいの存在のアポロン的刻印を異物として抹消し、純粋無垢なディオニューソス的生成の陶酔に浸ろうとする。レヴィナスの他者が発する「汝殺すなかれ」の哀願は、この破壊欲動におののく個別的生命の叫びではないのか。

「存在の外部」から見れば、存在は異物の様相を呈する。なによりもまず私自身の「この私」としての存在が、私を私たらしめている生命の生成から見れば不気味な異物である。生命の「古層」にひそむ本能的なエートスは、ひたすらこの異物を除去して涅槃の安らぎを回復しようとする。それと同時に、私の前にその「顔」を現す他人も、それが世界の外部としての異物的個別性を告知してくるかぎり、その異物性／個別性／他性は除去しなくてはならない。しかしこの死の欲動／破壊欲動には、われわれ人間の共同体においては「汝殺すなかれ」の重大な制約がかかっている。他人の顔を前にしてわれわれがたじろぐのは、生来的な破壊欲動とそれに対する禁止という、両方とも特殊人間的な個別化の過剰に由来する二つの力のあいだの、調停困難な葛藤のためではないのだろうか。

これは恐ろしい想定である。人類がこれまでに犯した数々の虐殺、ナチスのホロコースト、あるいは最近の殺人事件などに見られる「殺しへの欲望」と、個人の自由を徹底的に抑圧する集団的な全体主義とは、どうやらその根源を一にしているらしい。フロイトもレヴィナスもそのかなり手前でたじろいだ。しかし「個の尊厳」「生命の尊厳」を真に尊重しようとするならば、この特殊人間的な重層構造について、徹底した考察を加えておく必要があるのではないかと思う。

5　分裂病の生命論的成因についての仮説

最後に、以上の考察から導かれる生命論的・進化論的な分裂病成因論の仮説を述べておきたい。生物進化の途上で、ヒトにおいて初めて言語機能が獲得され、それと密接に連結して個体が自己自身の唯一性・一回性・交換不能性を自覚するようになった。個の存在が主要な関心事となって、種の繁殖は生の至上目的ではなくなった、といってもよい。しかしこの巨大な飛躍の代償として、人間は自らの社会的行動のすべての場面で、同種集団の一員としての（交換可能な）自己と単独者としての（交換不可能な）自己、種の主体性と個の主体性とのあいだの微妙な調整という、本能的な課題を背負い込むことになった。この課題の達成が（おそらく遺伝子レヴェルで）困難になっている人があるとすれば、そのような人こそ分裂病への大きな親和性をもった人だとはいえないだろうか。

しかしこの親和性がただちに臨床的分裂病の発病につながるものだとは、わたしは考えない。この課題の達成に特別な重みを与えるような時代的・文化的背景も考えなくてはならないし（「分裂病近年説」[16]など）、子どもの成育過程でこの課題の学習を阻害するような親子関係、家庭環境といったものもあるかもしれない。

分裂病がヒト以外の動物には発生しない病態であること、患者が幼児期から（「手のかからないよい子」「裏表のない子」というポジティヴな評価の陰に隠れた）自主性の弱さを示すこと、「個」が成熟して生殖可能となる（つまり種と個の弁証法が尖鋭化する）思春期に破綻の兆しが始まること、両親および異性との関係（これも種と個の弁証法の支配下にある！）がとくに危機的な様相を示しやすいこと、個の確立欲求が突出してアンテ・フェストゥム的な内的姿勢が示されること、そしてなによりも「自己の自立」「自己と他者の関係」「世界の自然な自明性（個別的自己と場の空気との調和）」などをめぐる問題が症状面での中心的なテーマとなること、症状が寛解した後でも社会生活への復帰は困難であることなどの分裂病の諸特徴は、すべてわれわれの仮説を裏付けているものであるように思われる。

注

（1）Chalmers, D. J.: *The Conscious Mind. In Search of a Fundamental Theory.* Oxford University Press, 1996.

（2）Nagel, Th.: What is it like to be a bat? In Th. Nagel: *Mortal Questions.* Cambridge University Press, 1979.（永井均訳『コウモリであるとはどのようなことか』勁草書房、一九八九年）。

（3）Kimura, B.: Zur Phänomenologie der Depersonalisation. *Nervenarzt* 34; 1963, 391-397.（木村敏訳「離人症の現象学」『木村敏著作集』第一巻所収、弘文堂、二〇〇一年）。

（4）Ricœur, P.: *Soi-même comme un autre.* Seuil, Paris 1990.（久米博訳『他者のような自己自身』法政大学出版局、一九九六年）。

（5）木村敏『あいだ』5章「合奏の構造」（『木村敏著作集』第六巻所収）。

（6）小沢正昭『群れの科学——大きさの調節機能』研成社、一九九一年。

（7）Weizsäcker, V. v.: *Der Gestaltkreis. Theorie der Einheit von Wahrnehmen und Bewegen.* Gesammelte Schriften Bd. 4, Suhrkamp, Frankfurt 1997, S. 299（木村敏・濱中淑彦訳『ゲシュタルトクライス』みすず書房、一九七五年、二七六頁）。

（8）Wittgenstein, L.: *Tractatus logico-philosophicus.* 1, 1.1. Suhrkamp Taschenbuch, Frankfurt 1984.

（9）Kierkegaard, S.: Die Krankheit zum Tode. In: Sören Kierkegaard, *Die Krankheit zum Tode und anderes.* hrsg. von Hermann Diem und Walter Rest, Jakob Hegner, Köln und Olten 1956, S. 31.（斎藤信治訳『死に至る病』岩波文庫、一九三九年、二〇頁）。

（10）西田幾多郎「私と汝」『全集』第六巻、三八六頁以下（上田閑照編『「場所・私と汝」他六篇　西田幾多郎哲学論集Ⅰ』岩波文庫、一九八七年、二六五頁以下）。

（11）Levinas, E.: *Totalité et Infini. Essai sur l'extériorité.* Nijhoff, La Haye 1961.（合田正人訳『全体性と無限』国文社、一九八九年）, ibid: *Autrement qu'être ou au-delà de l'essence.* Nijhoff, La Haye 1974.（合田正人訳『存在するとは別の仕方であるいは存在することの彼方へ』朝日出版社、一九九〇年）。

（12）カール・ケレーニー『ディオニューソス』岡田素之訳、白水社、一九九九年、一五頁以下。

（13）木村敏「真理・ニヒリズム・主体」『岩波講座・宗教と科学4』（木村敏『偶然性の精神病理』岩波書店、一九九四年、五六頁以下、『木村敏著作集』第七巻）。

（14）Nietzsche, F.: *Die Geburt der Tragödie.* Hanser, München 1966.

（15）Nietzsche, F.: *Der Wille zur Macht. Versuch einer Umwertung aller Werte.* §693, Kröner, Stuttgart 1964.

（16）Hare, E.: Schizophrenia as a recent disease. *Br. J. Psychiatry* 153; 1988, 521.

第V章　個別性のジレンマ——記憶と自己

1　はじめに

わたしの分裂病論は、分裂病を「個別化の原理の危機」と規定することから始まった。[1] この見解をわたしは現在に至るまで一貫してとり続けている。ここで「個別化」Individuationというのは、自己が個別として成立すること、つまり自己が「一般」に含まれる交換可能な「特殊」としてでなく、他から絶対的に区別された交換不可能な「単独者」として成立することを指している。

多くの分裂病者が幼児からすでに自己主張に乏しい性格や行動特性を示すこと、最終的な独立（心理的・社会的な自立の意味でも、生物学的な生殖年齢の意味でも）の時期である思春期／青年期に、自己確立の試金石となるような他者関係（とくに両親や異性との関係）に躓いて、これが発病の直接の誘因となりやすいこと、発病すると自己と他者の標識が考えうるかぎりあらゆる点で混乱するような病的体験が出現して、これがこの精神病の疾病識別的《パトグノモーニシュ》な症状となること、これらの症状が消褪したあとも社会的対人関係の能力は原則的に回復しがたいことなどから見て、分裂病の現象面の基本特徴を「他者との関係における自己の個別化の成立不全」とみなすことに疑問の余地はないだろう。問題はこの現象面の特徴を、現象学的にどう解釈するかである。分裂病の現象学的精神病理学に課せられた仕事は、この「個別化の成立不全」という現象を入念に記述するだけでなく、この現象を生み出している現象学的構造原理を探り出すことにある。それにはまず、分裂病者以外の人間存在で自己の個別化はどのような構造原理によって成立しているのかを明らかにし、そしてこの構造原理が分裂病者ではどのような仕方で危機に陥っているのかを論じなくてはならない。わたしの精神病理学はこれまでもっぱらこの課題をめぐって展開されてきた。ここでもう一度この原点に立ち返って、さらなる展開の可能性を模索するのは無意味なことではないだろう。

2　個別と自己

分裂病を個別化の原理の危機として捉える文脈の中で、わたしは「個別化」と「自己の自立」という二つの概念をほとんど同じ意味で用いてきた。しかし個別と自己、個別性と自己性はけっして同じ概念ではない。「自己」が——とくに日本語では（後述参照）——もっぱら自己意識を備えた人間について言われるのに対して、「個別」は——「個体」「個物」などとも言い換えられて——人間以外の生物や無生物にも用いられる幅の広い概念だからである。

私がいま開いているこの一冊の本は、おそらく何千部と印刷され出版されたうちの一冊であるけれど、それと寸分違わない他の何千部の「同じ本」とは別の「ほかならぬこの本」である。このことはこの本が印刷製本されたときからそうだったし、昨日もそうだったし、明日もそうでなくなることはありえない。これがこの本の個別性ということの一つの意味である。この意味での個別性は、別々の事物が弁別不可能で交換可能であるという意味での（何千部もの「同じ」本という）「質的同一性」とは区別され、ある事物の「実体」が時間的に継続していて、「何回認識しても同じそのものである」（リクール）という意味でいわれる「個数的同一性」のことである。木村敏という固有名をもったこの私についても、それを客観的なリアリティのレベルで見るかぎり、それと同様の個数的同一性を云々することができる。そのかぎりで私が私であることと私の個別性とは同義である。

しかしこれはあくまで他人の目から見た三人称的な認識対象としての私の個別性であって、一人称的な認識主体である私自身にとっての私の個別性のことではない。「このもの」の個数的同一性は、実は他のいくつかの（実在的あるいは可能的な）「同じもの」との質的同一性を前提にしていて、いわばその否定として（「二つ以上の同じもの」の「同じ」とは別次元の規定として）成立するという側面をもっている。私の三人称的な個数的同一性も、私があるグループの構成メンバーとして（「員数」として）他の誰とでも交換可能であるというメンバー間の質的同一性と、次元の差異をはさんで対応していて、成立もそれと同時である。

しかし、私が今ここで手にしている一冊の本が、他に何千部もある「同じ」本のどの一冊とも交換することができないという個別性は、そのような個数的同一性だけでなく、それとは違った意味もおびている。それが何年か前に私の蔵書に入ったときから、それは私が何回か読んだ本としてであれ、あるいはほとんど読まずに置いてあった本としてであれ、いずれにしても私の歴史に組み込まれた「私のこの本」として、やはり世の中にこれ一冊しかない個別性と単独性をおびている。この個別性と単独性は、この本が将来いつの日にか私の手を離れて古本屋の店頭に並ぶようなことがあっても（私がもう一度それを見る可能性があるかぎり）失われることがない。その意味ではそれも時間的継続性の契機を含んでいるように思われるが、その意味は個数的同一性の場合と本質的に違う。つまりこの時間的継続性は、それが私の手に入ったときから私が死ぬまでの期間に限られている。この限定は、私以外の他人にとっては原理的に無意味である。私の死後もこの本に個数的同一性を超えた個別性が与えられるとすれば、それは私という存在がその人の記憶の中に生きている、限られた人たちにとってでしかない。つまり私のこの本の個別性は、私の歴史的な存在と切り離せない関係がある。つまりそれはリアルな個別性ではなく、いわばアクチュアルな個別性である。客観的・公共的・三人称的な個別性ではなく主観的・私的・一人称的な個別性である。

　私にとって主観的な個別性をもっているのは、本のような具体的個物にかぎらない。私が先ほど済ませてきた散歩も、毎日のように同じ道を同じような時刻に繰り返している私の習慣の本日分ではあっても、昨日の散歩とも明日の散歩とも違った個別性をもっている。私の歴史を作り上げている無数の出来事は、すべてそれぞれに個別的な一回きりの出来事である。人生において同じ出来事はけっして二度と繰り返さない（だからこそ逆に、ニーチェの「永遠回帰」やキルケゴールの「反復」があれほど深い思想となりえたのだということもできる）。そしてこれは私という個人の歴史だけでなく、共同体の歴史や人類の歴史における個々の出来事についても同じようにいえることである。このような歴史上でのそのつど一回きりの出来事は、時間的な継続の意味での個数的同一性とはまるで無関係である。

自己自身、私自身の存在全体を個別と見るときの個別性は、それよりもさらに一段階深い歴史性に関わっている。私のこの本の個別性はそれが私の歴史に組み込まれていることに基づくものだったし、私の散歩の個別性もそれが私の歴史の一こまであることによるものだった。それに対して、私が私自身であることの個別性は、この「私の歴史」そのものの、つまり私が自分の人生を生きているという事実そのものの、私にとっての唯一無二性、交換不能性に関わっている。それはもはやいかなる意味でも三人称的なリアリティとは無関係で、純粋に一人称的なアクチュアリティをおびた個別性である。

ここで日本語の「自己」（ないし「自分」）と西洋語の self/Selbst/soi との違いについて一言しておくのは無駄ではないだろう。「自己」の語は、禅仏教における使用法がはっきり示しているように、当事者の存在の根底を指すものとして、強い一人称性をおびている。日常語でほぼ同義に用いられる「自分」も、かなりの人がそれを自称詞として用いることからもわかるように一人称性の強い語である。これに対して、ほとんどの場合「自己」と訳されるselfやSelbstは、もともと三人称的に「同一」あるいは「それ自身」を意味し、それが話し手自身を指していわれる場合でもそれ自身の一人称性はさほど強くない（したがってmyself/ich selbstなどのように人称代名詞を添える必要がある）。フランス語のsoiには「同一」の意味はないが、これは再帰代名詞seの強調形で、文法的にもすでにmoiやtoiと区別されて三人称扱いを受ける。西洋の哲学や精神病理学が、一人称代名詞をそのまま術語化した「自我」ego/Ich/moiの語を「自己」とは別に用いている理由の一半もそこにある。元来が西洋的思考法という異文化を同化しながら発展してきた日本の哲学や精神病理学で「自己」というような概念を問題にする場合、その西洋的な（準）三人称的語義と、これを日本語で語る場合の純粋に一人称的な語感とのあいだの微妙なずれに対して、われわれはつねに敏感でなくてはならないだろう。

私を個別的自己たらしめている私の歴史性は、私が死すべき存在、死へ向かっての存在であることと深く関わっている。それは私の死が、他人の死によって代替できない、このうえなく私自身に属する出来事であるという理由からだけではない。死が私の存在の歴史性と関わっているのは、なによりもまず、終末の定めのないところには歴史が成立しないからだといってよいだろう（これは逆に、歴史のないところに終末はない、と言い換えてもよい）。年代記と歴史の本質的な違いは、歴史がその一瞬一瞬に生成から終末へ向けての傾斜を含んでいる点にある。もし人間以外の多くの生物が、すぐれた記憶力をもっているにもかかわらず歴史を持たないとするなら、それは彼らにとって個体としての死が終末という意味を持たないからだといってよい。西洋人が一般に東洋人と比べて鋭い歴史感覚を持っているのも、彼らがそれだけ強く個人の死を意識しているからなのかもしれない。そしてこのことは彼我の宗教的な終末観の差にも現れているだろう。わたしが最初の分裂病論で個別化の原理について論じたときも、わたしはそれをまず「死の可能性」として捉えることから考えた[2]。

死すべき存在である私の人生は、死すべきであるというまさにそのことによって、ひとつの歴史となる。この歴史は、すぐれた意味で個別化の原理である死をその構成契機として含むことによって——これは、私の人生が絶対に一回きりの有限なものであることによって、といっても同じことである——他と交換不可能な個別性と単独性をおびてくる。すべての人がそれぞれ別の人であり、各人が各人にとって他者であるのは、それぞれが自分自身の個別的で一回的な歴史を生きているからである。質的同一性という意味ではほとんど区別のつかない一卵性双生児が、それでもやはり互いに別個の個人であるのは、それぞれの三人称的な個数的同一性のためだけではない。彼らはそれぞれの死の交換不能性あるいは歴史的個別性によって、一人称的に別個の自己自身なのである。

歴史history/Geschichte/histoireは、そのまま物語story/Geschichte/histoireでもある。歴史としての人生の途上で生起する数々の出来事は、すべてこの自己という一回きりのストーリーを構成するエピソードとなる。そこでわれわれは次に、物語としての歴史という観点から自己性の問題を取り上げたポール・リクールの議論を簡単に見ておかなくてはならない。

3　リクールの自己性と同一性

自己の個別性の問題は、以前から「私は私である」という自己同一性（アイデンティティ）の問題として論じられてきた。リクールは最近『他者としての自己自身』[3]という著書で、われわれの関心事である歴史とも深い関係を持つ物語論の観点から、自己性と同一性の問題について立ち入った考察を行なっている。彼はギリシャ語で「同一」を表すidem（「アイデンティティ」の語源）と、「それ自身」を表すipseという二つの語に着目する。そして「個人の自己アイデンティティ」identité personnelle（われわれのいう「個別性」のことと解して差し支えない）を、「同一性」mêmeté（identité-idem）と「自己性」ipséité（identité-ipse）の両側面から構成されたものと考える。[4]同一性には前項で述べた意味での「個数的同一性」identité numériqueと「質的同一性」identité qualitativeの区別があるが、自己性はそのいずれとも違って、「私は誰か」qui suis-je？の問いへの答えとなるような、時間における恒常性である、とリクールはいう。[5]すなわち同一性《メムテ》が三人称的な認識対象についていわれるのに対して、自己性《イプセイテ》は一人称的な認識主体についていわれる。

自己性の構造を解明するために、リクールは「性格」caractèreと「約束」parole tenueの二つの概念を分析する。[6]

性格とは、ある個人を同一人物として再同定するのを可能にする弁別標識の集合、あるいはそれによってある人物が再認できる持続的な傾向性《ディスポジション・デュラーブル》の集合である。私の性格は、生来の傾向性に習慣が加わったものとして、私の第二の天性であり、私自身《モア・メーム》であり、自己《イプセ》である。だから物語の登場人物は「キャラクター」とも呼ばれる。しかしこの自己《イプセ》は、外に向かっては同一《イデム》として顕現する。性格については、自己《イプセ》の問題系と同一《イデム》の問題系が区別できない。

これに対して約束を守るという営みは、その対極にあるもう一つの自己アイデンティティの標識である。私の欲望や意見や好みが変わっても私が約束を守るというのは、性格の時間的恒常性とは対極的な時間的恒常性である。性格が「何」（三人称的な同一性）と「誰」（一人称的な自己性）とのある種の密着を示しているのに対して、約束を守ることを通じての自己維持は、純粋に「誰」の次元のみに属している。

リクールによれば、三人称的な性格の持続と約束を通じての一人称的な自己維持というこの両極を媒介するのは、物語的自己同一性 identité narrative に属する時間性の問題である(7)。

物語は「筋」intrigue/plot に沿って展開する。「筋立て」mise en intrigue/emplotment によって、物語は、多様で変わりやすく、不連続で不安定な、つまり同一とは正反対であるような多くの出来事を、一つの「まとまり」configuration として統合する。偶然に起こったこと occurence が、それによって必然的な出来事 événement に変わる。この転換が生じるのは、ストーリーが終局に到達したあとでそこから時間の全体を回顧したときの、いわば後ろ向きの必然性によるものである。

作中人物の自己同一性は、物語られる行動/筋 action に適用される筋立ての操作を、人物に転移することによって理解される。物語のまとまり《コンフィギュラシオン》が、その人物に起こった予想外の事件を必然的な定《デスタン》めに変える。作中人物の自己同一性（物語的自己同一性）を作り出しているのは、ストーリーの自己同一性（筋のまとまり）である。(8) 物語は、作中人物にさまざまな想像上の変更を加える操作によって、その同一性と自己性の両極間を媒介する。ふつう、作中人物は同一人物として同定される性格／キャラクターとして描かれるが、たとえばムージルの『特性のない男』のように、同一性の支えを失った自己性が露出してくる場合もある。このような極端な場合には、物語そのものがまとまり《コンフィギュラション》を失う危機に直面する。(9)

ところでリクールは、この『他者としての自己自身』よりかなり前に、また彼のモニュメンタルな三部作『時間と物語』（一九八三―八五）にも先だって、「物語的時間」（一九八〇）という英語の論文を書いている。(10) 彼はこの論文で、ハイデガーが『存在と時間』で展開した「反復」Wiederholung の概念を鍵概念として、(11) 物語の時間性について論じている。

物語の時間構造はプロット（筋）の時間性として与えられる。プロットがわれわれを時間性と物語性の交叉点に置く。物語のストーリーを追うということは、次々に継起するアクションや考えや感情が、一定の方向性を示す様子を理解することである。その場合、ストーリーの結末が全体の筋の収斂点となる。はじめて聞く物語では、先回りして結末を予想したり一連の出来事から結末を演繹したりすることができない。結末を導いたエピソードの一つひとつをあとから振り返ってはじめて、この結末にはこういった出来事とアクションの連鎖が必要だったのだということを事後的にいいうるにすぎない。

すべての物語は、ストーリーがさまざまな出来事からなることを示す「エピソード的次元」(「クロノロジカルな次元」)と、プロットがばらばらの出来事を意味のあるひとつの全体へと統合する「まとまり configuration の次元」(「非クロノロジカルな次元」)とが、さまざまな割合で結合したものである。「まとまりの次元」では、プロット全体が意味をおびたひとつの「構想」thought に変わる。

プロットのまとまりが、エピソードの継起という切れ目のないつながりに「エンディングの感覚」を重ね合わせる。ストーリーのよく判った物語を繰り返して聞きたがる(あるいは読みたがる)場合には、ストーリーを追うことよりも、発端にすでに含まれている既知の結末と、この結末を導いた一連の既知のエピソードを繰り返し味わうことの方が関心の的になる。全体としてそのエンディングの仕方に支配されているストーリーを回想することで、時間を過去から未来へ進む動きと考えるのとは別の、もう一つの時間表象が作られる。回想 recollection が時間の自然な順序を反転する。結末を発端の中に読み、発端を結末の中に読むことによって、われわれは時間そのものを逆に読むことができる。こうしてプロットが人間の行為を、時間の中だけでなく記憶 memory の中にも位置づける。発端から結末へと流れる時間とは逆向きの、もう一つの時間の順序にしたがって、記憶が出来事の流れを反復する。物語の機能は、人間の行動を本来的な歴史性 historicality の、つまり反復のレヴェルで確認することにある。

リクールはこの論文を次のような意味深長な問いで締めくくっている。《われわれが何かの、あるいは誰かの記憶を持ちうるとすれば、その何かあるいは誰かは死ななければならないのではないか。

過去の他性 the otherness of the past は基本的に死の中に見られるのではないか。そして反復とはそれ自身、ある意味で死者の復活ではないのか[12]》。私はこの言葉のうちに、さきにわれわれが死を歴史的個別性の必然的な契機と考えたこととの、なんらかの対応があるのではないかと思っている。

4　フロイトの「死の欲動」

よく知られた物語を反復して聞く場合には、ストーリーを追うことよりも、発端に含まれている結末と、この結末を導く一連のエピソードを繰り返し味わうことの方が求められる、というリクールの言葉は、フロイトが「死の欲動」Todestrieb の概念を提起した「快感原則の彼岸」という論文の一節を私たちに想起させる。フロイトはそこで、日常的に見られる反復強迫の実例のひとつとして、子どもが何度でも同じ物語を聞かせてもらいたがるケースをあげている。《子どもにおもしろい話を聞かせると、子どもは次に別の話をせがむのではなく、繰り返し繰り返し同じ話を聞きたがり、それを同じままに反復することを頑固に求める。話し手が間違えてしゃべったりすると、あるいはなにか新しい効果をねらって加えた変更さえも、子どもはそれをいちいち訂正する[13]》とフロイトはいう。

この例は、外傷後神経症の人が繰り返し災害の夢を見る事例とか、母親の不在を糸巻きでの遊びに変えて飽きることなく反復した子どもの実例とかと並んで、《反復強迫は快感原則を脇へ押しのけてしまい、快感原則以上に根源的、原初的、欲動的であるように思われる[14]》というフロイトの想定の傍証としてあげられているにすぎないが、フロイトがここから導き出した「死の欲動」という由々しい概念をわれわれの考察に引き入れるための、一本の導きの糸の役割を果たすことになるだろう。

フロイトは、《欲動性 das Triebhafte は、しかし反復への強迫とどのように関係しているのだろうか》という自問への答えとして、《以前のある状態を復元しようとする、生命ある有機体に内在する衝迫 Drang は、ひとつの欲動ではないだろうか》（強調はフロイト）[15]という。そして《例外なしの経験として、あらゆる生き物は内的な理由から死んで無機物に還るという仮定が許されるなら、あらゆる生命の目標は死であるとしかいえない》（強調はフロイト）[16]といい、生命以前の死を求める衝迫である《自我欲動（死の欲動）Ich(Todes-)triebe》と、《一定の点で異なった二個の胚細胞の融合》を通じて生命の継続を求める衝迫である《性欲動（生の欲動）Sexual(Lebens-)triebe》を対立させる[17]。その後の思想界に大きな波紋を呼び起こしたタナトスとエロスの二元論が、精神分析の表面に現れた最初の事件である。

われわれはここで、死の欲動が最初「自我欲動」として提唱されたということに無関心ではいられない。自我欲動とは、フロイトのそれまでの用語法では「自己保存欲動」と同義であった。つまりそれはすでに個別化された個体が自らの個別的生命を保存しようとする欲動であって、その個体が属する種の保存に奉仕する性欲動と一対のものとして用いられていた。しかしここでこの自我欲動が死の欲動と読み換えられることになって、自己保存欲動は《有機体の固有の死への道程を確保し、内在的でない仕方で無機物に還る可能性［つまり外因的な死］を遠ざけておくという任務をもった部分衝動》[18]

にまで格下げされる（この論文以後は「自我欲動」の概念も用いられなくなってくる）。そしてフロイトはこの論文の最後に《快感原則はまさに死の欲動に奉仕するもののように思われる[19]》と書いて、死の欲動の圧倒的な力を強調している。

フロイト理論についての浩瀚な著書を世に問うたリクールは、このエロスとタナトスの「二元論」について次のように書いている。《生きものが内的な動きによって死に向かうのに対して、死に逆らうのは生に内在する何かではなく、死すべきもの《モルテル》と死すべきものとの［生殖をめざした］接合 conjugaison である。それをフロイトはエロスと呼ぶ。このエロスの措定の中には他者の欲望が直接に含意されている。生きものはつねに他者と共同して死と戦う。生きものは他者と共同して、自然的および文化的な環境への適応という遠い迂回路を経て、一人孤独に追い求めている自らの死と戦う。フロイトはこの衝動を、各個人に記入されている生の意志のようなものの中には求めない。単独で生きるもののうちには、フロイトは死しか見いださない》（強調はリクール[20]）。そして《自我欲動と性の欲動の二元性《デュアリテ》を、生の欲動と死の欲動の二元性に合致させようとすべきではない。生の欲動と死の欲動の二元性は、リビドーの諸形式のすべてにあまねく見られる。……対象愛は生の欲動であると同時に死の欲動でもある。ナルシシズムの愛は、自らを知らぬエロスであると同時に死の密かな培養でもある。性が働いているところならどこにでも、死もやはり働いている》（強調はリクール[21]）。

要するに問題はエロスとタナトスの二元論ではないということだ。そうではなくて、問題になるのは他者（の欲望）と共同してひたすら種の保存をめざす集合態と、個別化されてひたすら個の自立をめざす単独態との二元性、言葉を換えればディオニューソス的世界とアポロン的世界との二元性なのである。だからこそ、死の欲動は自我欲動だったのである。

わたしは、ニーチェの「力への意志」と「永遠回帰」を論じた文脈の中で、フロイトが心中ひそかに「死の欲動」一元論を抱きながら、結果的にこの二元論を提起して精神分析理論の内部に混乱を引き起こしてしまった、という趣旨のことを述べた。[22]《フロイトの混乱の根本的な原因は、彼が「生と死」の概念を一方では個体を越えた「生命一般」のレヴェルで捉え、他方では個体の「生存」のレヴェルで捉えているという点にあるのではないかと思われる。……死の欲動と生の欲動とのあいだには、われわれが先に生成と存在の差異として呈示したのとまったく同一の「存在論的差異」が差し挟まれていて、そのために両者は現象的には一元論的にしか理解できないのである。そしてこの「差異」こそ、生成と存在のあいだの差異が「同じことの永遠回帰」を生み出したのとまったく同様に、生きもの一般に想定せざるをえない「反復強迫」の産出源となる[23]》。

生成と存在（ハイデガーなら「存在それ自身と存在者」というだろう）とのあいだの「存在論的差異」は、力への意志が「生成に存在の性格を刻印」したまさにその瞬間に、無数の生命体を通過して連綿と「生き」続けている（アクチュアルな）「生命そのもの」と、有限の生涯を生きる個々の生命体の（リアルな）生存とのあいだに、いわば「生命論的差異」biologische Differenz を差し挟む。そしてこの生命論的差異は、力への意志が刻印した存在（者）の個別性を取り消して、根源的生命の母胎に還帰しようとする反復強迫の原動力となる。あるいは個体としての生存を永遠の生命の中へ再び回収しようとする死の欲動として、快感原則よりいっそう深い、エレメンタルな欲動となる。

この自己の内部での「死の欲動」を、フロイトはほとんど何の説明もなしに他者や事物に対する「攻撃欲動」「破壊欲動」と言い換えている。死の欲動と攻撃／破壊欲動とのこの一見不可解な同一視は、われわれのように死の欲動を、個別的存在を取り消して生成のディオニューソス的世界に回帰しようとする衝動と見るなら、たちまち理解しやすいものとなるだろう。それは要するに、アポロン的形相を解体しようとする力のヴェクトルが、自己に向かうか他者に向かうかの違いにすぎないのである。

問題はこの個別性撤回の行き先を、生と見るか死と見るかである。フロイトはこれを「無機的な死」と見た。しかしわれわれは一方で、ヴァイツゼッカーがかつて次のように書いたことをも知っている。《生命それ自身はけっして死なない。死ぬのはただ、個々の生きものだけである[24]》。ヴァイツゼッカーは明らかに、個々の生きものがそこから生まれてきて、そこへ向かって死んで行く根源的な場所を、「生命それ自身」と見ていたのである。この個別的生命の根源を生と見るにせよ死と見るにせよ、いずれにしてもそれは、なんらかの「もの」としての対象的な認識を拒むヴァーチュアルな動きであるだろう。われわれとしてはむしろ、《真理に根拠があるならば、その根拠は真でも偽でもない[25]》というヴィトゲンシュタインの語法を借りて、「生命に根拠があるならば、その根拠は生でも死でもない」というだけにとどめておくべきなのかもしれない。

5　反復と記憶

よく知った物語を繰り返し聞きたがる欲求という話に戻ろう。フロイトはこれを反復そのものの快感として説明したが、リクールは、発端にすでに含まれている既知の結末と、この結末を導いた一連の既知のエピソードを反復して味わうことに意味があるとみた（リクールは、「物語的時間」の論文でフロイトの「反復強迫」には言及していないし、前述のフロイト論でも、後の彼にとっては重大な関心事になるはずのこの問題には、まだ触れていない）。

リクールはいう。《全体としてそのエンディングの仕方に支配されているストーリーを回想することで、時間を「時間の矢」というメタファーどおりに過去から未来へ進む動きと考えるのとは別の、もう一つの時間表象が作られる。まるで回想 recollection が、時間のいわゆる自然な順序を反転するかのようである。……こうしてプロットが人間の行為 action を、時間の中だけでなく記憶《メモリー》の中にも位置づける。発端《ビギニング》と結末《エンド》のあいだに「ずっと伸びている《ストレッチング・アロング》」時間とは逆向きの、もう一つの時間の順序にしたがって、記憶が出来事の流れを反復する[26]》。

しかし回想や反復とは、「時間の矢」を単純に反転させることではないだろう。よく知っている物語を繰り返して聞く（あるいは読む）場合、聞き手（読者）はもちろんなによりもまずその物語の結末あるいはエンディングを熟知している。そして、一見したところ関係のなさそうないくつかの出来事あるいはエピソードが、このエンディングを導くために欠かせないものであることも承知している。

発端が結末を暗示していることも、結末がはじめて発端をことの始まりとして認知させることもあるだろう。時間の順序では先に置かれたエピソードが、その後に来るエピソードによって事後的に意味を与えられることも、もちろんその逆の、時間の順序どおりに意味のつながっている場合もあるだろう。いずれにしても、それは時間の反転であるよりも時間の線的な順序の解体である。ストーリーの上では横一線に並んでいるあれこれの偶発事が、発端と結末を一挙にまとめるプロットの（リクールの表現では「コンフィギュレーション」をつかさどる）記憶の中に聞き手が身を置くことによって、あらためて必然的な関係として捉え直され、いわば垂直の次元に並び替えられる。《プロットが人間の行為を、時間の中だけでなく記憶の中にも位置づける》という言葉でリクールが言おうとしていたのは、実はそういうことではなかったか。

　われわれはふつう、記憶とは過去の残存あるいは蓄積であると思っている。過去から現在へという一直線の時間の流れの中で、過去の出来事が記憶という形で、意識にあるいは脳に保存されているのだと思っている。記憶を想起するということは、過去を反芻することだと思っている。しかし過去の出来事が現在反芻され反復されるとすれば、それはすでに現在の出来事であって過去ではない。昨日痛んだ歯が今日また痛むとすれば、それはもはや記憶の想起ではなく、新しい個別的な体験である。昨日の歯痛と類似の（質的同一性の意味で同一の）出来事ではあっても、昨日の歯痛そのものの反復ではない。リアリティの次元では、過去などというものはもはやどこを探しても存在しない。だから大森荘蔵も、《「過去」とは「想起される」ことである》という「想起過去説」を主張しえたのだろう。[27]

しかし記憶ということを、水平線としてイメージされる時間上の過去を現在にまで保存することとは考えないで、記憶とは、これまでの人生途上で起こったさまざまな出来事に、現在の時点で見たその歴史的な意味を与えるところの、潜在的 virtual な「場」であると考えればどうだろう。つまり記憶は過去から現在に伸びてきているのではなく、現在そのものの「直下」にあって、現在を歴史的現在として――そしてそれと等根源的に過去を歴史的過去として、さらには未来をすら歴史的未来として――構成している根拠だと考えればどうだろう。人生をひとつの（刻々に書き換えられる）物語と見るならば、この意味での記憶はリクールのいう「非クロノロジカルな次元」あるいは「コンフィギュレーションの次元」での、物語のプロットにあたるだろう。ふつう物語の制作にあたって、プロットは原則としてまずあらかじめ構想されるものではあろうけれど、制作の途上で思わぬ変更がなされることもあるだろう（精神病者が自らの人生に、それまでとはまったく違った妄想的なプロットを設定する事例を、わたしは以前「家族否認症候群」として報告し[28]、最近もう一度それについて論じておいた[29]）。この意味でのプロットは、物語の根底にあって、そこに生起するすべての出来事をその物語の必然的なエピソードとしてまとめあげ、物語に単一性と個別性の形態を与える「コンフィギュレーション」の担い手となる（configuration は英語とフランス語で、ドイツ語の Gestalt の訳語として用いられる）。

同じことをこんなふうに表現してもいい。多くの人は時間の流れというものを、過去から現在を通って未来へ向かう「時間の矢」の方向でイメージしている。物理学が時間を表象するのも、もっぱらこの形でだろう。しかしこの直線としての時間流の表象は、実をいうと時間そのものの表象であるよりはむしろ、時間の中を絶えず流れている何かの運動あるいは変化の表象であって、直線上のその何かの位置を観測することによって時間の計測が可能になる。いいかえればこれは認識的な時間表象である。

一方それとは逆に、時間を未来ないし将来から現在を通って過去へという方向で表象する仕方もあるのではないか。「未だ来ない」未来ないし「将《まさ》に来ようとしている」将来から「現に在る」現在を通って過去へ「過ぎ去る」という方が、時間そのものの文字通りの表象としては正確なのかもしれない。しかしこの形での時間イメージをよく反省してみると、それはけっして前者とは逆向きの直線にはなっていない。つまりそれは単に時間の方向を反転させたものではない。むしろそこでは、現在そのものになにか動きのようなものが感じとられていて、未来／将来と過去へ向かっての拡がりは、その動きがまだ来ない（ないしはすぐ差し迫っている）ことともう済んでしまったことを、事後的に現在の前後に投影した結果にすぎない。夢中に何かをしていて、それをあとから振り返ってみるときに思い出される時間感覚は、だいたいこのような構造を持っているのではないだろうか。だからこれは行為的な時間表象だといえる。

記憶が過去を現在にまで保存していると考えるのは、前者の認識的な表象に従った見方である。もし後者の行為的な表象に従って記憶というものを考えたらどうなるか。その場合には記憶とは、現在の出来事がアクチュアリティとしては過ぎ去って戻らないにもかかわらず、現在の意識下のどこかに潜勢的《ヴァーチュアル》に保存されていて、必要があれば再び現勢的《アクチュアル》に意識化できるという事実を指すことになる。出来事そのものは二度と再現しなくても、出来事がアクチュアリティとしてそのときどきの現在をいろどっていた意味のようなもの（最近の認知科学の用語を借りて「クオリア」といってもよい）は生々しく思い出すことができる。

だとするとわれわれのそのつどの行為的な現在における経験は、意識的でアクチュアルな現勢層と意識下のヴァーチュアルな潜勢層との二層からなっていて、この重層性がそのつどの現在に意味の歴史性を与え、ひいては過去・現在・未来のそれぞれを歴史的過去・歴史的現在・歴史的未来として構成することになるだろう。こうして記憶は、歴史／物語としての個人の人生に個別的意味形態を与えるプロットの位置に置かれることになる。リクールが物語の反復に見られる時間の順序の「反転」として捉えたのは、実は時間の反転であるよりも、このもう一種類の（垂直的な）時間表象のことではなかったのだろうか。

人生についても一般の物語についても、そこに出現するそれぞれの出来事は、この記憶＝プロットのヴァーチュアリティがそれぞれの時点でアクチュアライズされ、アクチュアリティとして意識されるかぎりでのみ、歴史的な個別性を獲得する。かつてわたしは《アクチュアリティがアクチュアリティでありうるためには、それは下半身をヴァーチュアリティに浸していなければならない(30)》と書いたが、ストーリー上の個々の出来事については、それが個別的でありうるためにはその下半身を「記憶」に浸していなければならない、と書いても同じことだろう。

だから物語の反復は、このいったん個別化されて時間軸に沿って配列された個々のエピソードの個別性をもう一度シャッフルして、これを記憶＝プロットの「非クロノロジカル」なヴァーチュアリティに戻してやる操作を必然的に伴うだろう。この操作が時間系列を解体して、発端に結末を、あるいは結末に発端を予想したり、それぞれの出来事の時間的順序を変えてその間の意味の戯れを楽しんだりすることができるようにする。このような個別化の解消を伴う物語の反復は、フロイトがいうように「死への回帰」なのだろうか、それともリクールのいうように「死者の復活」なのだろうか。

6　個別性のジレンマ

これまで述べてきたことは、臨床的に分裂病という現象を成立させる「個別化の原理の危機」とどのような関係があるのだろうか。

われわれは、個人の人生という物語に生起したさまざまな出来事が、現在の直下にあって現在に重層性を与えている「記憶」の磁力によって、年代記ではない真の歴史としてひとつのコンフィギュレーションにまとめられ、それがその個人を他と交換不可能な個別的自己にするということを見てきた。この記憶は、その個人が自分の人生を生きている経験的な時間の流れとは別の、もう一段深い次元にあって、それ自身生でも死でもない、いわば「超越論的」な場所として働いているものだった。これを経験的次元での個別的自己の源泉と見る観点からいえば、それはそのまま「超越論的自己」と呼んでもいいだろう。

周知のようにブランケンブルクは、分裂病を自然的（経験的）自己の障害ではなく、超越論的自己の、ないしはこの二つの自己のあいだの関係の障害と見ている。[31] 経験的自己と超越論的自己のあいだの関係が、そのまま超越論的自己それ自身としても捉えられる事情については、わたし自身すでに何度も論じてきたから、[32] ここでは繰り返さない。ブランケンブルクはさらに、超越論的自己の任務である自己維持を経験的自己が肩代わりして引き受ける場合に、分裂病性の自閉が出現するとも書いている。[33]

これをここでのわれわれの文脈に引き寄せていいかえれば、分裂病とはすでに個別化した自己アイデンティティの障害ではなく、生活史／人生としての自己の全体に個別性を与えている超越論的な「記憶」の場所の障害、ないしはこの根源的な場所から個別性が成立してくるプロセスそのものの障害だということになるだろう。わたしが分裂病を「個別化の障害」としてでなく、「個別化の原理の危機」として規定したのも、そのあたりの機微をふまえてのことだった。

分裂病者は、この超越論的な障害を経験的な意識のレヴェルで代償しようとする、絶望的な努力を強いられている。つまり一人称的な個別化のプロセスの脆弱さを、三人称的な（個数的同一性としての）自己の補強と囲い込みによって隠蔽しようとする努力を、また発病してからは経験的他者との妄想的な対決によって自己の個別性を確保しようとする努力を強いられる。この超越論的な個別化のプロセスが営まれている場所は、われわれが「死の欲動」の在処として見定めた場所にほかならない。

分裂病の治療に携わっている精神科医なら誰でも、分裂病者の自殺への親近性を痛感しているにちがいない。分裂病者は、たとえば鬱病者が（キルケゴールの表現を借りれば）[34]「絶望して自己自身であろうと欲しない」ために自殺を選ぶのとは対照的に、「絶望して自己自身であろうと欲する」ために自殺に走る。分裂病とは、自己自身であろうとする、つまり自己を一人称的に個別化しようとする、絶望的な努力の病的形態にほかならない。だから分裂病者であるということと死を求めるということは、ほとんど同語反復といってよい。

しかし自己の一人称的な個別化は本来、フロイトが「死」と呼びヴァイツゼッカーが「生命それ自身」と呼んだあの超越論的な場所、自己と他者がまだ個別的に分立していない「父母未生以前」の場所に基礎づけられ、この場所が経験次元と接触することによって発生する固有の歴史性によってのみ達成しうる。この場所は個々の個人の生死に、経験的・連続的な時間とは本質的に違った「非連続の連続」としてのコンフィギュレーションを与える。それは「生の歴史／物語」を産出する場所として、そのまま「生の記憶」と呼び換えてもよい。この「生の記憶」が一切の生命体に個としての生命活動を可能にする。物語上の出来事の個別性がプロットの記憶に支えられているのとまったく同様に、自己はこの「生の記憶」と重層することによってのみ個別的自己でありうる。自己の個別性とは、この「生の記憶」というヴァーチュアルな場所での、他者とのエロス的な絆に支えられてはじめてアクチュアルに実現しうるものである。

この意味で、個別性とは一つの大いなるジレンマにほかならない。ヴァイツゼッカーは、「生命それ自身」という生命の根拠への依存関係（「根拠関係」）そのものを生命体の「主体性」とみた。そしてニーチェも、《個別化の原理の壮麗な神像》であるアポロンと、《自然のもっとも内奥の根底から湧き上がる歓喜に満ちた恍惚》の神として万人を万人と結びつけるディオニューソスとを対立させた後に、こういう。《見よ、アポロンはディオニューソスなくしては生きえなかった!》[35]

注

（1）木村敏「精神分裂病症状の背後にあるもの」『哲学研究』四三巻三号、一九六五年、『分裂病の現象学』弘文堂、一九七五年、一四七頁以下（『著作集』第一巻、八一頁以下）。
（2）『著作集』第一巻、六八頁以下。
（3）Ricœur, P.: *Soi-même comme un autre*. Seuil, Paris 1990（久米博訳『他者のような自己自身』法政大学出版局、一九九六年）。邦訳は参考にさせていただくにとどめ、かなりの部分を新たに訳し直したが、読者の参照の便のために原書の頁数とそれに該当する邦訳の頁数を併記する。
（4）同書 p. 13 以下（邦訳三頁以下）。
（5）同書 p. 143（邦訳一五三頁）。
（6）同書 p. 143 以下（邦訳一五三頁以下）。
（7）同書 p. 150（邦訳一六〇頁）、p. 167 以下（邦訳一八一頁以下）。
（8）同書 p. 175（邦訳一九〇頁）。

（9）同書 p. 177（邦訳一九二頁）。

（10）Ricœur, P.: Narrative Time. In: W. J. T. Mitchell (ed.), *On Narrative*. The University of Chicago Press, Chicago and London 1980. この論文のことをご教示いただいた北海道大学文学部の小田博志氏に感謝する。

（11）Heidegger, M.: *Sein und Zeit*. 7. Aufl. Niemeyer, Tübingen 1953, S. 385. リクールは Macquarrie と Robinson による英訳（*Being and Time*, New York 1962）を引用しているが、その原文は（本論文執事時には）参照できなかった。

（12）Ricœur 前掲書 p. 186.

（13）Freud, S.: *Jenseits des Lustprinzips*（1920）. Studienausgabe Bd. III, Fischer, Frankfurt 1982, S. 245.（小此木啓吾訳「快感原則の彼岸」『フロイト著作集』6、人文書院、一九七〇年、一七一―一七二頁）。

（14）同書 S. 233（邦訳一六三頁）。

（15）同書 S. 246（邦訳一七二頁）。

（16）同書 S. 248（邦訳一七四頁）。

（17）同書 S. 253（邦訳一七七―一七八頁）。

（18）同書 S. 248–249（邦訳一七四頁）。

（19）同書 S. 271（邦訳一九四頁）。

（20）Ricœur, P.: *De l'interprétation. Essai sur Freud*. Editions du Seuil, Paris 1965, p. 287（久米博訳『フロイトを読む――解釈学試論』新曜社、一九八二年、三一八頁）。

（21）同書 p. 288（邦訳、三一九頁）。

（22）木村敏「真理・ニヒリズム・主体」『偶然性の精神病理』岩波現代文庫、二〇〇〇年、五九―六〇頁（『著作集』第七巻、九三頁）。

（23） 同書六〇頁（『著作集』第八巻、九三頁）。

（24） Weizsäcker, V. v.: *Der Gestaltkreis. Theorie der Einheit von Wahrnehmen und Bewegen.* Gesammelte Schriften 4, Suhrkamp, Frankfurt 1997, S. 83.（木村敏・濱中淑彦訳『ゲシュタルトクライス――知覚と運動の人間学』みすず書房、一九七五年、三頁）。

（25） Wittgenstein, L.: Über Gewißheit. Bibliothek Suhrkamp, Frankfurt 1970, S. 205.

（26） Ricœur: Narrative Time. pp. 175–176.

（27） 大森荘蔵『時間と自我』青土社、一九九二年、四三頁。この大森の「想起過去説」については、野家啓一『物語の哲学――柳田国男と歴史の発見』岩波書店、一九九六年、一〇九頁他をも参照。

（28） 木村敏ほか「家族否認症候群について」『精神神経学雑誌』七〇巻、一九六八年（『著作集』第五巻）。

（29） 木村敏「意味の歴史性――来歴否認症候群の精神病理学的考察を通じて」中村雄二郎・木村敏監修『講座・生命 3』哲学書房、一九九八年（『著作集』第七巻）。

（30） 木村敏「リアリティとアクチュアリティ」中村雄二郎・木村敏監修『講座・生命 2』哲学書房、一九九七年、一〇〇頁（木村敏『分裂病の詩と真実』河合文化教育研究所、一九九八年、一五四頁、『著作集』第七巻、三〇八頁）。

（31） Blankenburg, W.: *Der Verlust der natürlichen Selbstverständlichkeit.* Enke, Stuttgart 1971, S. 101（木村敏・岡本進・島弘嗣訳『自明性の喪失――分裂病の現象学』みすず書房、一九七八年、一六六頁）。

（32） 木村敏「直観的現象学と差異の問題」『分裂病と他者』弘文堂、一九九〇年、一二六頁（『著作集』第八巻）ほか随所。

（33） Blankenburg: op. cit., S. 104（邦訳一七二頁）。

（34） キェルケゴール『死に至る病』斎藤信治訳、岩波文庫、一九三九年。

（35） ニーチェ『悲劇の誕生』塩屋竹男訳、『ちくま学芸文庫版 ニーチェ全集』2、一九九三年、三五頁、五一頁。

第VI章　〈あいだ〉と言葉

1　言葉の〈あいだ〉依存性

精神科面接の神髄は「聴くこと」にあるといわれる。特定の心理療法を採用するとしないとにかかわらず、精神科医療のすべては患者の言葉に耳を傾けることから始まるといってよい。そして患者の言葉に耳を傾けて聴くというのは、この場合、患者の言葉の〈意味〉を共有しようとする努力を指している。

言葉の意味といっても、個々の単語の標準的な意味は「国語辞典」に書いてある。それをつなぎ合わせた文章の意味は「文法」によって規定されている。その限りにおいて言葉の意味は公共的な性格のものであって、それを改めて共有しようとする努力など必要のないことだと考えられるかもしれない。

しかしそのようにしてアプリオリに共有ずみの公共的な言葉の意味と、治療者に共有への努力を求めるある一人の患者の言葉の〈意味〉とでは、そこに大きな——精神科医療にとって決定的ともいえる——位相の差異がある。そしてこの差異は、本論のいまひとつのテーマである〈あいだ〉の概念と、幾重もの関係をもっている。

言葉を客観的な「研究対象」とする言語学では、言葉の意味は原則として三人称的な認識対象として扱われる。「語る主体」sujet parlant が問題にされる場合でも、それはあくまでも三人称的な論題としての「主体」であるにすぎない。言語学が科学として成り立つためには、言語を語る主体が、そしてその言語を聞く主体が、特定の誰であるかは問題になりえない。誰が語っても、誰が聞いても変わることのない、普遍妥当的な(ということは公共的・三人称的な)言語構造だけが研究の対象となる。

しかし言葉というものは、そのつど特定の誰かが特定の誰かに向けて特定の話題を伝達するための道具である(不特定の読者に向けられた書字言語については、本論が精神科医療における言葉を扱っていることに鑑みて、ここではひとまず措く)。この特定の誰かが言葉を語るとき、それはつねに「語る主体」であるのだが、この主体はけっして三人称的に客観化できない一人称的で主観的な主体である。その誰かの言葉を聞く誰かについても、まったく同じことがいえる。一人称的主観的な主体の語る言葉を一人称的主観的な主体が聞く、言葉の交わされる現場の実情はつねにこのような構造になっている。

特定のある一人の患者の語る言葉の意味を、特定のある一人の治療者が共有しようと努力するという局面では、〈意味〉meaning とはその患者が「言おうとする」mean, meinen, vouloir dire なにごとかである。このようにして一人称的で主観的な主体間で交わされる言葉の意味とは、話し手がその言葉で話し相手に向かって言おうとするなにかであり、その「なにか」は二人の主観／主体相互間の間主観的／相互主体的な場において、（心理学的な「意図」と超越論的・ノエシス的な「志向作用」の両義における）intention に担われて表現ないし伝達される。

このような間主観的／相互主体的な会話の場においては、たとえそこで意味される「なにか」が、つまり指示対象が固定されている場合でも、それを表現する言葉は相手に合わせて（つまり間主観的に）選択されることが多い。つまりそこでは相手次第でさまざまの「言い回し」が用いられることになる。この傾向は、日本語では西洋諸国語に比べてかなり大きいのではないかと思われる（幼少時に転居したために複数の方言を身につけた人が、成人してからも相手次第で反射的・不随意的に方言を変える能力をもつことについて、著者は以前論及したことがある(1)）。

精神科の臨床で言葉を用いた心理検査として用いられることの多い語連想テストや文章完成テストでも、誰がテストを施行するかによって（初対面の医師や心理士がテストを行うのか、ある程度面接を重ねた主治医が行うのかによって、また検査者が男性であるか女性であるかによって）、被験者の刺激語に対する反応が大きく変化する。このことはそれ以外のロールシャッハ・テストなどの投影テストについてもいえることであって、これらのテストはすべて患者の主観的内面の客観的検査とはいいえない。

哲学者の鷲田清一は、みずから「臨床哲学」を標榜し、《聴くことが、ことばを受けとめることが、他者の自己理解の場を劈《ひら》く(2)》という立場に立って、精神科医療とも密着した思索を続けているが、別の箇所では《文章には伝える意味内容だけではなく、顔がある(3)》とも述べている。「顔がある」とはどういうことかというと、鷲田がまた別の文脈で《顔は、それがだれに向けられるかによって、まるでチャンネルを替えるかのようにそっくり変化する(4)》と言っているのが参考になるだろう。誰かと顔を合わせたとき、私たちはその人に「合わせた」顔を意識的に「作って」いるわけではない。私たちの顔つきはまったく無意識のうちに、しらずしらず変化してしまう。言葉が相手次第で変化するのも、そのような顔の変化と同じことだというのである。

やはり哲学者の野家啓一によれば、《意味の存立が語られるのは、あくまでも他者の存在を予想した間主観的なコミュニケーションの〈場〉においてでなければならない(5)》。もし自己と他者に《全く同一の世界が与えられているならば、われわれは互いに語ることを必要としない》し、《世界地平のこうした〔自己と他者という〕複中心的構造への受動的原信念こそが、言語行為の超越論的基盤を形作っている(6)》。《〈私〉は〈われわれ〉との緊張関係においてのみ、語る主体としての自己を形成することができる(7)》。

ここで野家が「コミュニケーションの〈場〉」という表現をしていることは重要である。後にも立ち入って述べるように、〈場〉はそこに「於いてあるもの」（西田幾多郎）とまったく異なった次元の存在である。そのことは磁場と磁気をおびた物体との関係を考えてみればすぐわかる。この両者の〈あいだ〉にある「位相差」を的確にとらえておかないと、言葉をめぐる議論は最初から宙に浮いたものとなってしまう。野家が〈私〉と〈われわれ〉との緊張関係について述べている箇所でも、この〈われわれ〉は〈私〉の複数集合体ではない。それは〈私〉を〈私〉として——ということは同時に私の話し相手をもう一方での〈私〉として——成立させる〈場〉としての〈われわれ〉でなくてはならない。この位相差における「緊張関係」そのものを〈あいだ〉としてとらえることが重要なのである。

野家はさらに、《語の意味とは言語の中におけるその使用である[8]》といううきわめてよく知られたヴィトゲンシュタインの主張に触れて、《ここで使用とは、言語ゲームの中における〈語る主体〉間の相互行為のことにほかならない[9]》という。また、オースティンのやはり有名な「発語行為」「発語内行為」「発語媒介行為」の三分法を補完したリクールの「発語相互行為」interlocutionary act の概念を紹介して、《そこで実現される意味は、話し手と聞き手の〈間〉に、すなわち両者の相互行為の緊張関係の中に出現する[10]》とも述べている。

語の意味が記号としての語そのものにアプリオリに含まれているのでなく、話し手と聞き手の相互関係という〈場〉において多様に解釈されうるという経験は、パースの三項関係の記号論を連想させる。パースは周知のように、記号とその指示対象を一対のものとする従来の二項構造とは違い、この両者にそれを媒介する「解釈」という第三項を加えた三項構造を考えた。パースによると《記号、もしくはレプリゼンタメンとは、何らかの点で、あるいは何らかの能力において、誰かに対しある何ものかを表意するものをいう。それは誰かに話しかける、つまりその人の精神のなかにそれと同等の記号、または多分もっと発展した記号を生む。それが生むそのような記号のことをわたくしは最初の記号の解釈内容と呼ぶ。その記号は何ものか、その対象を表意する》(11)(強調は木村)。パースによれば、《たがいに理解できる共通の意味または解釈思想――すなわち第三項の媒介――がなければコミュニケイションは成立しない》のであって、彼はこの媒介 mediation のことを「中間性」betweenness つまりわれわれの言い方では「あいだ」とも呼んでいる(12)。

ただパースとわれわれとの大きな違いは、彼がこの第三項を第一項、第二項といわば同一平面上で考えていることである。したがって彼のいう解釈項は、《それ自体がまた新しい記号となって、それと対象をつなぐもう一つの解釈項を生み、それはまた新しい記号となって更に次の解釈項を生んで、……記号と対象と解釈項という三項関係が無限に生ずる》(有馬道子)ことになる(13)。これに対してわれわれのいう〈あいだ〉は、語やその標準的な意味内容(ないし指示対象)とは位相の異なった次元にあって、それ自体がさらなる記号となることは絶対にない。むしろ、公共的・三人称的に固定された語やその標準的な意味内容と、間主観的に共有されうる〈場〉で〈意味〉を生み出す〈あいだ〉との「位相差」(これをハイデガーにならって「存在論的差異」と呼んでもいい)を見失わないことこそ、現象学的精神病理学にとってはその死命を制する要務なのである。

精神科臨床の場に限らず、一般に会話の営まれる場には、「場の雰囲気」といえるようななにかがある。話しやすい雰囲気と話しにくい雰囲気があるということは日常的な経験に属することだし、慣れない外国語で会話を交わす場合など、相手によって自分の会話力が驚くほど変化するという経験的事実もある。〈場〉には〈場〉固有の主体性が備わっていて、これがその場で行動する個人の主体性の動向に大きな影響を与える。そしてその場合、その個人が何をどのように語り、相手の言葉をどのように受け取るかを決定的に方向づけるのは、場の主体性と個の主体性との〈あいだ〉の緊張関係だといってよい。話し手と聞き手の相互関係を「水平的な〈あいだ〉」と呼ぶなら、この緊張関係は「垂直的な〈あいだ〉」と呼ぶことができるだろう。（合奏音楽の演奏においてはこの構造が典型的に経験されるが、それについてはすでに他の箇所(14)で立ち入って考察しておいた。）

この垂直的な〈あいだ〉と水平的な〈あいだ〉は、けっして二つの異なった〈あいだ〉ではない。それは同じ一つの〈あいだ〉を縦にみるか横にみるかの違いにすぎない。会話の場で「場違い」な発言に対する違和感あるいは抵抗感のようなものが生ずる場合があるが、この違和感がどこで生ずるかを考えてみると、それが場の雰囲気にとっての違和感であると同時に相手との関係にとっての違和感でもあることがわかる。

このことは、客観的な対象の知覚に用いられる個別感覚（いわゆる五官）の底にあって、状況全体との実践的な関係を司っているアリストテレス的な意味での共通感覚 sensus communis が、時代がくだるにつれて共同体内部での個人の行動にかかわる常識 common sens の意味に転化してきたこととも深い関係があるだろう。常識とはけっして外面的・公共的な行動規則ではなく、後にも述べるように、深く内面的間主観性に関わる状況感覚のことなのである。

2 〈あいだ〉と〈意味〉

よく知られている現象として、熟知している文字（とくに漢字）をじっと凝視したり、何回も繰り返して書いてみたりしていると、そこから意味が消失して、その文字を構成している幾何学的な図形（漢字の場合には縦横斜めの線）だけが見えてくるということがある。普段なにげなく使っていた文字だけに、意味を失った無機的な図形はある種の不気味さすら伴って経験される。

この現象は離人症に現れる「現実感喪失」のモデルとみることができるが、[15] それと同じ趣旨から理解できる現象としては、活字や文章を目で追うだけの「気の乗らない」読書を挙げることもできる。そのような読書では、そこに書かれている文章や段落の〈意味〉はまるで頭に入らない。つまりその文章は言語としての機能を失っている。これと並行した現象は、相手の語を「身を入れずに」聞いているような状況では聴覚的にも起こりうる。外国語での会話で、相手の口から出る個々の単語は全部知っているのに、全体の意味がとりにくいときなど、そういった状況が成立しているのだろう。しかし、もしそこに標準的な意味で「理解不可能」な語句が出てきたら、たちまちそれに注意が集中して、「気の乗らない」状況は一時的にせよ解消される。字面だけを追う読書というのは、むしろ表面的には理解可能な文を読んでいる場合に起こりやすい。印刷されたゲラ刷りを校正しているようなときには、むしろ主観的な〈意味〉を排除したそのような客観的な、つまり「非言語的」「非伝達的」な点検のほうが、誤字や誤植を発見しやすい。

これらの例からわかるように、語や文章の〈意味〉というものは文字や文字系列の客観的な視覚的（あるいは聴覚的）形態と、その主観的な言語的理解との〈あいだ〉に発生するものである。この〈あいだ〉は、さきに書いた言い方を用いれば相手との水平的な〈あいだ〉であると同時に、言語そのものを構成している垂直的な〈あいだ〉でもある。これはパースの言っているような、記号とその対象項との関係と同一平面上におかれうるような第三項ではない。

メルロ＝ポンティは、彼がマンチェスターへ旅行したとき、現地のタバコ売場で女店員の言った"Shall I wrap them together?"（みんな一緒に包んでよろしいでしょうか）という言葉を、「数秒後にやっと――そして一挙に――理解した」（強調は原著者）というエピソードについて書いている。彼はそのような場合に《ひとたび意味《サンス》が与えられると記号は「記号」としての全面的価値をもつことになる》のであって、《何かと何かのあいだを、そして両者の間隙を（意味として）理解する必要がある》（強調は引用者）という。[16] この「何かと何か」が何を指しているのか、メルロ＝ポンティはそれをこの箇所では明示的に語っていないが、それが記号の対象的な知覚成分とその標準的な意味とを指していることは明らかだろう。この「何かと何かのあいだ」に意味が「一挙に」成立するまでの数秒間、メルロ＝ポンティはいわば離人症に類似した、一種宙に浮いた状態にあったということができる。

離人症では、所与の知覚対象からの感覚刺激が主観的な実在感を生み出さず、そこにアクチュアリティが成立しない。[17] アクチュアリティは主観的な（「クオリア」[18]としての）「実在感」の必須の成分ではあるのだが、それ自体は対象的・客観的なリアリティではない。離人症でアクチュアリティが失われると、知覚対象の実在感や意味が失われ、それと同時に実感としての〈自己〉や主観的時間といった、純粋にアクチュアリティだけで成り立っているような現象はそもそも成立しなくなる。そしてリアリティとしての対象的知覚成分だけが「裸のまま」残存することになる。

このようにして離人症で喪失するもの、そこでネガティヴに（「陰画《ネガ》」として）示されているものを見定めておくことは、メルロ＝ポンティがいうように、記号に「記号」としての全面的価値をもたせるような〈意味〉成立の場としての〈あいだ〉が、主観的経験においてどのような働きをもっているのかを理解するために、ぜひとも必要なことだろう。〈あいだ〉は絶対に対象的なリアリティとしてとらえることのできない、純粋なアクチュアリティである。それは純粋なアクチュアリティとして、つねに純粋な発生機の現在（現在進行状態）を構成している（これに対してリアリティは、それが観念上の「現在」のリアリティに関わる場合ですら、純粋にアクチュアルな現在からみるかぎり、つねに一瞬過去ないし現在完了状態へとずれている）。

このような〈あいだ〉は、ある意味で純粋に「内主観的」な〈あいだ〉であるのだが、それと自己他者関係の「間主観的」な〈あいだ〉とは、さきにも述べたように、まったく同じ一つの〈あいだ〉であり、同じ一つの〈あいだ〉の「垂直次元」と「水平次元」とみることができる。このことは「言葉の意味」というような優れて間主観的な現象を扱う場合には、とくに強調しておく必要があるだろう（ただ、この「同じ一つ」、「垂直と水平」、それと先に書いた「縦にみるか横にみるか」などの言い方は、対象化不可能なアクチュアリティとしての〈あいだ〉を苦しまぎれにリアリティとして物象化した、本来は不適切な表現である)。

3　種の主体と個の主体——生命論的思弁

この対象化不可能なアクチュアリティとしての〈あいだ〉に可能なかぎり接近するために、ここで「経験の学」である現象学をしばらく離れて、少しばかり理論的な思弁を試みてみたい。話題は生物界における種と個、あるいは集団と個体の関係ないし差異についてである。

そもそも種とは何なのか。一匹一匹の犬が実在していることはよくわかる。しかしイヌという種は実在するのだろうか。するとすれば一匹一匹の犬の実在と同じ意味でなのだろうか、それとも別の意味でなのだろうか。これは哲学的にいえばプラトンのイデア論、あるいは中世の実念論 realism と唯名論 nominalism の問題に直結してくる。そしてもし種が個体と同じ意味で、個体の複数態として、実在しているのだとすると、等しく種の構成メンバーである個々の個体の個別性はどう考えればよいのか。

日本の生物学者のあいだでは、進化を個体単位の自然選択によるものとするダーウィニズム、あるいはそれを遺伝子学説で補強したネオダーウィニズムと、一方自然選択を否定して進化の単位を種とみなし、「種は変わるべきときが来たら主体的に変わる」と考える今西錦司の進化論とのあいだに、昔から論争がある。科学的な生物学者は、「種の主体性」などという今西の「妄言」をもちろん認めない。だから世界的なスケールでは、これはまるで「論争」の体をなしていない。「今西進化論」というきわめて非科学的な珍説がある、というぐらいの扱いである。

しかし、はたしてそれでよいのだろうか。「種の主体性」というテーゼを真剣に検討する余地は残されていないのだろうか。種と個に関する思索のパラダイムを少し変えてやりさえすれば、現在どうみても行き詰まっているネオダーウィニズムの進化思想に対して、今西学説こそ、刮目に値する有力な対案を提供できるのではないだろうか。わたし自身はそのようなパラダイムチェンジの鍵として、種と個の存在様態のあいだの位相的差異、さらにはこの差異をはさんだ種と個の〈あいだ〉そのものへの存在論的着目を考えている。

種と個の関係について今西は、《個体が種の中に含まれているともいえるとともに、どの個体の中にも同じように種が含まれている。……個体はすなわち種であり、種はすなわち個体である(19)》と言う。これは要するに東洋古来の「即」の論理、あるいは西田幾多郎のいう「絶対矛盾的自己同一」の論理である。

「即」あるいは「絶対矛盾的自己同一」の論理は、たとえば「生即死、死即生」「一即多、多即一」「色即是空、空即是色」などのように、正反対と思われる二項のあいだに同一を措定する論理である。この論理が成立しうるためには、対立する二項が絶対的な矛盾関係にあり、しかもそれが明白な位相差において含み含まれる関係として表象されている必要がある。たとえば男と女、円と四角のように単に相対的で同一平面上の、そして互いに含み合わない矛盾では、「男即女、女即男」とか「円即四角、四角即円」とかいうことはできない。生と死の関係についても、これを現世的な生存と死亡の関係とみるかぎり「生即死、死即生」の論理は出てこない。「即」で結ばれる〈生〉と〈死〉は、互いにまったく異なった位相での含み含まれる関係として考えられている。今西が「即」で結んだ種と個体についても、それと同じことがいえる。

ベイトソンもダーウィニズムを批判して、「外圧によって適応的変化を遂げるのは個体であるけれども、自然選択はあくまでも個体群の遺伝子プールに対して働く[20]」と述べている。個体群を種と読み換えれば、彼も今西と同様、進化の単位を種においていると言えるかもしれない。さらにベイトソンも今西と同じく、種ないし個体群のレヴェルでのラマルキズム（獲得形質の遺伝）に対して好意的である。ただ彼が今西と決定的に違うのは、種と個体のあいだにラッセルのいう「クラス」と「メンバー」のあいだの「論理階型」logical type の差を考えている点である。論理階型の違う二項間には、含み含まれる相互関係は成立しない。クラスがメンバーを一方的に含むだけであって、「即」の論理が要請するような「キアスム」chiasme（メルロ＝ポンティ）は成立しない。

種とは何か、個とは何かを考えるためには、種を種たらしめ、個を個たらしめている両者の〈あいだ〉について徹底的に考えておく必要がある。今西もいうように、種が個を含むだけでなく、すべての個はその中に種を含んでいる。イヌという種が個々の犬を含んでいるだけではなくて、個々の犬の中にイヌという種が含まれている。個人と、種としてのヒトについても同じことがいえる。

個人がヒトという種のクラスのメンバーとしてそれに含まれるのは当然のこととして、ヒトという種が個人に含まれるというのはどのような意味においてであろうか。

ペットとして飼っている犬には多種多様な種類のものがあり、大きさもさまざまである。しかし飼い犬を散歩に連れて行くと、犬は他の人に連れられた、自分と大きさも形も色もすっかり違う犬には大きな関心を示しておきながら、たとえば猫をそのあたりに見かけてもほとんど気にとめない。犬はどうやってほかの犬を同種として見分けているのだろうか。犬はなんらかの仕方で自分がイヌであることを「知って」いるのにちがいない。今西はこのように各個体に備わっている種所属性の自己認知のことを「プロトアイデンティティ」と呼ぶ。[21] このプロトアイデンティティはもちろん人間にも備わっていて、われわれは自分以外の人間をいともたやすくヒトの仲間だと見分けてしまう。だからフッサールが心血を注いだ「他我認知」の問題や、英語圏の認知論哲学がよくいう「他人に心があることはどうしてわかるのか」というother minds problemなどは、哲学論議としてならともかく、実際の日常生活ではおよそ問題にならない。すべての人間が自らのうちに種としてのヒトを含んでいるからである。

このように含み含まれる関係にある種と個体の〈あいだ〉には、その基盤としてなんらかの物質的あるいは非物質的な仕組みがあるのだろうか。多くの生物の集団行動を見ていると、たとえば渡り鳥の群れ、魚群、ハチやアリの集団など、その全体があたかも目的ないし意図／志向 intention をはっきり意識して動いているかのような、つまり全体がまるで一個の個体であるかのような行動を示す。

これは、先に会話の場や合奏音楽を例に挙げて述べておいたように、集団全体が一つの〈場〉を形作って、この場そのものが主体的に行動しているとしかいいようがない。そこで「場違い」な行動を示す個体は、会話や音楽の場合と違って、容赦なく生存を否定されるだけのことである。複数の個体が寄り集まって集団を作ったとき、そこで集団の主体性が発生（創発）するというのではない。種というものがまずあって、それは当然複数の個体を含んでいて、それらの個体がたまたま集団を形成したときに、もともとあった種が各個体の行動を規制する〈場〉となって、集団全体に「一糸乱れぬ」行動をとらせるのである。

遺伝子生物学の難問の一つに、ヒトとチンパンジーではそのゲノムのDNA配列がわずか二パーセントしか違わないのに、どうしてこれほどまでに異なった行動を示すのか、というものがある。しかし問題は、残り九八パーセントの「同じ」遺伝子が、ヒトとチンパンジーではたして「同じ」機能を営んでいるかどうかである。むしろこう考えるべきだろう。それらの遺伝子はヒトという〈場〉では人間の機能をもった個体を作り、チンパンジーという〈場〉ではチンパンジーの機能をもった個体を作る。場としての種と個々の機能を備えた個体との〈あいだ〉の仕組みが、個を個たらしめると同時に、個を含み個に含まれる種を種たらしめるために、決定的に重要な役割を果たしている。「構造主義生物学」を標榜して今西の「種の主体説」を積極的に評価している柴谷篤弘と池田清彦は、この仕組みのことを「構造」と呼んでいる。[22][23][24]〈場〉としての種が「主体的」に個体の形態や機能や行動を規定する。その規則が彼らのいう「構造」である。この「主体性」が主体性として見えてくるのは、種と個体の〈あいだ〉においてにほかならない。

人間の場合でも、この〈あいだ〉があらゆる人間関係の暗黙の前提として働いている。「遺伝子」という概念を初めて精神病理学に持ち込んだのは、ソンディの「運命分析理論」である（ただしソンディはまだ現代生物学の遺伝子理論を知らなかった。彼の言う「遺伝子」とは、両親の配偶子の中にあって生まれてくる子どもの形質を規定する「なにか」としてヨハンセン（一九〇九）が提唱したGenのことである）。ソンディは、この「遺伝子」が個人に作用して、その友人、配偶者、職業、病気や事故、死因などを「選択」すると考えた。《結婚や友情で結ばれる二人の人の「あいだ」Zwischenを生物学的・心理学的に規定しているもの、さらには健康な人とその人の病気とのあいだ、生きている人とその人自身の死とのあいだ、殺人者と殺された人のあいだに、無意識的・神秘的にはたらいているもの、これがそもそものはじめから運命の、そして運命分析Schicksalsanalyseの根本問題である》[25]とソンディは言う。彼の言う「運命」について、大塚義孝は《心と身体、主体と客体、意識と無意識、覚醒と夢、此岸と彼岸といった相対立する事象を結合させる「神秘的中間物」mysteriöses Zwischen》[26]といっているが、「中間物」という物象化した訳語は別として、ここにはソンディのいう〈あいだ〉もやはり垂直的・水平的な両面をもち、それをはさむ両項が「即」の関係で結ばれうるものであることが語られている。個人にとって「運命」であり、精神分析の一派としての「運命分析」で解釈されるもの、それは種としてのヒトにとっては、個人が生きる場そのものがその人を操る「構造」だということになるだろうか。

個人がその人生の紆余曲折を「生きる」ということは、彼が意識的には個人としての「個の主体性」を十二分に発揮して生きているつもりでも、所詮は彼の無意識の奥深くに潜んだ「種の主体性」によって「生きられて」いるだけだということになるのかもしれない。ちょうどフロイトに「エス」Esの概念を提供したグロデックが、われわれは未知の統御不能な諸力（エス）によって生きられている、と語ったように。(27)

人生を生きるとは、自己の種としての存在と個としての存在の〈あいだ〉を、垂直・水平の両次元で生きることである。そして人間／ヒトでは――他の生物種に例をみない言語機能という特殊な能力を進化させた人間では――垂直・水平の両次元でこの〈あいだ〉の意識化を可能にする言語機能を用いることにより、対人関係という複雑な環境を作り出し、それに適応して生きることが人間の生活そのものとなった。

4　言葉による〈あいだ〉の形象化

「生きる」ことが〈あいだ〉を生きることであるのなら、この〈あいだ〉は生きものと生命環境の〈あいだ〉でもあるだろう。生きるためには環境に適応せねばならず、環境に適応するためには環境の動静を知り、それに即応して行動せねばならない。そのために、すべての生きものは（その複雑さにはさまざまな程度があるにせよ）なんらかの感覚と運動の能力を備えている。問題は、この「生きもの」という語を個のレヴェルで考えるか、種のレヴェルで考えるかである。

個のレヴェルで考えた場合、個体のすべての個別感覚は個別的身体と環境との境界面に装備された感覚器官で触発されるし、個体のすべての個別運動は個別的身体に内蔵された運動器官を用いて遂行される。これは従来からの生理学が教えているとおりである。しかしこれを種のレヴェルで考えようとすると、話はにわかに複雑になる。

たとえば渡り鳥の集団のような同種個体群が、特定の気象条件を見定めたうえで一斉に正確なルートを経て目的地に到達するためには、集団全体になんらかの「感覚機能」が備わっていて、集団全体が一つの大きな個体であるかのように行動するのでなくてはならない（特定の一個体がリーダーとなって集団を引率する可能性は否定されている）(28)。しかし感覚というものが——とりあえずは——運動を導くためのものであり、渡り鳥の集団が移動するためには一羽一羽の鳥がその翼を動かして飛行する必要があることを考えれば、この「感覚機能」も現実には個々の個体の感覚機能として、それぞれの鳥に「分有」されているはずである。つまり「個体の中に種が含まれている」（今西）ことの明白な一事例として、一羽一羽の鳥のうちに種としての集団全体の「感覚」が含まれている。

この個体に分有された種の「感覚」は、もはや個々の鳥の環境との境界面（感覚器官）で触発されるような、視・聴・触・味・嗅などの個別感覚ではない。むしろそれは、先に「内面的間主観性にかかわる状況感覚」と書いた「共通感覚」としての common sens そのものである。またそれは、対人関係の場で場の雰囲気を感じとって場違いな行動を防止するための感覚（常識）と同じものでもある。

だから集団全体が、一個の物質的な実体という意味での（リアルな）個体として、感覚をもつわけではない。そうではなくて、同種個体の集団は全体が一つの〈場〉を形成し、この非物質的な（アクチュアルな、あるいはより適切にはその前段階としての潜勢的な《ヴァーチュアル》）〈場〉が、比喩的にいってその「感覚」を「もつ」のだと考えなくてはならない。共通感覚というものを〈場〉の感覚と考えれば、ヴィーコがそれを「実生活上の諸問題についての場所感覚」とみなして、「トピカ」topicaと呼んだこととつながってくる。(29) 運動についても同じことで、リアリティとしては集団という形態をとっている種という〈場〉が、その〈場〉自身のアクチュアリティのなかに、（普通「本能」と呼ばれる）遠隔地への移動をヴァーチュアルに「含んで」いて、それが各個体のリアルな運動によって「アクチュアライズ」されるのだと考えなければならない。

人間の場合にもそれと同じことがいえる。西洋の哲学は、心身相関を考える場合に、個としての個人の意識と身体の相互関係しか考えない。たとえそこで社会生活が問題になる場合でも、それは個人と個人のコミュニケーションを通じていわば二次的に構築された対人関係しか扱わない。しかし個人と個人は、そのような社会的対人関係を結ぶ以前に、というよりむしろ個人である以前に、同種個体である他人（たち）との〈あいだ〉という〈場〉を構成している。われわれは社会的な人間である以前に生物学的なヒトなのだ、といってもよい。しかしそれは、「二次的に構築された」社会的対人関係が人間にとって非本質的だということではない。ヒトという種は生物学的に、そのような社会的対人関係を二次的に構築すべく定められている。だからこそ個人の「単独者」としての尊厳が——全体主義に抗して——叫ばれなくてはならないのであって、生物学的同種集団を社会の基底に考えることと全体主義とはなんの関係もない。

「心」を各個人の個別的意識現象と解すれば、それをコンピュータによってシミュレーション可能な認知科学的情報処理機能から区別することは困難である。そこからは必然的に、心を脳の機能と同一視したり、脳の物理化学的機構に還元したりする物質論的一元論が帰結する。物質的世界と別個の心的世界を想定する二元論的な立場は、科学の理念と相容れない神秘論的なアナクロニズムとみなされる。

しかしデカルト的な二元論の克服は、必ずしも物質一元論への方向をとらねばならぬものとはかぎらない。もしわれわれが心と身体の関係に、これまで述べてきた種と個の関係を重ね合わせて考えれば、そこに個体の個別的意識現象（それはおそらく脳機能に還元可能である）、個体の物質的身体、それに加えて〈場としての種〉に固有で集団状況に依存する〈こころ〉という三元構造を構想することができる（ただしこの三元構造が、一見類似するパースのそれと異なるものであることはすでに述べた）。

この〈こころ〉というのは、早くいえば主体性ないし主観性のことである。しかしわれわれの場合、それが一般にいう「主体性」や「主観性」と違うのは、それを個人ないし個体にいわば「内在」するものとは考えず、むしろ環境との境界面で発生する〈あいだ〉の特性とみなしている点である。ヴァイツゼカーの主体／主観 Subjekt および主体性／主観性 Subjektivität の概念に触発されたわたし自身の見解については、すでに何回も述べたからここでは繰り返さない[30]。ヴァイツゼカーは（人間だけでなく生物一般の）個体と環境との〈あいだ〉に「主体／主観」を、個体と「生命それ自身」との〈あいだ〉に「主体性／主観性」を考えたが、これは要するに本論でいう「水平的」な〈あいだ〉と「垂直的」な〈あいだ〉のことなのであって、その両者をまとめて「主体性／主観性」と呼ぶことになんら支障はない。

人間の場合（とくに言葉によるコミュニケーションが問題になるとき）、個人と他者たちとの水平的な〈あいだ〉が、その主体性／主観性の展開される主要な場面となることはいうまでもない。そしてこれまで述べてきたことからも明らかなように、この〈あいだ〉はそのまま、個人の個別的な主体性／主観性と、間主観的に共有されるという形で個人に含まれる〈場〉の主体性／主観性との、垂直的な〈あいだ〉でもある。

その場合、個人の脳が果たす役割は何か。それはけっして個人の主体性／主観性を生み出す「原因」ではない。脳をもたない植物や、細菌などの単純な生物でも、ここでいう水平的・垂直的な〈あいだ〉を主体的に生きていることに変わりはない。脳はむしろ、この水平的・垂直的な〈あいだ〉の動向からの「触発」を受けて、個人の主体性／主観性を対象化可能な（報告可能 reportable な）三人称的「意識」として映し出すための「モニター」として進化してきたものである。本論のテーマである言葉についていうならば、脳の感覚性・運動性の言語中枢は、〈あいだ〉における主体性／主観性の言語的な展開を、認知と行為の両面で可能にするための装置と考えられる。言葉が〈あいだ〉を作るのではなく、〈あいだ〉が言葉を介してそれ自身を形象化する、というのが本論のとりあえずの結論である。

注

（1）木村敏「意味の歴史性——来歴否認症候群の精神病理学的考察を通じて」中村雄二郎・木村敏監修『講座・生命98』八三頁、哲学書房、一九九八年。（『木村敏著作集』第七巻、弘文堂、二〇〇一年、三七九頁以下）
（2）鷲田清一『「聴く」ことの力——臨床哲学試論』TBSブリタニカ、一九九九年、一一頁。
（3）鷲田清一『ことばの顔』中央公論社、二〇〇〇年、二〇一頁。
（4）鷲田清一『顔の現象学』講談社学術文庫、一九九八年、一七頁。
（5）野家啓一『言語行為の現象学』勁草書房、一九九三年、一九頁。
（6）同書、三七—三八頁。
（7）同書、四三頁。
（8）Wittgenstein, L.: *Philosophische Untersuchungen* 43. In: Werkausgabe Bd 1, Suhrkamp Taschenbuch Wissenschaft, Frankfurt 1984, S. 262.
（9）野家啓一『言語行為の現象学』勁草書房、一九九三年、一〇七頁。
（10）同書、一六二頁。
（11）Peirce, C. S.: *Collected Papers*. Vol. 2, § 228, Harvard University Press, Cambridge, Massachusets 1931

–35. 内田種臣（編訳）『記号学　パース著作集2』勁草書房、一九八六年、二頁。ただし訳文は米盛裕二『パースの記号学』勁草書房、一九八一年、一〇九頁の記載によった（原文は未見である）。

（12）米盛裕二『パースの記号学』勁草書房、一九八一年、七八頁。

（13）有馬道子『パースの思想――記号論と認知言語学』岩波書店、二〇〇一年、一三頁。

（14）木村敏『あいだ』弘文堂、一九八八年。（『木村敏著作集』第六巻、4、5、6章）

（15）木村敏「リアリティとアクチュアリティ」『分裂病の詩と真実』河合文化教育研究所、一九九八年、一四四頁、一五七頁以下。（『木村敏著作集』第七巻、三六〇頁以下、三一一頁以下）

（16）メルロ＝ポンティ（滝浦静雄ほか訳）『見えるものと見えないもの』みすず書房、一九八九年、二六八頁。

（17）木村敏、前掲書、四三頁。

（18）木村敏「自分であるとはどのようなことか――自己性と他者性の精神病理学のために」『臨床精神病理』第二二巻第三号、二〇〇一年、一九一―二〇〇頁（本書第Ⅳ章）。

（19）今西錦司「生物の世界」『今西錦司全集』第一巻、講談社、一九七四年、一一三頁。

（20）G・ベイトソン『精神と自然――生きた世界の認識論』佐藤良明訳、新思索社、二〇〇一年、三〇二頁。

（21）今西錦司、柴谷篤弘『進化論も進化する――今西進化論と分子生物学』Ⅳ章ほか、リブロポート、一九八四年。

（22）池田清彦『構造主義生物学とは何か』海鳴社、一九八八年。

（23）池田清彦『構造主義と進化論』海鳴社、一九八九年。

（24）柴谷篤弘『構造主義生物学』東京大学出版会、一九九九年。

（25）Szondi, L.: *Schicksalsanalyse*, Schwabe, Basel 1944, S. 17f.

（26）大塚義孝「運命とは選択である」『現代のエスプリ』二七三号、至文堂、一九九〇年。

（27）木村敏「エスについて」『分裂病の詩と真実』二〇〇頁。（『木村敏著作集』第七巻、三四五頁）

(28) 上田恵介『鳥はなぜ集まる——群れの行動生態学』東京化学同人、一九九〇年、八五頁。

(29) 木村敏『心の病理を考える』岩波書店、一九九四年、一四頁以下。(『木村敏著作集』第六巻、二四九頁以下)

(30) 木村敏『生命のかたち/かたちの生命』青土社、一九九二年、二六頁以下。(『木村敏著作集』第四巻、二六二頁以下)

第Ⅶ章 「あいだ」と恥ずかしさ、そして証言――アガンベンを読む

ジョルジョ・アガンベンの『アウシュヴィッツの残りのもの――アルシーヴと証人』[1]について、精神病理学の立場からなんらかの発言を試みるにあたっては、まずは発言者にその資格があるかどうかの弁明が必要となるだろう。

なにしろ、ことは「アウシュヴィッツ」である。アガンベンも随所に引用しているプリモ・レーヴィその他の「証言」を読めば読むほど、この「事件」についての思索に、精神病理学ないし臨床哲学といったいわばローカルな関心領域からコメントを加えることの無意味さが痛感される。われわれ自身がそれである「人間」という名の生きものが、これほどの極限状況に曝されうるということ、これほどの極限状況をさまざまの随意性をもって「選択」して、これほどの行為をなしうるということ、それは「文明社会」で活動し思索するひとりの精神病理学者の、経験範囲と想像力をはるかに超えている[2]。実地に経験したこと以外については語らないという、わたしが自らに課している戒律を、それ

は犯すことにはならないか。

しかし、アガンベンが批評家の立場から試みた思索についても、本質的にはそれと同じことがいえるのかもしれない。彼自身、「人間」の一人としてこの「事件」に共同責任を負っていることは別としても（人間であるかぎり、この共同責任を免れている人がはたしているだろうか）、アウシュヴィッツの「当事者」とはいえない。だから彼がレーヴィその他の「証言」に基づいて展開している考察を、縮尺を縮めて精神科医の視界に投影してみることも、あながち許されないことではないのかもしれない。ある種の極限状況でしか見えてこないにもかかわらず、ひとたび見いだされれば普遍人間的に妥当することになるような真実というものがあるのではないか。アガンベンの論述が、アウシュヴィッツに関してはほとんど当事性をもたないわれわれの心を捕えて離さないのも、そのためではないのか。そして精神病理学者が、狭い精神医学の事実領域を超えて思想界に向かっての発言をあえて試みるのも、やはりその理由から以外のなにものでもない。

だから以下の論述において、わたしは「政治的事件」としての「アウシュヴィッツ」についてはなにも語らない。とくにこの事件についての非難や断罪はできるだけ避けて通る。非難や断罪は思索を麻痺させるからである。そして、アガンベンがレーヴィから、そして「アウシュヴィッツ」から、引き出した精緻な「自己論」に触れての、わたしなりの連想を記載するのにとどめたい。

1

アウシュヴィッツがわれわれに残した恐るべき「遺産」のひとつに、「回教徒《ムーゼルマン》」という言葉、そしてその言葉によってユダヤ人囚人たちが自分たちの仲間である一群の囚人たちを名指していたという事実がある。

「ムーゼルマン」Muselmann というのは、元来は「イスラム教徒」を指す「ムスリム」Muslim からきたドイツ語なのだが、ことアウシュヴィッツに関するかぎり、この原義とはなんの関係もない。それがこの収容所で意味していたのは、ガス室送りの選別がまだなされておらず、したがって生物学的にはまだ「生きて」いるものの、その行動や思考がいっさいの人間的な尊厳を失って「生けるしかばね」あるいは「歩く死体」に化した、いわば生と死の境界に住む人たちのことだった。

この名称の由来については、《無条件に神の意志に服従する者》（『アウシュヴィッツの残りのもの』五六頁、以下本書からの引用は邦訳のページ数のみを記す）という「ムスリム」の原意から来たものだとか、《オリエント風に足を折りたたみ、顔を仮面のように硬直させながら、地面にうずくまる姿勢》（五七頁）に由来するとか、《たえず上体を倒しては起こすことによって祈るアラブ人に特有の動作》（同）を暗に指すとかの諸説があるらしいが、《いずれにしても、たしかなことは、ユダヤ人は——一種の残酷な自嘲とともに——自分たちがアウシュヴィッツでユダヤ人として死んでいくのではないことを》（同）知っていたということである。

これは本論と直接関係のないことかもしれないけれど、二〇〇一年九月一一日の事件とその直後に始まった「報復戦争」、さらには間違いなくその原因をなしているイスラエル・パレスチナ紛争と湾岸戦争をすでに知っているわれわれにとっては、アウシュヴィッツでユダヤ人たちが、「人間以下」の「非‐人間」にまで沈んでしまった自分たちの仲間を「ムーゼルマン」と蔑称していたということは、見過ごして済ませることではない。考えてみれば、ユダヤ人はたとえ負の有徴者、差別と迫害の対象としてではあれ、西欧世界にとってつねにその無視しえない構成員であり続けた。これに対してアラブ世界のムスリムたちは、アーリア人種にとってだけでなくユダヤ人にとってすら、人間の外部、世界の外部の存在だったというべきだろう。だからこそ彼らは、ユダヤ人と違って、ナチスの絶滅政策の対象にすらならなかったのではないのか。ユダヤ人からもアラブ世界からも、そして西欧世界からも一定の距離をとっている――ということはアラブ人たちと同様に西欧世界の外部にいる――われわれとしては、できることならこの「回教徒」という呼称を使いたくない。しかしいかんせん、これは本書の考察全体にとって避けて通ることのできないキーワードなのである。

このキーワードはなによりも、アウシュヴィッツの真実について証言しうるのは誰なのかという問題に関わってくる。《かれら、「回教徒」、沈んでしまった者たちこそは、完全な証人であり、包括的な意味内容をもった証言ができたはずの者である》（四一頁）というプリモ・レーヴィの「証言」を導きの糸として、アガンベンは本書全体を構成しているからである。《証言にはその本質的な部分として欠落がともなっている》（一〇頁）のであって、《「本当」の証人、「完全な証人」は、証言したことがなく、証言しようにも証言することができなかった者である。「底に触れた」者、回教徒、沈んでしまった者である》（四二頁）と彼はいう。

アガンベンは、囚人たちが解放されて人間に戻り、責任ある者に戻ったと感じた瞬間に、彼らをとらえた「奇妙な絶望」についてのレーヴィの証言に注目する（七七頁）。そこには《生き残った者たちは、［……］善行のせいで生存がかなわなかった者たちよりも悪いだけでなく、沈んでしまった者たちの匿名的なかたまり、その死を死と呼ぶことのできない者たち［「ムーゼルマン」たち］よりも悪い》という《アウシュヴィッツ独特の倫理的アポリア》（七八頁）がある。それは《尊厳と自尊心を保持していると信じていた者たちがあっという間にそれを失った者たちよりも恥ずかしさを感じる場所なのである》（同、強調は木村）。ここからアガンベンは、本書の中心主題の一つである「恥ずかしさ」の分析に進んでゆく。

恥ずかしさの感情は、尊厳の毀損と密接に関係している。アウシュヴィッツでは、生の尊厳にもまして「死の尊厳」が毀損されていた。収容所では人が死んだのではなく、死体が生産されたのである。《回教徒は、ある場合には、非‐生者として、その生が本当の生ではなくなった者としてあらわれ、またある場合には、その死を死とは呼ぶことができなくなって、死体の製造としか呼ぶことができなくなった者としてあらわれる。すなわち、生のうちへの死の領域の内接、死のうちへの生の領域の内接としてあらわれる》（一〇八頁）。だから回教徒は人間としてあらわれる非‐人間、非‐人間的なものと区別することのできない人間的なものである、とアガンベンはいう。もしそうなら、回教徒こそ

「完全な証人」だという「レーヴィのパラドックス」はどうして成立するのか。非 - 人間が、どうして人間について証言することができるのか。人間についての完全な証人とは人間性を完全に破壊された者のことであるということは、《いいかえれば、人間は人間のあとも生き残ることのできる者であるということである》(同、強調はアガンベン)。

ということはつまり、本来の死は、死体の製造のあとも「生き残る」ということではないのか。しかしそれは誰にとっての死なのだろう。そして、人間について証言する非 - 人間の証言は、誰に向けての証言なのだろう。

もしそれが、製造された死体を無感情に、冷ややかに、あるいは恐怖の戦慄におののきながら眺めている第三者にとっての「本来の死」であったり、人間と非 - 人間を識別している第三者に向けての証言だったりするのであれば、パラドックスはパラドックスとして成り立たない。またそれが、製造された死体の「生前」の所有者にとっての「本来の死」であったり、人間と非 - 人間の閾を渡り歩いている当事者に向けての証言であったりする場合にも、やはりパラドックスは成立しないだろう。

死が「死」のあとも「生き残り」、人間が「人間」のあとも「生き残る」ためには、つまりそこに「残余」としての「残りのもの」が残るためには、どうしてもある場所が、「非 - 場所」としての「場所」が必要となってくる。それはどんな場所なのか。本書の後半は、この「残りのもののための場所」を確保する作業に当てられている。

2

アウシュヴィッツがソ連軍によって解放されたとき、兵士たちはその凄惨な光景を目にして言葉と表情を失った。レーヴィはそれについて、《それは、わたしたちがよく知っているのと同じ恥ずかしさだった。〔ガス室に送る囚人の〕選別のあとに、そして凌辱に立ち会わなければならなかったり、凌辱を受けなければならなかったりするたびに、わたしたちを圧倒したのと同じ恥ずかしさだった。それは、ドイツ兵の知らなかった恥ずかしさ、正しい人が他人の犯した罪を目の前にして感ずる恥ずかしさである》（一一六頁）と書いている。

この恥ずかしさ、アウシュヴィッツの囚人たちを絶えず襲ったこの恥ずかしさの正体はなんだろう。レーヴィはそれを、生き残った者が死んでしまった他人のかわりに生きている、《隣人を押しのけ、隣人の代わりに生きている》（一二一頁）という「罪の意識」に還元しようとしているようである。しかしアガンベンはこの説明に対して異議を唱える。この《恥ずかしさは、本当には罪の意識、すなわち他人よりも長生きしたがゆえの恥ずかしさではない。それとは別の、もっと厄介でわかりにくい原因をもっている》（一三七頁）と彼は見る。

アンテルムは、SSが囚人を移送する行軍で、からだの具合のせいで行軍を遅らせる可能性のある者を銃殺したときのことを語っている。ある若いイタリア人がその犠牲として選ばれた。彼の顔は赤くなった。自分がなにをすればよいのかわからずに、当惑している様子だった。《どう見ても、かれは、死ななければならないことを恥じている。殺されるのに、ほかの者ではなく自分がでたらめに選ばれたことを恥じている》(一三八頁)。

アウシュヴィッツでは、《理由もなく意味もなく、すべての者が他人の代わりに死んだり、生きたりするということ、[……]だれも本当に自分自身のこととして死んだり、生き残ったりすることができない[こと、……]人間は、死に臨んでも、その赤面、その恥ずかしさ以外のいかなる意味も自分の死に見いだすことができないということ》(一三九頁)が問題なのだ、とアガンベンは見る。

エマニュエル・レヴィナス(3)によれば、恥ずかしさは、わたしたちの存在が自己とのきずなを断つことの不可能性、それが自己自身とのつながりを断つことの絶対的な無力にもとづいている(一四〇頁)。《恥ずかしさのうちにあらわになっているのは、まさしく、自己自身に釘づけにされているという事実》であり、《恥ずかしいのは、わたしたちの内密性、すなわち自己自身のもとへのわたしたちの現前である。[……]恥ずかしさがあらわにするのは、剝き出しになった存在である》(一四〇/一四一頁、強調はレヴィナス)。

このレヴィナスの言葉を受けて、アガンベンはさらに分析を進める。《恥じることが意味するのは、[……]引き受けることのできないもののもとに引き渡されることである。[……]しかし、この引き受けることのできないものは、外部にあるものではなく、まさにわたしたちの内密性に由来するものである。[……]ここでは、自我は、それ自身の受動性によって、それのもっとも固有の感受性によって凌駕され、乗り越えられる。しかし、自分のものではなくなり、脱主体化されたこの存在は、自己自身のもとへの自我の極端で執拗な現前でもある。〔……〕主体化にして脱主体化という、この二重の運動が、恥ずかしさである》（一四一／一四二頁）。自己は、それが主体として能動的に現前しようとするならば、否応なく、自分の引き受けることのできない自己自身への、受動的で脱主体的な現前を強いられる。それが恥ずかしさだというのである。

これとそっくり同じことが、カントが「自己触発」と呼んで時間と同一視した、主体性〔主観性〕の構造にも認められる、とアガンベンはみる。カントによれば、時間において、《わたしたちは、わたしたち自身によって内的に触発されるようにのみ、わたしたち自身を直観する》[4]。しかしそのためには、《わたしたちはわたしたち自身に対して受動的なものとして〔能動的に〕ふるまわなければならない》[5]。受動的な主体〔主観〕が、自分自身の受動性に対して能動的でなければならないというパラドックスにおいて、《引き受けることのできない受動性に引き渡されることとしてわたしたちが定義した恥ずかしさとの類似性が明るみに》（一四八頁）出る。こうして恥ずかしさにおいては、自己触発の能動的・受動的な二重の運動が、自己を、能動的で主体的な自己の側へも受動的で脱主体的な自己の側へも回収しつくせない「残りのもの」として生みだすことになる。

われわれのだれもが日常的に経験している恥ずかしさの情動が、アウシュヴィッツという人間存在にとっての極限状況で、おのれの死に直面しての恥ずかしさという思いがけない形態をとって出現した。そしてその分析からアガンベンは、自己という存在の能動的・受動的な二重構造を導き出し、この二重構造のどちらの一方へも還元できない「残余＝残りのもの」としての、いわば大文字の〈自己〉

をつきとめる。この「残余＝残りのもの」とは、さきに「死が死のあとも生き残り、人間が人間のあとも生き残る」と書いたときの「残余＝残りのもの」と、けっして別のものではない。そしてこの「残余＝残りのもの」こそ、証言する能力を失ってしまった「ムーゼルマン」たちが本当の証人、完全な証人であるという「パラドックス」を可能ならしめている条件にほかならない。「残りのもの」としての〈自己〉こそが完全な証人として証言するというこの認識が、アガンベンに『アウシュヴィッツの残りのもの』という、本書のやや晦渋な標題を選ばせたということはいうまでもない。そして彼の探究は、ここから次第に「証言」の問題に移ってゆく。

3

現代言語学の基本概念である「ラング」(言語)、「ディスクール」(言述行為＝話)、「エノンシアシオン」(言表行為)、「シフター」などの用語を用いて、アガンベンは次のようにいう。

エノンシアシオンは言表されているテクストではなく、それが起こっているという事実[こと]であり、個体はそこで現実の個体[もの]としての自己を廃棄して、「言表する」という出来事[こと]と一体化し、その意味で脱主体化しなければならない。しかも個体は、そこで現にエノンシアシオンが行われているという事実だけを指示して、それ以外のあらゆる実質と内容を欠いた「わたし」という純粋なシフターと一体化しなければならない。だからエノンシアシオンとは、主体化と脱主体化をともに含んでいるパラドックス的な行為である（一五七／一五八頁）。

この構造は、詩人の語る言葉が自分とは別のだれかの言葉である、というキーツの「恥ずかしい告白」（一五一頁以下）や、パウロが『コリント人への手紙』で語っている「話し手が自分の言っていることを知らずに話すこと」としての「異言《グロッソラリア》」の現象（一五四頁）に、如実に語り出されている。「わたし」という脱主体的なシフターと一体化した自己は、つねにすでに異言の力によって先取りされている。ディスクールの《絶対的現在のうちにあっては、主体化と脱主体化はあらゆる点で一致しており、生身の個体も、言表の主体も、完全に沈黙する。話すのは個体ではなく、言語であると言い換えてもよい》（一五八／一五九頁）。この内密性の疎外に直面して、詩人たちが責任と恥ずかしさを感じたとしても不思議はない、とアガンベンはいう。

レーヴィにおける証言の弁証法で、生き残って証言する者と、語るべきことをたくさんもっているが、話すことのできないムーゼルマンたちとの、どちらが証言の主体なのだろう。生き残った者が証言するのは「ムーゼルマンについて」ではなく、「ムーゼルマンのために＝ムーゼルマンの代わりに」である。《人間は非‐人間の受託者に他ならず、非‐人間に声を貸し与える者である》（一六三頁）。《こうして言葉をもたない者と話す者、非‐人間と人間は――証言において――、無差別の地帯に入りこむ。その地帯では主体の位置を割り当てることは不可能》（一六四頁）である。

ビンスヴァンガーは「生命機能と内的生活史」[6]の論文で、生の諸機能の連続的な流れと、言葉や意識的自我の歴史的な流れという二系列を区別した。この二系列は寄り添うように流れているが、けっして同一性に至ることはない。そして《「わたし」とは、まさに、生の機能と内的歴史のあいだ、生物学的な生を生きている存在が言葉を話す存在になることと言葉を話す存在がみずからを生物学的な生を生きている存在と感じることのあいだにある還元不可能な差異のことである》（一七〇頁、強調は木村）。

ここでアガンベンが、生命機能をギリシア語で動物的生を表す「ゾーエー」に、内的生活史を人間の個別化された生を表す「ビオス」に、それぞれ重ねて考えていることに注意しておかなくてはならないだろう。ゾーエーとビオスというこの対立概念は、本書ではまったくといってよいほど表面化していない。しかしこれに先立って邦訳された『人権の彼方に』[7]では、この両概念が重大な鍵概念として——しかも同じこの二つの概念のわたし（木村）による用法[8]とは非常に違った理解で——扱われている。「ビオス」に関してはほとんど問題はないのだが、「ゾーエー」のほうは、わたし自身がこれを（ケレーニー[9]に依拠して）豊穣な産出の神ディオニューソスをその化身とする個別化以前の自然的な生命と見ているのに対して、アガンベンのいう「ゾーエー」は、単に身体的に生きているというだけの、動物的な「剝き出しの生」（ベンヤミン）を指している。ことムーゼルマンに関するかぎり、ケレーニー的な「ゾーエー」が問題になりうるとすれば、それはディオニューソス的な輝かしさのためではむろんなく、むしろ生き残った者が「ムーゼルマンのために＝ムーゼルマンの代わりに」証言するという「代理」を可能にするような、生の連帯性を根拠づけるものとしてだろう。

だからアガンベンもこういう。《人間が生起する〔場所をもつ〕のは、生物学的な生を生きている存在と言葉を話す存在、非-人間と人間のあいだの断絶においてである。［……］人間は人間の非-場所において、生物学的な生を生きている存在と言葉《ロゴス》とのあいだの不在の結合において生起する〔場所をもつ〕》（一八三頁、強調は木村）。そして《わたしたちの自己自身との非-一致をあらわにする内密性こそが、証言の場所である。証言は、結合の非-場所において生起する〔場所をもつ〕》（一七六頁）。この「場所」あるいは「非-場所」のありかは、個人においては「生命機能（生物学的な生を生きている存在）」と「内的生活史（言葉を話す存在）」のあいだであり、間人間的・間主観的にはビオス的・アポロン的な個別化を止揚して生の連帯性が成立している場所としての、（個人と個人の）あいだであるだろう。

ミシェル・フーコーはその『知の考古学』において、《言表されるものの形成と変形の一般的システム[10]》として、「アルシーヴ」という概念を提起している。アルシーヴは、可能なあらゆる文を構築するシステムであるラングと、実際に話されたり書かれたりしたパロールの総体であるコルピュス〔集成〕とのあいだに位置している。それは、潜勢態としてのラングが、すでに語られたパロールにまで現勢化する途上の、いわば発生機の状態におけるエノンシアシオンの次元である。つまりそれは、ラングの中からある個人が「わたし」というシフターを取り出して、それでもって自己を指示しようとする場合に、そのパロール以前の場所で通過しはするものの、パロールが現勢化してしまったときにはもはやいっさいの現実性を失ってしまうような、非-場所としての場所である。つまり、《「わたし」と言うたびにそのつど忘れられる記憶の断片である》（一九四頁）。

アガンベンは、これをラングのほうから見て、《ラングとアルシーヴのあいだ》すなわち《ラングとそれの生起のあいだ、語ることの純粋な可能性とそれの現勢化のあいだ》(一九五頁、強調は木村)で考えてみようとする。そして、この《語ることの潜勢力とそれの現勢化、語ることの可能性と不可能性のあいだの諸関係のシステムを証言と呼ぶ》(同)。それは《語ることの可能性と不可能性のあいだの隔たりのうちに主体を位置づける》(一九六頁、強調は木村)ためである。《主体とは、言語が存在しない可能性、生起しない可能性》(同)であり、《証言とは、[……]あるひとつの不可能性が話すことの可能性をとおして現存にもたらされることである。この二つの運動は、単一の主体、あるいは単一の意識のもとに一体化させることができず、交流不可能な二つの実体に分離することもできない。この分離不可能な親密性が証言である》(一九七頁)とアガンベンはいう。

さきにわれわれは、「人間について証言する非-人間の証言は、誰に向けての証言なのだろう」という問いを出して、まだそれには答えていなかった。いまやわれわれは、この証言が、ムーゼルマンたち、ガス室の犠牲者たち、生き残って解放された人たち、さまざまな視点からアウシュヴィッツを眺めている第三者たちの、どの個人に向けられたものでもなく、ひたすらこの「あいだ」に——主体内部の「自己と自己とのあいだ」であると同時に(私自身の用法におけるゾーエー的な生の連帯性を通じて)主体間の「自己と他者とのあいだ」でもあるような、この「あいだ」に——向けられたものであることを、はっきりと理解する。

実はこの「あいだ」という発想は、アガンベンにとって——彼が、それをどこまで対自化しているかは別として——もともとイントリンシックな、つまり本来的に備わったものだった。彼がその処女作『スタンツェ』[11]で、目も眩むような博識を駆使して展開していたのも、煎じ詰めればこの「あいだ」という「非‐場所」についての論考だったと言うことができる。イタリア語でStanza（「スタンツェ」はその複数）とは「住まい、部屋、居場所」などの意味で、日本語で「部屋」の意味にも用いられる「間」に近い。そしてアガンベン自身その「プロローグ」で、このスタンツァをアリストテレスの「トポス」に類比し、そのような《「場」を空間的な何ものかではなく、空間よりももっと原初的な何ものかとして》考える必要があり、それを問う《哲学のトポロジーこそが、「場のない場《トポス・アウトポス》」と呼ぶに値する》[12]と書いている。そしてたとえばシニフィアンとシニフィエを距てている仕切り（S／sの「／」）を取り上げて、《あらゆる意味作用が基づいている根源的な差異》[13]について語り、《意味作用の原初的な核心とは、シニフィアンの中にもシニフィエの中にもないし、エクリチュールの中にも声の中にもない。そうではなくて、それらが基づいている現前の襞の中にある。［……］「S／s」というアルゴリズムは、それゆえ襞、つまり「／」だけに縮小されなければならない[14]》と言うのである。これが「あいだ」の思索でなくてなんであろうか。

《アウシュヴィッツの残りの者——証人たち——は、死者でもなければ、生き残った者でもなく、沈んでしまった者でもなければ、救いあげられた者でもなく、かれらのあいだにあって残っているものである》（二二一頁、強調は木村）。この一見難解な言表を理解するためには、われわれは彼が随所に用いている「あいだ」という目立たない前置詞から、いっさいの外部空間的な意味を消去して、これを「非‐場所という場所」の内密性へと連れ戻してやらねばならないだろう。

4

精神科医が常日頃関わっている患者たちの苦しみは、アウシュヴィッツとは比べようもないものであるとはいえ、それなりの規模と深刻さで、この「あいだ」という非‐場所の可能性と不可能性をめぐって生起している。

神経症や精神病というかたちで人間固有のパトスが生起するこの世界、それは、ここに自分がいて、あそこに自分とは別の人である他人（たち）がいて、そこで自分が他人と社会的な関係や間柄を取り結ぶというような、そんなわかりやすい構図にはなっていない。そんな構図のなかでなら、自分が他人に向けるロゴス的あるいはパトス的な思いも、他人がその他人にとっての他人（たち）に向けている（と自分が想定している）ロゴス的あるいはパトス的な思いも、すべてそれぞれの脳神経機構の刺激反応図式に還元されることになるだろう。すべてが三人称的な客観性の規範に収まってしまうことになって、そこに一人称的な主体や主観の入り込む余地はまったくない。

しかしもし人間の世界が、アガンベンがレーヴィその他の証言に基づいて再現してみせたアウシュヴィッツの、少なくとも縮図であるとするならば、それを第三者的な目で客観視するということは、人間存在に対するこのうえない冒瀆にはならないか。とりわけ、医学の分野ではそうである。病気で苦しんでいる患者の声、それはどこから出てどこに届くのだろう。そこに苦しんでいる主体／主観の声がなければ、この声に応答すべき主体／主観の声がなければ、その声は、その「証言」は、むなしく無色透明の中空をさまようだけだろう。

人間は、人間であることによって、ということはつまり自己を自己自身に対峙させうる生きものであることによって、自己と自己自身とのあいだを――ゾーエーとビオスのあいだ、生命機能と内的生活史のあいだを、と言ってもよい――「自分」という一人称的な主体／主観の「場所」として、「スタンツァ」として生きている。この「場所」は、場所として生起したとたんに三人称的なリアリティに回収されてしまうような、場所以前の、いまだ場所ならざる場所であるのかもしれない。しかしこの非‐場所的な場所としての「あいだ」こそ、主体を主体として、主観を主観として生起させる現場ではないのか。

この主体／主観から出た声は、他人の主体／主観に、間違いなく届く。もし届かなければ、精神医療という営みはそもそも成立しない。もし届かなければ、アウシュヴィッツは人類の歴史に残らない。それが間違いなく届くのは、この「あいだ」の場所／非‐場所が、自己と自己自身との隔たりを架橋しているだけでなく、自己と他人との隔たりをも架橋しているからである。繰り返していうが、それは断じて、わかりやすい人間関係や人と人との間柄の意味においてではない。このいわば垂直次元から水平次元への「あいだの位相変換」を論理的に説明するというのは、実はこのうえなく難解な課題なのである。

この難問に接近するひとつの手がかりとなりうるのは、アガンベンが精緻な手法で分析している「恥ずかしさ」の現象だろう。恥ずかしさにおいて、自己は、自分が引き受けることのできない自己自身への受動的な現前を強いられる。そして、いうまでもないことだが、恥ずかしさは「他者」なるものの存在を前提にしなければ成立しない。恥ずかしさが発生するその場所こそ、自己と自己自身との内密な裂隙であると同時に自己と他者との内密な裂隙でもあるような、場所／非‐場所でなくて何であろう。

精神医学で「恥ずかしさ」が主題となるのは、「対人恐怖症」と総称される一群の神経症においてである。患者は自分の存在が他人に受け入れられないことを恐れて社会的関係を忌避するのだが、その底には、患者自身が自分の存在を受け入れていないという内面的な疎外と緊張がかならず隠れている。そしてこの症状は、親しい家族や友人に対して、あるいは見ず知らずの他人に対してよりも、自己が相手との距離を定めかねて、つねにある種の緊張を強いられるような、中途半端な顔見知りとのあいだで、よりいっそう強く出現する。自己と自己自身との内密で違和的な「あいだ」が、自己と他人との内密で違和的な「あいだ」として意識される、その内密性／違和性こそ、対人恐怖症の「恥ずかしさ」を発生させる場所／非‐場所なのである。(15)

西田幾多郎は、この場所／非‐場所のことを「絶対の他」と表現する。《私が内的に他に移り行くということは逆に他が内的に私に入って来るという意味を持っていなければならない。〔……〕我々が各自の底に絶対の他を認め互に各自の内から他に移り行くということが、真に自覚的なる人格的行為と考えられるものであり、かかる行為において私と汝とが相触れるのである》[16]と西田はいう。自己の「底」であると同時に他者の「底」でもあるような、そんな「底」の内密性／絶対的他性において、自己と他者が「互いに移り行く」。《私はこの他において汝の呼声を、汝はこの他において私の呼声を聞く》[17]。自己にとっても他者にとっても「絶対の他」である「あいだ」を通って、互いの声が、「証言」として、「あいだ」から「あいだ」へと、間違いなく届く。

　分裂病や対人恐怖症といった個人の病理を産みだしている基礎的事態、それは一方で自己と他者との裂隙／あいだを架橋して自己の社会性を可能にし、他方で自己と自己自身との裂隙／あいだを架橋して自己の自己性を可能にしている場所の、つまり西田が「絶対の他」と呼んだ超越論的な場所の、基本的な成立不全である。アガンベンのアウシュヴィッツ論は、同じこの場所が、個人を超えた人類史的・政治的な事件において持ちえた意味を、われわれに教えてくれた。その精緻な現象学的解釈は、個人の精神病理学にとっても、多くの重要な示唆を与えてくれるものである。

注

(1)　ジョルジョ・アガンベン『アウシュヴィッツの残りのもの――アルシーヴと証人』上村忠男・廣石正和訳、月曜社、二〇〇一年。

(2)　プリモ・レーヴィは、収容所で死んでしまった人たち、あるいは《死ぬ何週間も、何カ月も前に、観察し、記憶し、比べて計り、表現する能力を失っていた》人たちにかわって証言し続けようとする彼の衝動を、《精神分析学者が……説明できるとは思えない（彼らは職業的な貪欲さから、この私たちの混乱のもつれ合いに飛びついてきた）。彼らの叡智は「外世界」で、私たちが単純に文明的と呼んでいる世界で作られ、検証されてきた。……彼らの解釈は、ブルーノ・ベテルハイムのようにラーゲルの試練を経験してきたもののそれでも、大まかで、単純化されているように思える。それはまるで平面幾何学の定理を球面三角形の解法に適応しようと努めているように見える》と書いている（『溺れるものと救われるもの』竹山博英訳、朝日新聞社、二〇〇〇年、九四頁）。

（3）レヴィナス「逃走論」、『レヴィナス・コレクション』合田正人訳、ちくま学芸文庫、一九九九年。

（4）カント『純粋理性批判』B一五六（訳文は『アウシュヴィッツ……』の上村・廣石訳のまま）。

（5）同B一五三（訳文は上村・廣石訳のまま）。

（6）Ludwig Binswanger, Lebensfunktion und innere Lebensgeschichte, in *Ausgewälte Vorträe und Aufsäze,* Bd. I, Francke Verlag, Bern 1947.『アウシュヴィッツ……』の邦訳では「生の機能と生の内的歴史」と表記されているが、ここではわたし（木村）も加わって邦訳したビンスワンガー『現象学的人間学』（荻野恒一・宮本忠雄・木村敏訳、みすず書房、一九六七年）に収録されているこの論文の表記を用いる。

（7）アガンベン『人権の彼方に――政治哲学ノート』高桑和巳訳、西谷修解題、以文社、二〇〇〇年。

（8）たとえば木村敏『心の病理を考える』岩波新書、一九九四年、一一六―一二四頁。本書第Ⅷ章「生命論的差異の重さ」をも参照。

（9）ケレーニー『ディオニューソス』岡田素之訳、白水社、一九九三年、一五頁以下。

（10）アガンベン『スタンツェ――西洋文化における言葉とイメージ』岡田温司訳、ありな書房、一九九八年。

（11）同書一二頁。

（12）同書二二四頁。

（13）同書二二三四頁。
（14）フーコー『知の考古学』中村雄二郎訳、河出書房新社、一九八一年、一九八頁（訳文は上村・廣石訳のまま）。
（15）対人恐怖症の精神病理、とくに「あいだ」との関係に関しては、本章第Ⅰ章「私的な「私」と公共的な「私」」を参照。
（16）西田幾多郎「私と汝」、上田閑照編『「場所・私と汝」他六篇　西田幾多郎哲学論集　Ⅰ』岩波文庫、一九八七年、三一八頁。
（17）同書三二五頁。

第Ⅷ章　生命論的差異の重さ

1　はじめに

精神科医がその臨床経験に基づいて人間の内面生活に関する議論を展開しようとする場合、それが科学的に見ても哲学的に見ても十分な厳密さと普遍性を欠くきらいがあり、そこにある種の「うさんくささ」のようなものが混じり込むのは、避けがたいことであるように思われる。これはかならずしも、臨床精神科医が科学者あるいは哲学者としての必要な習練を怠っているという理由だけに還元しうることではない。臨床の場面では、患者と治療者との個人的な関係が議論の出発点となるだけでなく、その窮極の拠り所ともなるし、この関係のなかでのみ見いだされうる事実が、そこで唯一「真実」としての拘束力を持つ。この真実の「関係的」な性格が、そこに一般の科学的あるいは哲学的な「真理」とはいささか異なった趣を持ち込んでいるとしたらどうだろう。

すでに早くから「臨床の知」を標榜している中村雄二郎は、演劇と学問の関係について次のように書いている(1)。

《演劇あるいは芝居というと、一般にはおよそ学問や知とは無関係なもの、さらには本質的に相容れないものと思われてきた。……すなわち、演劇＝芝居とは、多かれ少なかれ猥雑さを含んだ一種の絵空事であり、遊びであり戯れである。……他方、知や学問は根っから真面目なものであり、われわれは感情や好みをできるだけ排して、ひたすら禁欲的に真理を究めなければならない、と。遊びと真面目（あるいは仕事）という二分法がそこに想定されている、といってもいい》（強調は中村）。

そして中村は、古代ギリシアと近代西欧で発達した知や学問は、この「二分法」を基準として普遍性と精密さを備え、「近代の知」として人類全体に大きな影響力と支配力を持つようになった、と考える。

もちろん精神科の臨床は「絵空事」でも「遊び」でもない。それは「真面目」な「仕事」である。しかしそれにもかかわらず、いまこれを患者と医者（より一般的には治療者）以外の局外者の立場から見るとき、それがこの二分法ではどうしても知や学問ではない方の側、「多かれ少なかれ猥雑さを含んだ」営みの側に分類されるであろうことも確かなことのように思われる。だからこそ中村も、「演劇的知」をただちに「臨床の知」と言い換えているのである。

それはなぜだろうか。

それは、その営みが局外者の目から見て、なにかしら「密室的」な、第三者の接近を許さない、「非公開的」あるいは「私秘的」な色彩を強くおびているからではないだろうか。この色彩は、科学はもちろん、由緒正しい哲学にとっても公準となっている公共性の理念とは相反するものである。科学も哲学も、それが普遍妥当的な「真理」の探究を窮極の目標とする以上、それは「誰にとっても」開かれた、追試可能・再現可能、そして報告可能な、要するに三人称的な知を求めるものでなくてはならない。それに反して精神科医療の場でえられる「知」は、当事者である患者と治療者のみに占有された「私的」で一人称的な性格をその本質としている。治療者が変われば患者の言うことも変わる、診断も変わるし予後も変わる、というのが精神医学ではほとんど常識になっている（だからそれをいくらかでも客観的・科学的にしようとする努力から、治療者の主観を最大限に排除した「質問表」によって症状を聞き出そうとする「標準化面接」や、その結果を一覧表に当てはめて量的に操作しようとする「操作診断」の方法が案出されているが、これが——ことに患者の立場から見た場合——精神医療の理想から遠く離れたものであることは言うまでもないだろう[2]）。

以下、精神医学の中心的な病態である精神分裂病の病理を一つの手がかりにして、自己と生命の問題を考えてみることになるが、このような考察にあたっては、自己にしても生命にしても、それを一人称的に（つまり臨床的に）見たときと、三人称的に（科学的あるいは哲学的に）見たときとの見え方の違いについて、われわれはつねに敏感でなくてはならない。

2　分裂病性の「私」の障害

「私」という語を、われわれはふつう、一人称単数の人称代名詞として理解している。（いうまでもなく、日本語は固定した一人称と二人称の人称代名詞をもたない。「私」は「おれ」「ぼく」「自分」などの多くの語とともに「自称詞」と呼ばれ、「あなた」その他の「対称詞」に対置される。しかしここではそれを「私」で代表させて、西洋語の一人称代名詞に準じて扱うことにする。）

一人称代名詞というのは、話し手が自分自身のことを指す語であるから、複数の人が交わしている会話では、発言者はだれでも、それぞれ自分のことを指示して「私」という資格がある。だからこのような（「シフター」としての）「私」は、その「各自的」な性格、それを語るものが誰であるかを問わないという性格のために、一般概念として普遍化することができる。そこでたとえばドイツ語では「私」を das Ich という形で普通名詞として表記することになり、日本の哲学や精神医学や心理学は、それに日常用語では用いられない「自我」という訳語を当てている。たとえば、分裂病者は未知の原因のために「自我」の発達が弱く、「自我」の確立を迫られる思春期・青年期に発症して、「自我」が「他者」によって侵害されるという独特の精神症状（「自我障害」Ichstörungen）を発現する、というようなことが多くの本に書かれている。

「私」が普通名詞として扱われるということは、この語がもともと会話の中で（「言語ゲーム」の中で、といってもよい）果たしていた一人称的な役割を失って、三人称化されるということである。三人称というのは、言語的な意思疏通の場で互いに共有しうる対象についていわれることであるから、三人称的な概念はすべて定義可能でなくてはならない。しかし三人称的概念としての「私」とは何であるかを定義するのは、ほとんど不可能である。精神医学が使用する諸概念（そこには「自我意識」やその変容も含まれる）についての厳密な定義を求め続けたヤスパース[3]も「自我＝私」そのものの概念については一言も定義らしいことを書いていない。

「私」という語で、話し手である私が話し相手に伝えようとしている「意味」、つまり私自身にとって私自身として現れているものは、どのようにしても対象化したり普遍化したりすることができず、伝達可能な概念として定義することのできない、絶対的に主観的な実感である。私はそれを、私にとってこのうえなく身近な、最大限に「親しい」感覚として経験している。私はこの感覚を「生きている」と言ってもよい。ある感覚を（定義可能なかたちで）対象的に「体験する」のと、それを実感として「生きる」のとは、互いにまったく異なった存在次元に属する二種類の経験である。

ここにはアウグスティヌスが時間について語った有名な言葉、《時間とは何か。誰も私に尋ねなければ、私にはそれがわかっている。尋ねられて説明しようと思うと、わからなくなる[4]》に見られるのと同じアポリアが認められる。時間が、それを無反省に（一人称的に）生きているかぎりこのうえなく身近で自明な経験に属しているのに、それをひとたび他人に向かって三人称的に対象化し、定義的に説明しようとすると、そのあり方を完全に変えてしまうのと同様、一人称的に直接自分の存在を生きている自己を、三人称的な「私」ないし「自我」の概念として定義しようとすると、それはもはや自己についての定義とは言えなくなってしまう。

分裂病者は、その発症からはるかに遡る幼年期から、一種独特の自主性のなさのために周囲の目を引くことが多い。それは多くの場合、反抗期がなくて育てやすかった、嘘を絶対につかない子だった、他人に対して過度の思いやりがあったなど、ポジティヴに評価される性質であるけれども、それらはネガティヴに見れば明らかに「自己の弱さ」を物語っている。一〇台から二〇台に入って、肉体的にも心理的にも親から独立して異性との交渉を求める年齢になると、彼らは急速に危機的な状況に陥る。それまで口答え一つしたことのなかった親に対して激しい暴力を振るったり、特定の異性を絶対視して相手の意向を無視した強引な交際を求めたりするという不自然な行動が目立つようになる。やがて、やはり親からの独立や異性との関係の挫折が引き金となって、多くの場合は急にいっさいの対人関係から撤退して自己の世界に閉じこもり、現実離れをした空想の世界に入り込む。

この急性発症期に数多く見られる症状としては、自分のいっさいの行動が他人によって操られているという「被影響体験」Beeinflussungserlebnis、自分の考えがすべて周囲に筒抜けになっているという「思考伝播」Gedankenausbreitung、周囲の出来事がすべて自分に向けられているという「関係念慮」Beziehungsideen などがあり、これらはみな、自己と他者の境界が不鮮明になって、自己の主体性が他者の主体性のように感じられる現象として理解することができる。急性期が一応消褪したのちも、多くの患者は社会生活から脱落し、かつては「早発性痴呆」と呼ばれたこともあった無為無関心の状態に陥るが、知的能力には障害は認められない。

このような分裂病症状を「自我確立の障害」として、あるいは三人称的に対象化された「私」の形成不全として理解しようとするのは、一見もっともなことと思われるかもしれない。しかし実際に精神科臨床の現場で患者と交わっていると、それでは事態の真相がまったくとらえられないことは明らかである。つまり、われわれの精神活動の内部に「自我」と呼ばれるような、社会的対人関係での「主体的」行動を司る機能が形成されていて、それがなんらかの原因によって欠損や障害をこうむると、ちょうど弁膜の形成不全が重い心臓疾患を引き起こすのと同じように、分裂病という対人関係の障害を引き起こすというような、そんなわかりやすい仕組みにはなっていない。もし分裂病性の「自我障害」がそのように三人称的・客観的に確認できる事態であるのなら、その確認に診察者の「自我」が関与するなどということは考えられない。それは、心臓弁膜症を診断する際に診察者の弁膜が関与することなどはないのと同じことである。ところが分裂病特有の「自己の弱さ」は、それを「確認」している診察者の「自己」を必ず巻き込む。診察者は、患者との人間関係の場で自分自身が（一人称的に）感じとる一種独特の「感覚」を手がかりにして、患者の「自己」つまり「私」が、「分裂病性」と呼ばれる「障害」をこうむっていることを見抜くのである[5]。

分裂病患者がその幼児期から示していた自主性のなさ、発病後にもっとはっきりした形で表面化する「自己の他有化」の諸症状、社会生活からの離脱の根底には、だからもっと微妙な、人間の精神活動全体の（単なる意識活動に限定されることのない）現象学的分析によってはじめて明らかにすることのできるような構造が潜んでいるにちがいない。診察者の一人称的な「自己」の感覚をも巻き添えにするような、そんな分裂病性の自己存在のあり方を探るために、われわれは一度、自己を自己として成り立たせているような「生命」の次元に目を移さなくてはならない。

3　主体性としての生命論的差異

ハイデガーは、彼自身の基礎的存在論である『存在と時間』を世に問うかなり以前、まだフッサールの助手としてその現象学の独自の展開を模索していた一九一九／二〇年の冬学期に、「現象学の根源領域としての生 Leben」を主題とする講義をフライブルク大学で行なっている。[6] それは、フッサールが後に自分の鍵概念の一つとなる「生活世界」Lebenswelt 概念の構想に入っていたの[7]とほぼ同じころのことだった。

この講義で扱われている Leben の語は、いうまでもなく「生きる」という動詞をそのまま名詞化したもので、日本語でいうと「生」「生命」「生存」などのほか、「生活」「人生」などの意味も含んだ幅広い概念である。そしてフッサールと同様にハイデガーの場合も、Leben は明らかに後者に偏った意味で、つまり後にハイデガーが「日常性」として、フッサールが「生活世界」として、それぞれ立ち入った分析の対象とした問題圏に近い意味で用いられている。そのかぎりでは、この概念はわれわれが本論で問おうとしている「生命」と、かならずしも重なり合わない。

しかしわれわれが注目したいのは、この講義でハイデガーが、《事実的な生 das faktische Leben は注目すべきかたちで自己世界 Selbstwelt へと集中した仕方で生きられ、経験され、それに応じて歴史的 historisch に理解される》[8]、あるいは《生の世界 Lebenswelt すなわち環境世界と共同世界と自己世界は、自己という状況で生きられる》（強調はハイデガー）[9]と述べて、「生」と「自己」の共属関係を明確に指摘していることである。しかも彼はこれにすぐ続けて、《この自己世界という安定しない流動的な在り方 Zuständlichkeit は、状況 Situation という性格でもって、つねに生の世界が示す「なんらかの様相」Irgendwie を規定している》[10]と述べることによって、この「自己世界」の三人称的・対象的に固定しえない、一人称的で主観的な（現代の認知哲学の用語を使えば「クオリア的」[11]な、と言い換えてもよい）性格を示唆している。これを、後に彼自身が取り上げた「日常性」のもつ、いわば「没人称的」な「ひと」への「拡散」という特徴と照らし合わせれば、彼がこの講義で扱っている「生」には、自己が一人称的に自己自身の「生命」を生きているという意味も多分に含まれていることは明らかだろう。

そもそも、ハイデガーは『存在と時間』で、「存在への問い」に到達する導きの糸として、人間の「各自的」jemeinig な存在形態としての現存在を分析するために多くの頁を費やしているが、この現存在への問いは、存在への問いを浮かび上がらせるための、単なる理論構成上の通路にすぎないものではけっしてない。彼が「存在そのもの（「ある」ということ）」Sein als solches を、あれこれの存在者（あるもの）にその属性として付着している「存在者性」Seiendheit とは根本的に異なったものとして発想した背景には、この「存在それ自体」が、それを見てとっている現存在の一人称的な自己存在から切り離せないものだという根本的な経験があったのにちがいない。なにかが単に対象として知覚されたり表象されたりしているだけでなく、現にここに「ある」あるいは「いる」ということが実感として言えるためには、一人称的な自己である私がそれに立ち会っているのでなくてはならない。つまり私が「現存在」として、現にここにいる da-sein のでなくてはならない、ということなのである。

私が現にここにいるというのは、私が私自身の「この生」を生きているということである。《生きものにとっては、生きていることが、あることである》[12]とアリストテレスはいう。しかしこの「生きている」を、「生きていないこと」の否定、「死」の欠如としての、つまり「まだ死んでいないこと」としての「生存」の意味に解したのでは、「生」を三人称的に見る見方から一歩も出ることができない。自分が「もはや生きていないこと」としての「死」を、われわれは自分自身の一人称的な経験としては絶対に対象化することができないのだから、われわれはそれと対になっている「まだ死んでいないこと」としての「生存」も、一人称的にとらえることができない。われわれが一人称的にとらえることのできる「生」は、「死」の対概念ではないような、それ自身で成立しているような（ハイデガーは「生それ自身」das Leben an sich の「自己充足性」Selbstgenügsamkeit[13] という言い方をする）事態でなければならない。

死と相対的ではないような、ある意味では死を含み、死に含まれるような、そんな「生それ自身」

とはどのような事態であろうか。

ヴィクトーア・フォン・ヴァイツゼッカーは、その主著『ゲシュタルトクライス』の冒頭で、《生それ自身は死なない。個々の生きものだけが死ぬ das Leben selbst stirbt nicht ; nur die einzelnen Lebewesen sterben》(14)と述べている。この「生それ自身」を、個々の生物の生死とは無関係に、地球上に生命が発生して以来脈々と続いている「生きとし生けるもの」の「生命活動」として理解することもできるだろう。しかしそのような生命活動も、それを三人称的・客観的に考えるかぎり、何十億年かの後には死滅するかもしれない。ヴァイツゼッカーが「生それ自身」と表現したのは、もっと一人称的に、「個々の生きもの」である自己自身の「生」において直接的な実感として経験されうるような、「生きていることそのもの」の実態であったにちがいない。

ヴァイツゼッカーのいう das Leben は、ハイデガーやフッサールのそれとは違って、ほぼ純粋に「生命」を指していると考えなくてはならないが、それでも彼はこの「生それ自身」を、ある意味ではハイデガーやフッサール以上に、現にここで生きている自己との関係のうちでとらえている。というのも彼は、生きものを生きものたらしめている根拠としての「生それ自身」は、けっして(三人称的な)認識の対象になりえないけれども、生きものがこの根拠とのあいだに結んでいる「根拠関係 Grundverhältnis こそ、その生きものを主体として成立させている(一人称的な)「主体性」Subjektivität のことだ、と述べているからである(15)(彼は「主体」や「主体性」の概念を、人間の精神活動に限定せず、生きものはすべて主体的に行動すると考えた(16))。

われわれはここで、それぞれに個別性をもってそれ自身の生存を求めて生きている個々の生命体の生命と、それを生きものとして成立させている「生それ自身」とのあいだの差異を、ハイデガーが個々の存在者の存在と「存在そのもの」とのあいだに構想した「存在論的差異」ontologische Differenz に匹敵する意味で「生命論的差異」biologische Differenz と呼んでもよいのではないかと考える。

ハイデガーによれば、現存在の特筆すべき特徴は、存在するということを理解しながら存在者と関わる点にあるのだが、こうして存在論的差異を成立させている「差異化しうる」ということ自身の可能性の根源を、現存在はみずからの本質の根拠のうちに確保している(17)。そして存在論的差異のこの根拠のことを、ハイデガーは現存在の「超越」Transzendenz と名づけ、《超越において、現存在ははじめて、みずからそれであるところの存在者に、つまり自己「自身」としての現存在に到達する。超越が自己性 Selbstheit を構成する》（強調はハイデガー）(18)という。つまりハイデガーにおける基礎的存在論の眼目は、個々の存在者にあるのではないことはもちろん、それらにいわば「通底」する「存在そのもの」にあるのでもなく、この両者を隔てつつ結びつけている「差異」そのものに、それも自己の「自己性」を構成する「超越」としての差異そのものにある。

これと同じことが「生命論的差異」についても言えるだろう。生きものの特筆すべき特徴は、みずからの個別的な生を生きることによって「生それ自身」から「超越」し、この超越においてはじめて、みずからそれであるところの存在者に、つまり自己「自身」としての、主体としての個別者に到達するのだから。だからヴァイツゼッカーも、生きものがこの「生」の（対象的には認識不可能な）根拠と関わっている「根拠関係」(あるいは「超越」)そのもののことを、「主体性」の名で呼んだのである。

生命論的差異が、個々の生きものの、そして当然ながら人間の、個別者としての主体性ないし自己性を可能にする。そこでわれわれは、分裂病の根幹に関わる「個別化の原理」を構成しているところのこの生命論的差異を、もう少し別の角度から眺めておかなくてはならない。

4 ビオス・ゾーエー・タナトス・エロス

ニーチェは『悲劇の誕生』のなかで、ギリシア悲劇の真髄を、個別化の原理である「アポロン的なもの」と、自然の根底から湧き上がる歓喜と陶酔のなかで個別化を解体する原理である「ディオニューソス的なもの」という、二つの対立する契機のあいだの緊張関係に見て取った。もちろんこの書物を書いた当時のニーチェにとっては、ヴァーグナーの音楽こそ、この真髄を体現するものと感じられたのだが、アッティカ悲劇やヴァーグナーを持ち出すまでもなく、われわれの人生はすべてこの二つの契機の、アポロン的な個別化の仮象とディオニューソス的な合一の陶酔との、対立的共存によって彩られている。精神分裂病という人生の「悲劇」は、むしろこの両契機が相補的な対立と共存の関係を失って、自己の自己性も、自然や他者との没我的な連帯も不可能となり、要するにニーチェ的な意味での悲劇が成立しえなくなった事態とみなしうるかもしれない。

ケレーニーはニーチェを受けて、このディオニューソス神話についての綿密な考証を行なった。彼はまず、ともに「生」を意味しながらそれぞれ異なった「ひびき」をもつ、ギリシア語の二つの単語、「ビオス」bios と「ゾーエー」zoē に注目する。[19] ゾーエーが、あらゆる生きもの（ゾーオン zōon）の生と共鳴し、特別な限定なしに生一般を意味するのに対して、ビオスのほうは、個別化された特定の生の輪郭や特徴的な表情、ある生存と他の生存を区別する外観を指示する言葉である。死（タナトス）との関係でいえば、ビオスはタナトスを排除せず、個人に特徴的な死（生の終え方）は、むしろ個性的な生の一部とみなされるが、これに対して、ゾーエーはタナトスと排除的な対立関係にある。《ゾーエーは、自分が破壊されるという経験を認めない。それは終わりのない、無限の生として経験される。それは、ビオスという有限なかたちで生ずるあらゆる生の経験とは違ったものである[20]》。ケレーニーにとって、ディオニューソスこそこのゾーエーの化身にほかならない。

ケレーニー以前にすでにニーチェとヴァルター・オットーが、ディオニューソス的状態を、生殖と出産に深く関連する「生の根源現象」とみなしていた。[21] 彼らにとって、ディオニューソスは「愛における死の近さ」と深い関係にあり、そこでは生の充溢と死の暴力が一体化しているとみなされていた。ディオニューソス的な根源の深みでは死が生と一緒に住む、というのが彼らの考えである。たとえばオットーによれば、《死とは生の終わりにではなく、生の根源にこそ求められるべきであり、あらゆる生の創造に立ち会うもの[22]》だという。

これに対してケレーニーは、ディオニューソスにおける生と死、ゾーエーとタナトスの関係を、より「弁証法的」に解釈しようとする。[23] ギリシア各地に伝えられる二年周期のディオニューソス祭において、この神は一年ごとに殺害され、また蘇生するのだが、これは《ゾーエーとこれに対立する死の弁証法にほかならない》のであって、《このように考えれば、死は、あるいは生の破壊は、生そのものに含まれていることになる。［……］ゾーエーは死の欲動の前提であり、死はゾーエーと関係することによってのみ意味がある。死は［……］それぞれの個別的なビオスに含まれるゾーエーの産物なのである》[24]（ケレーニーはこの箇所の脚注で、彼がフロイトの「死の欲動」の概念から示唆を受けたことに触れている）。また、《ビオスは、生の存続と、死後にも生が継続する希望をゾーエーそのものから得ていた》のであり、《人々は、男も女も、自分たちの性に最も親密なかたちで自分の内部にディオニューソスを経験し、この経験が終わることの、いかなる経験も所有していなかった。死がどういうものでありうるかを、彼らは高揚した生の絶頂で経験し、そしてゾーエーの蕩尽に酷似した性の蕩尽のうちで、ほとんど死といえるものを経験した》[25] とケレーニーはいう。

われわれはこれらの議論を踏まえて、ビオスとゾーエーとタナトスの関係について次のように言うことができる。私の個別的な人生であるビオスは、他の人たちそれぞれのビオスとは違った私独自の個性的な特徴と歴史をもっているのだが、それはタナトスに回収されることによって終わりを告げる有限な生である。私がどのような仕方でタナトスに触れて死を迎えるかは、（ソンディの運命分析[26]が明らかにしているとおり）私のビオスと同様に個性的である。私はこのように私独自の個性的なビオス（およびタナトスとの出会い）を生きているが、それを「生きている」のは、私のビオスではなく、私が自分以外のあらゆる生きものと共有しているゾーエーである。ゾーエーはビオスと違って、タナトスによって区切られることがない。それはゾーエーがそれ自体、タナトスでもあるからである。（さきに「死と相対的ではないような、ある意味では死を含み、死に含まれるような、そんな〈生それ自身〉」と書いたのは、実はこのゾーエーのことにほかならなかった。）

つまり私は、他のすべての生きものと同様に、ゾーエーの個別化として独自のビオスを与えられ、この個別的な生を終えるときに再び完全にゾーエーに復帰する。しかし、私が再び帰って行く先のゾーエーは、実はタナトスと別のものではない。そしてこのゾーエー＝タナトスは、私が自分のビオスを生きているあいだも、つねに私のもとから離れない。古代のディオニューソス祭や、あるいはもっと身近なところでは愛の恍惚に代表されるような、さまざまな規模と形態の共同体的もしくは個人的な祝祭の瞬間に、死がかならず見違えようもなくその姿を現す。われわれの人生は、個別的なビオスと個別を知らぬゾーエー＝タナトスとの、間断ないせめぎ合いの連続であると言わなくてはならない。このせめぎ合いを、心地よい緊張感として造形したものが芸術であって、ニーチェが心酔したギリシア悲劇もヴァーグナーの音楽も、あるいはわれわれにとってもっと身近な諸芸術も、すべてこのビオスとゾーエー＝タナトスとの相互作用として理解することができる。

ケレーニーも言及しているフロイトの「死の欲動」は、生の根源であるこのゾーエー＝タナトスのふところに回帰しようとする、いっさいのビオスに内在する本能的な「意志」の謂である。フロイトは、《例外なく経験されることとして、あらゆる生きものは内的な理由のために死んで無機物に還るという仮定が許されるなら、すべての生の目標は死であるという以外ない》（強調はフロイト[27]）といい、以前は個体の生命維持を求める「自己保存欲動」の意味で用いていた「自我欲動」Ichtriebe を、生誕以前の状態に復帰しようとする「死の欲動」Todestriebe（タナトス）と同一視する。そしてこれを、《何らかの点で異なった二つの胚細胞の融合》を通じて生命の継続を求める「性の欲動」Sexualtriebe（エロス）ないし「生の欲動」Lebenstriebe と対立させる。[28] これが、その後精神分析学の内部だけでなく、思想界全体に大きな波紋を投げかけた「タナトス・エロス二元論」の発端である。

このフロイトの「死の欲動」論の最大の問題点は、彼がわれわれのいう「生命論的差異」を考慮しなかったことにある。タナトスがそれを取り消して生誕以前の状態にまで復元しようとする個体の生命とは、「死すべきもの」としてのビオス以外のなにものでもない。だから「死の欲動」は、自分自身のビオスに向けられるだけではなく、「破壊欲動」「攻撃欲動」として、他人のビオスにも向けられる。これに対して、「性の欲動」であるエロスが、それぞれ異なったビオスである「二個の胚細胞の融合」を通じて継続しようとする不死の生命とは、ビオスとはまったくその存在次元を異にするゾーエーにほかならない。それはヴァイツゼッカーが、「生それ自身は死なない」と述べた「生それ自身」の領域に属している。

フロイトは「死の欲動」の導入に伴って、彼がかつては性の欲動と対立する自我欲動とみなしていた自己保存の欲動について、それは単なる部分欲動であって、《有機体自身の死への行程を確実にし、無機物へ復帰する諸可能性のうち、内在的な可能性以外のものを遠ざけておくという任務をもっている。［……］有機体はそれぞれの流儀で死ぬことを求め、これらの［自己保存的に］生命を守る番兵も、もとをただせば死に仕える親衛隊だった(29)》と書いている。しかしわれわれとしては、この自己保存の欲動を、ディオニューソス的なゾーエー＝タナトスの強烈な引力に逆らおうとする、アポロン的なビオスのあらがいと見ることができるだろう。フロイトのいう個別的な「自我」とは、ゾーエー＝タナトスとビオスの緊張のうちでのみ、つまり生きものがその「生」の根拠と関わる「根拠関係」のうちでのみ、そのつど主体として成立しうるものなのである。

フロイトは、性の欲動であるエロスが、（生殖における）二個の胚細胞の融合を通じて不死の（ゾーエー的）生命を継続しようとする、と述べている。しかしそのようなエロスの射程は、性と生殖における雌雄の合体のみに限られるものではないだろう。ディオニューソス的ゾーエーが、なによりもまず性と生殖の場面に姿を現すことは確かだとしても、それは同時に万人の万人との、そして自然との、合体をことほぐ祝祭の真髄でもあったはずである。フロイト自身、その集団心理学に関する論文で、《集団はどうみてもなんらかの力で結びつけられているのだが、エロス以外のどんな力にこのはたらきを帰することができようか。エロスこそ、世のすべてを結びつける(30)》と書いている。

だとすると、フロイトが「快感原則の彼岸」で披瀝した「タナトス・エロス二元論」も、そのままの形では受け入れがたいものとなる。タナトスは、ゾーエーの形を取ることによってビオスの個別化という「マーヤのヴェール」を破り捨てるだけでなく、エロスの姿でビオスとビオスを結びつけ、死すべきビオスから不死のゾーエーを産み出し続けるのであるから。もし二元論にこだわるのなら、われわれはむしろ、アポロン的ビオスと、ゾーエー＝タナトス＝エロスの「ディオニューソス的複合」との、つまり個別的生と集団的生の二元論を語らなくてはならない。しかし、これははたして二元論として維持しうるものであろうか。アポロン的な個別化が仮象であるのなら、この二元論もまた仮象にすぎないのではないだろうか。ニーチェがいうように、《アポロンはディオニューソスなくしては生きえなかった》[31]のではあるまいか。ハイデガーの存在論的差異が、存在者と存在それ自身の対等の差異ではなく、一方的に存在それ自身によって構成されるものであったのと同様に、ビオスのゾーエー＝タナトス＝エロスとのあいだの生命論的差異もまた、一方的に後者によって、すなわち対象化不可能な「生それ自身」によって担われているのではないか、ということである。

5　自己性という重荷

ここでわれわれは、「私」という自己の個別性と、他人との出会いの場における間主観性との関係という、高度に超越論的な問題に触れることになる。「私」のビオス的個別性は、「私たち」の「間主観的」なゾーエー的・エロス的（そしてタナトス的）集合性に、その成立を全面的に負っているのではないか、ということである。あるいは言い方を変えれば、われわれが単数一人称的な「私」の個別性とみなしているものは、実はそのつどの出会いの相手である二人称的な「汝」を含んだ、複数一人称的な「私たち」という集団の根底から、そのつど産出される仮象ではないのかということである。だとすると、われわれがいつも、この世にまたとない、絶対に交換不可能な単独者であると確信している「この私」の自己性、そしてそのつどそれと出会っている「汝」の絶対的な他者性のことは、どう考えればよいのか。

性という生殖の営みにおいて結ばれる男女は、ある瞬間、存在論的にもそれぞれの個別性を完全に離脱して、「二者一体性」Zweieinheit ともいうべき境地に達する（この状態が比喩的に「死」と類比されることが多いことも、注目しておいてよい）。さまざまな程度でこれに準じた一体性の体験は、親子（とくに母子）の間や、友人どうしの間にも成立しうるだろうし、もっと薄められた程度でなら、人と人とのあらゆる相互関係に付随しているというべきだろう。われわれは他の箇所で、合奏音楽において、個々の演奏者が、まるで合奏音楽全体を自分自身の自発性によって演奏しているかのような感覚を持ちうることを指摘しておいた[32]。同様な現象はそのほかにも、たとえばスポーツの団体競技や、さまざまな理由で高揚した（「全体主義的」と形容してもよいような）気分状態にある政治的あるいは宗教的な集団などでも見られるだろう。

これらの場合、そこでは「私たち」の集合的な一人称的自発性が、単数一人称の「私」であるはずの自分の自発性と区別しえないかたちで、自分のもとで、自分のこととして体験される。一体感がそれほど強くない場合でも、自分が自分として自分自身のもとにあるという一人称体験の根底には、自分が個別的な自分自身の存在（ビオス）のほかに、いわばその母岩として、「私たち」の集合的な同一性（ゾーエー＝タナトス＝エロス）を感じとっているということが、少なくとも意識下にはあるのにちがいない。そして「私」はこの母岩をいわば通底路として、自分が属している同じその集合的同一性に属している「汝」と一人称的に出会い、そこで「汝」にも「私」と同質の一人称性を割り振ることになる。

しかしそんなことをすれば、「汝」はその他者性を剥奪されて、自分の「分身」とみなされてしまうのではないか。性愛の極致や母子関係の場合に、そのような「他者の自有化」ともいうべき事態が、実際に起こりうるかもしれない。そしてその場合には、自分自身のほうも「私」としての個別化に達していないのではないか。西田幾多郎が繰り返し書いているように、個は個に対することによってのみ個でありうる。個としての、単独者としての「私」である自己のみが、個としての、単独者としての「汝」である他人と出会いうるのである。この出会いは、先に書いたような例外的な場面を除いて、ふつうはけっして「私たち」の集合的一人称に還元できるものではないだろう。

さきにわれわれは、ヴァイツゼッカーのいう「根拠関係」そのものである「生命論的差異」が、つまり個々の生きものとその生存の根拠である「生それ自身」との差異こそが、その生きものの主体性をなしていることを見ておいた。そこでも述べたように、これは人間を含むすべての生きものについて、ひとしく言いうることである。すべての生きものにおいて、個体と個体、主体と主体の出会いは、「間主体的」な（人間の場合には「間主観的」でもあるような）出会いである。

人間の場合には、この主体性が（おそらく他の生物には見られない）固有の時間と歴史を生きていて、そのためにこれが自己の自己性というかたちを取ることになる。「私」や「汝」が、それぞれに一人きりで一回きりの、交換不可能な単独者とみなされるのは、それぞれが生きている独自で固有の時間と歴史のためである。この時間と歴史が形となって現れるのは、「私」や「汝」という個別的な生としてのビオスの場所（生活史＝biography）においてであるだろうが、ビオスの歴史を歴史として形成する特別な時間性がはたらいているのは、主体性＝自己性としての生命論的差異そのものの場所においてであるにちがいない。人間においては、ビオスとゾーエー（＝タナトス＝エロス）の生命論的差異こそが、個を個として成り立たせる個別化の舞台となる。（わたしが最近、別の機会にリクールを援用して述べたように、[33]この「歴史」を「物語」と読み換えれば、この差異は「歴史＝物語」の「プロット」plot/intrigue が構成される場所であり、ある人の人生全体の「まとまり」configuration を可能にする「記憶」が成立する場所でもある。）

生物学的な生を生きる私にとって、私が人間であるために背負い込んだこの歴史性（時間性＝自己性）は、一つの大きな重荷である。透明な三人称的・論理的・無時間的な世界の中へ、それは一人称的な「私の世界」の不透明さを持ち込む。私が私であることのこの不透明さ、この重さは、生命論的差異それ自身の重さにほかならない。それはゾーエー的生命が、ビオス的物質的な身体に担われることによってしか生きえないことからくる不透明さと見ることもできるし、逆にそれぞれの「私」が、個別的ビオスでありながら、自分自身の中にゾーエー的生命を宿していることからくる不透明さと見ることもできる。いずれにしても、私が自分の生を一人称的に生きるということは、私が自分の内部に、ある種の差異を生きるということである。差異は、その両側の項のあいだの境界でもある。境界は、空間的なそれ（たとえば家屋や部屋の内外を区切る戸口や敷居）も、時間的なそれ（たとえば日付が変わる真夜中や年号が変わる大晦日の午前零時）も、つねに一種不思議な異物感をおびている。それと同種の異物感が、私の自己性にも絶えずつきまとっている。

他人の絶対的な他性とは、いってみればこの異物性の、いわば自乗されたものではないのか。私の生と通底しているディオニューソス的ゾーエーが、私とは違った場所で、私とは違った身体で、他人のアポロン的ビオスとして個別化され、そこで私とは別の生命論的差異を舞台として、私とは別の時間と歴史が――私とは別の世界が、といってもよい――生きられている。他人の他性が、もしその他人に固有のビオス的な時間や歴史と、あくまで私と通底しているゾーエー的な「生それ自身」との差異そのものに関する他性でないのなら、他人という存在がもつ圧倒的な異物性も生じてこないだろう。われわれは無機物や植物や動物に対して、他人に対するのと同じような異物性を感じることは、ふつうはない。他人の異物性は、他人における歴史＝世界としての生命論的差異の関数である。

分裂病者において、自己の自己性、「私」の個別性が疑問に付されたとき、この圧倒的な異物性をもった他人の他性が、自己の自己性に代わって「私」の世界の中心に姿をあらわす。自己の主体性は、すみずみまでこの他性によって支配され、患者の一挙手一投足が他人によって操られ、患者の心は全面的に外部に向かって公開される。患者は自分の世界ではない世界を、一人称的に生きなくてはならなくなる。一般に「自我障害」と呼ばれているこの分裂病症状は、自己の主体性が成立するはずの生命論的差異の場所に、他者の主体性が成立してしまった事態として記述することもできる。「私」の自己が元来おびている異物性が、他人の他性として経験されている、と表現してもよい。このような事態を、世界の相関者であるビオス的自己と、それを生きているゾーエー的生命との生命論的差異を考えることなく、論理的あるいは心理学的に理解することは不可能だろう。

精神科の診察室での治療的な対話は、このように不随意に他有化されている患者の自己と、それを受け入れるべく意志的におのれを他有化しようとする治療者の自己とのあいだで、双方の個別性をめぐって繰り広げられるドラマのようなものである。このドラマの舞台となるのは、やはり「私」と「私たち」との、ビオスとゾーエーとの生命論的差異以外のなにものでもないだろう。精神科医の言述がもしある種の「うさんくささ」を伴っているとするならば、それはこの差異それ自身のおびている「怪しさ」のためではないだろうか。

注

（1）中村雄二郎『魔女ランダ考――演劇的知とはなにか』岩波現代文庫、二〇〇一年、九四頁。
（2）この問題については、拙論「操作診断の問題点――人間学的精神医学の立場から」（『分裂病の詩と真実』河合文化教育研究所、一九九八年、『木村敏著作集』第八巻、弘文堂、二〇〇一年所収）を参照。
（3）Jaspers, K.: *Allgemeine Psychopathologie*. 6. Aufl. Springer, Berlin-Göttingen-Heidelberg 1953（内村・西丸・

島崎・岡田訳『精神病理学総論』全三巻、岩波書店、一九五三・五五・五六年）。

（4）アウグスティヌス『告白』第一一巻第一四章（山田晶訳、「世界の名著」14、中央公論社、一九六八年、四一四頁）。

（5）一般に「直観診断」と呼ばれるこの種の分裂病診断に際して、診察者自身の「自己」も（患者との「共自己性」というかたちで）関与する事実に関しては、拙論「分裂病の診断をめぐって」（『自己・あいだ・時間』弘文堂、一九八一年、二六六、二六七頁、『木村敏著作集』第五巻、三八五頁）を参照。

（6）Heidegger, M.: *Grundproblme der Phänomenologie* (1919/20). Gesamtausgabe II. Abt. Bd. 58, Klostermann, Frankfurt 1993.

（7）Husserl, E.: *Ideen zu einer reinen Phänomenologie und phänomenologischer Philosophie.* Zweites Buch. Husserliana Bd. IV. Nijhoff, Haag 1952, S. 288n. 野家啓一「生活世界」木田・野家・村田・鷲田編『現象学事典』弘文堂、一九九四年、二五九頁を参照。

（8）Heidegger : op. cit., S. 59.

（9）Heidegger : op. cit., S. 62.

（10）a. a. O.

（11）最近とくに英語圏の分析哲学でよく用いられる「クオリア」の概念が、一人称的な自己の実感を表すものであることについては、わたしが以前ドイツ語で発表した離人症論文（Kimura, B.: Zur Phänomenologie der Depersonalisation. *Nervenarzt* 34/9 ; 391-397, 1963）をわたし自身が邦訳して著作集に収録した「離人症の現象学」の「追記」（『木村敏著作集』第一巻、二二頁）を参照。

（12）アリストテレス『霊魂論』415b13（『アリストテレス全集』6、山本光雄訳、岩波書店、一九六八年、五〇、五一頁）。

（13）Heidegger : op. cit., S. 30, 42 u. a.

（14）Weizsäcker, V. v.: Gesammelte Schriften 4, Suhrkamp, Frankfurt 1997, S. 87（木村敏・濱中淑彦訳『ゲシュタルトクライス』みすず書房、一九七五年、三一頁）。

（15）同書、邦訳二九八頁。

（16）この点に関しては、拙著『生命のかたち／かたちの生命』青土社、一九九二年、二六頁以下（『木村敏著作集』第四巻、二六二頁以下）を参照。

（17）Heidegger, M.: *Vom Wesen des Grundes*. 4. Aufl. Klostermann, Frankfurt 1955, S. 15f.

（18）同書 S. 19.

（19）カール・ケレーニー『ディオニューソス』岡田素之訳、白水社、一九九三年、一六頁以下。ドイツ語の原書は参照できなかったが、英訳（Carl Kerényi: *Dionysos. Archetypal image of indestructible life*. Princeton Univ. Press, Princeton 1970）を参照した。

（20）同書二〇頁。

（21）同書一五〇頁。

（22）ワルター・F・オットー『ディオニューソス——神話と祭儀』西澤龍生訳、論創社、一九九七年、一七一頁。

（23）ケレーニー、前掲書二四九頁。

（24）同書二二二頁。

（25）同書三六九、三七〇頁。

（26）Szondi, L.: *Schicksalsanalyse*. Schwabe, Basel 1944, S. 17f. なおこのソンディの運命分析理論については、拙著『偶然性の精神病理』岩波現代文庫、二〇〇〇年、一八一頁以下（『木村敏著作集』第七巻、一七三頁以下）を参照。

（27）Freud, S.: Studienausgabe Bd. III, Fischer, Frankfurt 1982, S. 248.（小此木啓吾訳「快感原則の彼岸」『フロイ

ト著作集』6、人文書院、一九七〇年、一七四頁)。
(28) 同書 S. 253 (邦訳一七八頁)。
(29) 同書 S. 248f. (邦訳一七四頁)。
(30) Freud, S.: Studienausgabe Bd. IX, Fischer, Frankfurt 1982, S. 86f. (小此木啓吾訳「集団心理学と自我の分析」『フロイト著作集』6、人文書院、一九七〇年、二一三頁)。
(31) ニーチェ『悲劇の誕生』『ニーチェ全集』2、塩屋竹男訳、ちくま学芸文庫、筑摩書房、一九九三年、五一頁。
(32) 木村敏『あいだ』弘文堂、一九八八年、三三頁(『木村敏著作集』第六巻、一四〇頁)、および木村敏『偶然性の精神病理』一五九頁(『木村敏著作集』第七巻、一五六、七頁)。
(33) 木村敏「個別性のジレンマ」中村雄二郎・木村敏監修『講座・生命6』河合文化教育研究所、二〇〇二年(本書第V章)。

第Ⅸ章　ブランケンブルクの死を悼む

1　ブランケンブルクの死

ヴォルフガング・ブランケンブルクは、二〇〇二年一〇月一六日の午後、彼の住むマールブルクからハイデルベルクへ向かう列車の中で、心停止を起こして急逝した。享年七四歳である。

彼が現象学的精神病理学の分野でのこした重要な業績をふりかえるとき、これはあるいは彼の人柄や風貌から見ればふさわしくない言い方かもしれないけれど、「巨星墜つ」の感を深くするのはわたし一人ではないだろう。

追悼文の最初から筆者個人の私事を書き連ねるのは、まったく場違いで慎むべきことであるのは重々承知の上で、今回にかぎってお許しをいただかなくてはならない。

わたしは二〇〇二年一〇月一八日から二〇日まで、ハレ大学哲学科が主催した国際シンポジウム

「哲学と医学と心理学のあいだで――ハイデガーとメダルド・ボスの対話」に出席するために、一〇月一六日にドイツに到着していた。その日はハイデルベルクに一泊し、夕食はアルフレート・クラウス氏の家に招待された。このシンポジウムのことと渡独の予定は、あらかじめブランケンブルク氏にも知らせてあったし、わたしが一〇月二三日から二五日まで、ドイツ滞在の最後の二日間をマールブルクで過ごす予定であることも彼は知っていた。

ところが彼は、その二三日を待てなかったのか、あるいはクラウスがわたしと一緒に招待したクリスチアン・ムントやトマス・フックスとも話をしたかったのか、わたしの到着時刻にあわせてハイデルベルクに向かう列車に一人で乗り込んだ。いつも彼に付き添っているウーテ夫人は、そのとき折悪しく教育関係の仕事のためグルジア共和国へ出向いていて不在だった。

ブランケンブルクの到着予定時刻に、クラウスはハイデルベルクの駅に彼を出迎えた（本来はわたしもその列車でフランクフルトからハイデルベルクに入る予定だったのだが、大阪からの飛行機が延着して間に合わなかった）。待っても電車が来ないので駅員に尋ねたところ、車内で死亡事故があったため途中で停まっていると告げられたらしい。やむをえず、あとのメンバーはクラウス家で夕食を取りながら彼が来るのを待っていたが、遂に現れなかった。翌日、シンポジウムの行われるハレに向かってハイデルベルクのホテルを発とうとしていたとき、クラウスから連絡が入り、昨日の死亡事故はブランケンブルクだったことが告げられた。

どうすることもできずそのままハレに向かって、無事シンポジウムを終えたわたしは、次にミュンヘンに回って故テレンバッハ氏の夫人を訪問したのだが、そこへクラウスから連絡が入って、ブランケンブルクの葬儀が二五日にマールブルクで行われることを知った。

わたしは二五日帰国の予定を一日延長することにして二三日に予定通りマールブルクに入った。さっそく夫人の特別な計らいで遺体と対面させてもらえることになり、教会を訪れた。日本と違って、遺体は普段のままの外出着で全身が見られるようになっている。彼の顔は、これまで見たこともない安らかな表情だった。

夫人の話では、ちょうど一ヶ月前に生まれ故郷のブレーメンへ行っていたときにも、同じような心臓発作があったらしい。そのときはハンブルク大学の集中治療室へ入院したのだが、軽い脳梗塞の症状も併発して、顔面に左右差があったという。しかしこれは一過性で、症状が軽くなると主治医の反対を押し切って強引に退院し、故郷の近くにある有名な芸術家村のヴォルプスヴェーデを散策したのちマールブルクの自宅に戻った。その後はなにかに憑かれたように、毎日大量のコーヒーを飲みながら仕事に没頭していて、まるで死が近いのを予感していたかのようだったという。

実はブランケンブルクは、二〇〇一年一〇月に関西大学で開かれた哲学関係の学会に招かれて日本を訪れることになっていた。それが、そのときは夫人の急病で来られなくなり、非常に残念がっていたらしい。私信では二〇〇二年八月の横浜の世界精神医学会にも来たいという希望を持っていたようだが、それも実現しなかった。夫人には、来年はどんなことがあっても日本へ行きたいと漏らしていたようである。彼はどうやら、自分の精神病理学の理解者と後継者が日本にはいるという気持ちを、最後まで持っていたのではないかと思われる。

一〇月二五日、マールブルク郊外のローテンベルクにある墓地の教会で葬儀が営まれ、クラウスとわたしが弔辞を朗読した。マールブルク大学やハイデルベルク大学の同僚たちの他に、故人の幼馴染みでもあるベルリンのブロイティガム、ケルン大学のペータースなど、わたしの旧知の面々もたくさん参列していた。遺体は通常の仕方でその墓地に埋葬されるのではなく、火葬にして遺灰を生まれ故郷のブレーメンに埋葬するということだった。ブランケンブルクにとってマールブルクという町は、その哲学的な遺産はともかくとして、現在は学問上の話し相手も少なく、個人的にはあまりなじめない場所だったらしい。近々ハイデルベルクに転居する予定だったとも聞いていた。

2　ブランケンブルクの生涯

ヴォルフガング・ブランケンブルク（Wolfgang Blankenburg）は、一九二八年に北ドイツのブレーメンで生まれた。四七年からフライブルク大学でハイデガー、シラジ、フィンクらについて哲学を学び、五〇年から医学部に転じて五五年に医師国家試験に合格、五六年には「妄想型統合失調症の一例についての現存在分析的研究(1)」によって学位を取得した。

一九五七年から二年間は、V・v・ヴァイツゼカーの影響を受けたハイデルベルク大学内科外来部門のプリュッゲ教授のもとで人間学的医学を学び、五九年にはフライブルク大学精神科に戻って、ルフィン教授のもとで助手としてフライブルク大学病院に勤務、六三年には精神科のオーバーアルットとなり、六七年、のちに彼の唯一の単行本として出版され、日本語にも訳されることになる『自然な自明性の喪失』[2][3]によって教授資格を得た。

その後彼は一九六八年にフォン・バイヤー教授の要請を受けてハイデルベルク大学精神科に転任、六九年にはオーバーアルツトになったが、七二年に停年退官したフォン・バイヤーの後を受けて精神科主任教授職務代行、七三年から二年間ハイデルベルク市リハビリテーション・センターの所長を務めた後、七五年にはブレーメン市立病院精神科医長としていったん故郷に戻った。

一九七九年、彼はマールブルク大学精神科の主任教授に選ばれ、九三年に停年退官するまで同大学にとどまった。退官後も患者の診療を続けるほか、マールブルク大学とハイデルベルク大学での現象学的・人間学的精神医学のゼミナールで若手の精神科医の教育にも当たっていた。

ブランケンブルクは日本とはとくに縁が深く、一九八二年、八六年、九三年、九六年の四回にわたって来日し、各地でシンポジウムや講演を行なった。とくに八六年の来日時には、現在の日本精神病理学会の前身である精神病理学懇話会・日光で「分裂病者における実在性への関わりについて」(Zum Realitätsverhältnis Schizophrener)[4]の特別講演を、次の九三年の来日に際しても、京都で開かれた精神病理学会第一六回大会で「精神病理学的妄想研究の方法論的基本問題」(Methodologische Grundfragen psychopathologischer Wahnforschung)[5]について特別講演を行なっている。八二年来日時に熊本大学で行なった講演「思春期の分裂病性精神病」[6]も、邦訳が『臨床精神病理』誌に掲載されている。また筆者らが編集した『精神分裂病――基礎と臨床』（一九九〇）には、「精神分裂病者の〈世界内存在〉へ向けて」[7]という書き下ろしの論文を寄稿して、彼自身が代表する現象学的・人間学的・現存在分析的な分裂病観を総括的に紹介してくれた。わが国の精神科医で彼のもとに留学した人は多数に上るし、精神病理現象の根底にある弁証法的な構造ないしパラドクスに対する止むことのない追求と、その誠実でひたむきな人柄とによって、わが国でも彼の学風を慕う人は多い。一世を風靡したドイツ精神病理学の最後の大立て者でありながら、きわめて身近な人としてわが国でも親しまれた彼の死は、惜しんでも余りあるといわなくてはならない。

3　ブランケンブルクの業績

1　初期の業績（『自明性の喪失』まで）

ブランケンブルクが精神病理学界にデビューしたのは、その学位論文「妄想型統合失調症の一例についての現存在分析的研究」（一九五八）によってであった。日本と違ってドイツでは、医学博士の学位論文はそれほど大部のものでなくてもよく、学会誌などへの公表の義務も課されていない。ところが彼のこの論文は、世界的に著名なスイスの代表的専門誌 Schweizer Archiv für Psychiatrie und Neurologie の八一巻一／二号全体をこの論文一篇で占める約一〇〇頁の壮大な論文である。この大論文を、彼はまだ医学部に在学していた学生時代に書き上げたという。この論文が研究者たちの注目を集めたのには、それがまだ雑誌に掲載される前の一九五七年に、ビンスヴァンガーがその大著『精神分裂病』の序論でこれを現存在分析の「模範的」な研究として紹介したことも一役買っているだろう。わたしが彼の存在を知ったのもビンスヴァンガーのこの本を通じてだった。

この論文で彼は、ビンスヴァンガーの現存在分析的研究が患者の現存在の変化をその経過を追って叙述するというかたちを取っているのに対して、一人の慢性妄想型患者の、すでにある程度固定した状態の観察を通じて、患者の生きている世界における「真理」「空間性」「時間性」についての現象学的・現存在分析的な考察を試みている。これは彼の目が、病的過程によって動かされる世界内存在の変化よりも、その底にあって現存在全体の変化を基礎づけている、より基本的な存在構造に向けられていることを物語っている。処女論文の冒頭で著者自身が明記しているこの姿勢は、実はブランケンブルクの一生涯を通じて保持されたものであって、わたしがかつて彼について述べた批判（成因論的思考の排除[8]）も、これと大いに関連しているのではないかと思われる。そしてこのことは、彼が終生「現存在分析」を標榜し、ハイデガーへの言及を絶やさなかった一方で、「現存在分析期」のビンスヴァンガーと比べるとより多くフッサールに依拠していることとも無関係ではないだろう。

その後しばらくのあいだ、彼は躁病、鬱病、迫害妄想、妄想知覚など種々の臨床的なテーマについての論文を書き、さらに作業療法やダンス療法についての数編の論文を書いている。そのうち「躁病における生活史的要因[9]」（一九六四）では、生活史上に誘因の認められた躁病の三分の一以上（一一五例についての調査で誘因の認められたもの一七例のうち七例）で、発症の直前に肉親が死亡していることが述べられている。作業療法関連の論文のなかでも注目すべきものは、「慢性内因性精神病者における仕事の構造について」[10]（一九七〇）である（邦訳あり）[11]。ここでは「働くこと」の意味と構造が、いずれも「働けない」という結果に至る鬱病と統合失調症では本質的に違うこと、とくに統合失調症の場合には、身体的な無力感や疲労感と、精神的／範疇的（kategorial）な無力感や疲労感との区別がつかないことなどに留意すべきであることが述べられている。彼が作業療法に大きな関心を示していたことは、のちに一時期リハビリテーション・センターの所長を務めていたことからもうかがうことができる。

いまひとつこの時期に書かれた短いが重要な論文を挙げておくと、それは「破瓜病者における行動とベフィンデン」[12]（一九六五）である。外面的に記述可能な行動の異常と、患者の語る言葉からうかがい知るほかない Befinden（内面的な自己のありかたについての気分的知覚）の異常とは、ひとつの共通の「根拠」をもっている。この根拠自体は外から（三人称的に）観察できないが、診察者は患者との交わりのなかで自分自身が受ける（一人称的な）印象として、これを非表明的な仕方で「同時に経験（miterfahren）する」ことができる。行動の異常とベフィンデンの異常は、ヴァイツゼカーのいう意味での「相互隠蔽関係」にあり、一方が表に出ると他方は裏に隠れる。これがこの論文の骨子だが、ここでも彼は、表面に現れている症状レヴェルの異常の根底にあって、現象学的直観によってのみ取り出すことのできる人間存在の基礎的な変化を問題にしている。なお、この「同時に経験する《ミットエアファーレン》」という経験の仕方については、彼はのちに「〈経験する《エアファーレン》〉とはどういうことか――現象学的方向をもつ経験科学の諸問題を精神病理学の実例に見る」[13]（一九七五）と題する論文のなかで詳しく論じている。この副題にも見られるように、彼にとって精神病理学とは抽象的な理論構築ではなく、あくまで経験に根ざした科学であると同時に、現象学的思索の対象でもあった。

ここでふたたび私事を差し挟ませていただくと、わたしがブランケンブルクとはじめて出会ったのは、一九六九年の初頭、わたしが客員講師としてハイデルベルク大学に招かれたときだった。彼はその前年にフライブルク大学から転任してきていて、わたしが到着した直後にその着任講演が行われた。テーマは「コモン・センスの精神病理学序説」で、これはそのまま雑誌に公表されている。[14]右に述べたように、すでにビンスヴァンガーの『精神分裂病』で彼の名前を知り、老大家をイメージしていたわたしの予想を裏切って、実物の彼はわたしとさして年齢の違わない、純朴で飾り気のない、小柄な人物だった。わたし自身すでに以前から、統合失調症の基礎的な事態として共通感覚（sensus communis）の障害を考えており、患者の社会生活の困難もそれとの関連における「コモン・センス」の問題と絡めて考えようとしていた矢先だったので、自分とほとんど同じ問題領域を共有する研究者がドイツにいたことに驚いた。彼もやはりわたしがそのかなり前にドイツ語で公表していた離人症論文を知っていて、現在執筆中の『自然な自明性の喪失』という著書にその論文を引用しているのだといっていた。この「自然な自明性の喪失」というのは、これまたわたしがその最初の分裂病論文で用いていたことのある表現であって、同じようにビンスヴァンガーを出発点として研究生活に入った二人であるとはいえ、その関心領域と問題設定の類似には、まことに驚くべきものがあった。

当時、一九六九年から七〇年にかけてのハイデルベルク大学精神科は、日本と同じように学園紛争と反精神医学運動の嵐に揉まれていた。学生や若手助手たちの抵抗で講義やゼミナールも円滑に行えない状況が続いたが、ブランケンブルクのゼミだけはいつも満員の盛況だった。わたしが反精神医学のレインやクーパーのことをはじめて知ったのもそのゼミでのことだったし、当時フランス留学から帰国したばかりの若々しい助手のヘルマン・ラングがラカンの精神分析について報告したのもそのゼミだった。またそのゼミではしきりにヴァイツゼカーの「医学的人間学」や「ゲシュタルトクライス」のことが論議され、これまた以前からヴァイツゼカーの著作に親しんでいたわたしとの、大きな共通の話題であった。

2 『自明性の喪失』とそれ以降

わたしが日本に戻ってから間もなく刊行された『自然な自明性の喪失——寡症状性統合失調症の精神病理学への寄与』(一九七一、『自明性の喪失』と略記)については、わたしも加わった邦訳(一九七九)が出版され、そこにわたし自身の解説が付けられているので、詳しく紹介する必要はないだろう。ただひとつ最近痛感していることを書いておくと、西洋の精神病理学で従来一般的だった心理学的な(「同一性」の意味の強い)「自我」や「自己」の概念を、フッサールの超越論的自我論に依拠することによって、日本的な(西田哲学的な、と言ってもよい)「自己」の概念と照合可能なところまで純化し、その深さのレヴェルで統合失調症の基礎障害を構想しえたのは、ブランケンブルクをもって嚆矢――そして当分の間は最後――とするのではないか。統合失調症はけっして心理学レヴェルでの自己同一性の障害ではないし、ビンスヴァンガーがハイデガーを自分流に読んで考えたような「現存在」あるいは「世界内存在」の障害でもない。それは自己が自己として成立する、そしてそこではまだ「自己」と「自然」が分離対立していない、そんな次元での出来事なのである。あるいはそれをヴァイツゼカーの概念を用いて、主客分離以前に「主観性」ないし「主体性」が成立する次元と呼んでもいいだろう。このような自己あるいは主観／主体の理念を精神病理学に導入したことが、ブランケンブルクの最大の功績ではなかったか、とわたしはひそかに思っている。

ただ、もちろんそこには東西の思考伝統の差異が根強く横たわっている。ブランケンブルクという人はとくに弁証法的思考の好きな人だった。自己の自立性／自律性（Selbständigkeit, selbst＝みずから）の障害と、自然な自明性（Selbstverständlichkeit, von selbst＝おのずから）との両面にわたる統合失調症性の障害を、彼は弁証法的な相互隠蔽の関係で捉えようとした。わたし自身はこれをむしろ等根源的な相補性の関係で考えている。彼とわたしとのあいだに大きな見解の違いがあるとすれば、それはこの一点に尽きるのではないか。何回かいっしょに出演したシンポジウムでも意見を交わしたし、一度じっくり二人きりで議論をしたいという希望を双方が持っていたのだが、それもかなわぬ夢となった。なお彼は一九九三年に来日したときにも、筆者とともに参加したシンポジウムで「精神病理学的観点から見た自然さと不自然さ」[15]（一九九六）について講演を行なっているが、これもその問題と関係が深い。なお弁証法的な見方の精神医学的意義については、彼は一編のかなり長い論文[16]を書いている。

この『自明性の喪失』で問題にされた「自然な態度の疎外」は、言葉の上だけで捉えると、フッサールの現象学的還元を行うために要請した「自然な態度についての判断停止」すなわちエポケーと混同されかねない。しかし両者はもちろん本質的に異なっている。アルフレート・シュッツは、フッサールのエポケー概念を拡張し、反転させて、世界の実在に対する懐疑を排除する日常性固有の営みとして、「自然な態度に属するエポケー」という概念を提出しているが、病的な自明性の喪失はむしろこのシュッツの概念に関わる障害と見ることができる。ブランケンブルクは「現象学的エポケーと精神病理学[17]」(一九七九)と題する論文(邦訳あり)[18]でこのシュッツの概念を取り上げ、フッサールのいう「自然な態度についてのエポケー」(「エポケーI」)とシュッツの「自然な態度に属するエポケー」(「エポケーII」)の双方が、日常性からの病的な疎外に対してもつ意味を詳しく論じている。

あらためていうまでもなく、『自明性の喪失』の主題は、非妄想性の単純型統合失調症である。しかし彼にとって妄想は、たとえ副次的な症状にすぎないとはいえ、そもそも人間が「妄想しうる」可能性を示す現象として、処女作である学位論文以来つねに重大な関心事であり続けた。

ガウプの生誕一〇〇年を記念して開かれた妄想に関するシンポジウムで、彼は「妄想の人間学的諸問題[19]」について報告している(邦訳あり)[20]。妄想の根底には「表象」(Vorstellung)の二律背反的な両義性がある。表象においては「私がなにかを自分の前に立てる」(*Ich* stelle mir etwas vor)とともに「その事柄が自分を私の前に立てる」(Die *Sache* stellt sich mir vor)。私が私の心にそれを置くことによってのみ、その事柄は自らを示しうる。ここでは露呈と隠蔽が相互に条件付けあっている。それによって人間の世界との関係の弁証法的性格が失われる。次に、妄想においては特定の「主題」が他の諸主題との関連を離れて独り歩きを始める。

いまひとつ注目すべき妄想論として、彼自身が編集した『妄想とパースペクティヴ』（*Wahn und Perspektivität*）に発表した「パースペクティヴと妄想」[21]（一九九一）がある（この論文にはすでに邦訳[22]があり、この書物全体の邦訳[23]も最近刊行された）。われわれが世界の現実と関わる関わりかたは、個人個人によって種々さまざまである。これは身体的存在に制約された「いまここ」から物を見なければならないという、視覚的なパースペクティヴの違いにたとえることができる。自らのパースペクティヴの独自性と、それを他者と交換しながら共通の世界に住むことができることとの弁証法が、われわれの社会生活を可能にしている。自分独自のパースペクティヴを「乗り越え」る「コペルニクス的転回」が妄想患者で困難になっていることは、すでにコンラートが指摘しているが、ブランケンブルクはこの論文で、健常者においてパースペクティヴの交換を可能にしている諸条件について、フッサールの現象学、ピアジェの発達理論、ヴァイツゼカーのゲシュタルトクライス理論、シュッツやミードの社会学理論などを幅広く渉猟して考察しているだけでなく、患者に視点の交換をうながす治療上の工夫にまで言及している。

ブランケンブルクという人は、けっして書斎で晦渋な現象学理論を思索するだけの研究者ではなかった。彼がなによりもまず臨床家であり治療者であったことは特筆しておいてよい。初期の論文から一貫して、彼は実に多くの治療論を書いている。それもけっして精神療法論だけではなく、薬物療法や作業療法、ダンス療法、運動療法などについても折に触れて論文を書いている。その一つとして、邦訳[24]もある「現代薬物療法批判」[25]（一九八二）を挙げておこう。この論文で彼は、現代の薬物治療が、(1) 遠い治療目標が後回しにされて、達成度が容易にチェックできる近い治療目標が優先され、(2) 個々人に即したやり方は統計的検証ができないために一般論的治療戦略よりも軽視され、時代遅れとさえみなされる、という誤った客観主義に陥っていることを鋭く指摘している。また運動療法に関しては、わが国の『芸術療法』誌にも論文[26]を寄稿している。

その他ブランケンブルクが積極的に取り上げた論点としては、患者を治療へと動機づける「苦痛の圧力」(Leidensdruck) の問題[27]（邦訳[28]あり）、人間存在に不可避的に随伴してその気分の場となっている「身体性」(Leiblichkeit) の問題[29][30][31]、心身相関の問題 (Leib-Seele-Problem)[32][33]、生活歴 (Lebensgeschichte) としての病歴 (Krankengeschichte) の問題[34]など、いずれもヴァイツゼカーの医学的人間学の強い影響下に書かれ、精神病理学が避けて通れないものがいくつかあるが、紙幅の関係でその表題を挙げておくだけにとどめる。

ここであと二点だけ、とくに付け加えておきたいことがある。その一つは、もっぱら精神病、とくに統合失調症の研究者として知られるブランケンブルクとしてはやや異色の、「人間学的視点から見たヒステリー」[35]（一九七四）という論文である。実は彼の葬儀のあとの宴席で、ブロイティガムがとくに発言を求めてこの論文の重要性について注意を促していた。この論文で彼は、従来からヒステリーに付着している「真正さの欠如」や「演技的」というマイナスイメージに疑問を向ける。治療者がこの偏見にとらわれていると、知らずしらずのうちに「仮面をはぎたい」という誘惑に駆られ、患者との治療的な連帯が困難になる。治療者はむしろ「……である」(Sein)とは違った「……に見える」(Schein)の、すなわち直接性(ありのまま)に対する間接性/媒介性の、独自の意味を大切にする必要がある。患者が世界/現実に関わる媒介として用いるのは、転換症状の場合のような身体だけではない。他者との関係も、意識や知能もその道具となる。このような道具を用いて患者は、他者と自己自身に向かって「登場」する。美しい現れを求めるというこの傾向は、芸術的天分とも通じた才能である。「である《ザイン》」と「に見える《シャイン》」に関するこのような現象学的洞察が、ヒステリーの治療上の困難を軽くしてくれる。

　補足しておきたいもう一点は、最近のブランケンブルクの「オートポイエーシス」に対する関心である。もともと彼はシステム理論的な思考に親近性を示していたし、社会学への大きな関心からルーマンの著書にも親しんでいたものと思われる。彼がはっきりとオートポイエーシスに言及しているのは、一九九三年の来日に際して東京医科歯科大学精神科で行なった講演「精神医学におけるシステム論の意義」[36](一九九六)においてであり、その後花村誠一と河本英夫が聞き手となったインタヴュー[37]も公表されている。オートポイエーシス概念が生物学・哲学・社会学に通底可能な自己論であって見れば、ブランケンブルクがこれに大きな関心を寄せるのは当然だろう。この対談でも自己言及性について傾聴に値する見解が示されている。また、オートポイエーシス理論と現象学的・人間学的見地から見た「自己」関係を結びつけた論文[38]も邦訳[39]されている。

4 おわりに

ビンスヴァンガーに端を発した現存在分析は、ブランケンブルクの死によって、本場のドイツ語圏では、ひとまずその幕を閉じたかの感がある。彼に後継者はいない。残されたわれわれにとって必要なことは、彼の書きのこしたものを丹念に読み直して、そこからわれわれ自身の思索を紡ぎ出してゆくことだろう。

しかしそれは容易なことではない。彼はまとまった著書を一冊しか残さなかった。さまざまな雑誌や共同執筆の書物に散乱している彼の多くの論文を拾い集めるだけでも大仕事である（ドイツでは、クラウスを中心として彼の論文集の編纂が計画されている）。それだけではない。晩年の彼が書いた論文は、その思索内容が高度に哲学的で難解であることを別にしても、その体裁からしてかなり読みづらい。本文の流れから外れた注釈が——脚注や行間注のかたちで——大きなスペースを占めていて、ややもすると思索の流れの一貫性が損なわれがちだし、推敲に推敲を重ねすぎた末のことであろう、文章自体にも思わぬ乱れが散見される。彼は純粋な「思索の人」であって、「文章の人」ではなかったといわなくてはならないだろう。それでもやはり、われわれは今後もブランケンブルクを読む努力を惜しんではならない。そこには精神病理学の今後の展開に向けての、無尽蔵の宝が隠されている。

それを掘り起こす使命は、彼が多くを期待した日本の精神病理学者にこそ委託されているのではないだろうか。

注

（1）Blankenburg, W.: Daseinsanalytische Studie über einen Fall paranoider Schizophrenie. *Schweiz. Arch. Neurol. Psychiat.*, 81: 9-105, 1958.

（2）Blankenburg, W.: *Der Verlust der natürlichen Selbstverständlichkeit. Ein Beitrag zur Psychopathologie symptomarmer Schizophrenien.* Enke, Stuttgart 1971.

（3）ブランケンブルク『自明性の喪失』木村敏・岡本進・島弘嗣訳、みすず書房、一九七九年。

（4）ブランケンブルク「分裂病者における実在性への関わりについて」（花村誠一訳）『臨床精神病理』8、二三一―二四四頁、一九八七年。

（5）ブランケンブルク「精神病理学的妄想研究の方法論的基本問題」（生田孝訳）『臨床精神病理』15、二一五―二二六頁、一九九四年。

（6）ブランケンブルク「思春期の分裂病性精神病」（鹿子木敏範訳）『臨床精神病理』4、一五一―一七〇頁、一九八三年。

（7）ブランケンブルク「精神分裂病者の「世界内存在」へ向けて」（長井真理訳）木村敏ほか編『精神分裂病――基礎と臨床』七―一六頁、中山書店、一九九〇年。

（8）木村敏「W. Blankenburg: Der Verlust der natürlichen Selbstverständlichkeit.」『精神医学』14／1、七五

一八一頁、一九七二年。（木村敏『分裂病の現象学』弘文堂、一九七五年に収録）。

（9） Blankenburg, W.: Lebensgeschichtliche Faktoren bei manischen Psychosen. *Nervenarzt*, 35/12; 536–539, 1964.

（10） Blankenburg, W.: Zur Leistungsstruktur bei chronischen endogenen Psychosen. *Nervenarzt*, 41/12; 577–587, 1970.

（11） ブランケンブルク「慢性内因性精神病者における仕事の構造について」岡本進訳、木村敏編・監訳『分裂病の人間学――ドイツ精神病理学アンソロジー』一八七―二二一頁、医学書院、一九八一年。

（12） Blankenburg, W.: Verhalten und Befinden beim Hebephrenen. *Nervenarzt*, 36/11; 460–462, 1965.

（13） Blankenburg, W.: Was heißt "Erfahren"? Probleme einer phänomenologisch orientierten Erfahrungswissenschaft am Beispiel der Psychopathologie. In: A. Métraux u C. F. Graumann (Hrsg): *Versuche über Erfahrung*. S. 9–20, Huber, Bern 1975.

（14） Blankenburg, W.: Ansätze zu einer Psychopathologie des "common sense". *Confin. psychiat.*, 12; 144–163, 1969.

（15） ブランケンブルク「精神病理学的観点からみた自然さと不自然さ」（木村敏訳）芦津丈夫・大橋良介・木村敏編『文化における自然――哲学と科学のあいだ』一一五―一四九頁、人文書院、一九九六年。

（16） Blankenburg, W.: Wie weit reicht die dialektische Betrachtungsweise in der Psychiatrie? *Zeitsch. Klin. Psychol. Psychiat.*, 29/1; 45–66, 1981.

（17） Blankenburg, W.: Phänomenologische Epoché und Psychopathologie. In: W. M. Sprondel u. R. Grathoff (Hrsg): *Alfred Schütz und die Idee des Alltags in den Sozialwissenschaften*. S. 125–139, Enke, Stuttgart 1979.

（18） ブランケンブルク「現象学的エポケーと精神病理学」（若松昇・木村敏訳）『現代思想』8／11、九八―一一七頁、一九八〇年。

(19) Blankenburg, W.: Anthropologische Probleme des Wahns. In: W. Schulte u. R. Tölle (Hrsg): *Wahn*. S. 30–37, Thieme, Stuttgart 1972.

(20) ブランケンブルク「妄想の人間学的諸問題」(飯田真ほか共訳) Schulte, Tölle 共編『妄想』五七—七三頁、医学書院、一九七八年。

(21) Blankenburg, W.: Perspektivität und Wahn. In: W. Blankenburg (Hrsg): *Wahn und Perspektivität*. S. 4–28, Enke, Stuttgart 1991.

(22) ブランケンブルク「パースペクティヴ性と妄想」(川合一嘉・高橋潔訳)『イマーゴ』3／8、六六—八八頁、一九九二年。

(23) ブランケンブルク編『妄想とパースペクティヴ性』(山岸洋・野間俊一・和田信訳)、学樹書院、二〇〇四年。

(24) ブランケンブルク「現代薬物療法批判」(高橋潔訳) テレンバッハ編、木村敏ほか訳『精神医学治療批判——古代健康訓から現代医療まで』一三五頁—一八〇頁、創造出版、一九八四年。

(25) Blankenburg, W.: Kritik der modernen Pharmakotherapie. In: H. Tellenbach (Hrsg): *Psychiatrische Therapie heute*. S. 89–119, Enke, Stuttgart 1982.

(26) Blankenburg, W.: Psychopathologie des Ausdrucks als Grundlage für die Bewegungstherapie bei Schizophrenen. *Jap. Bull. of Art Therapy*, 5; 89–95, 1974.

(27) Blankenburg, W.: Der "Leidensdruck" des Patienten in seiner Bedeutung für Psychotherapie und Psychopathologie. *Nervenarzt*, 52; 635–642, 1981.

(28) ブランケンブルク「苦悩の重圧——精神療法および精神病理学に対するその意義」(親富祖勝己訳)『季刊精神療法』12／2、一六一—一七三頁、一九八六年。

(29) Blankenburg, W.: Der Leib als Partner. *Psychother. med. Psychol.*, 33 ; 206–212, 1983.

(30) Blankenburg, W.: Phänomenologie der Leiblichkeit als Grundlage für ein Verständnis der Leiberfahrung psychisch Kranker. *Daseinsanalyse*. 1989 ; 161–193, 1981.

(31) Blankenburg, W.: Das Sich-Befinden zwischen Leiblichkeit und Gefühl. In: M. Großheim u. H. -J. Waschkies (Hrsg): *Leib und Gefühl*. S. 193–214, Akademie-Verlag, Berlin 1981.

(32) Blankenburg, W.: Das Leib-Seele-Problem in seiner Bedeutung für die Psychiatrie. *Festschrift für den 60. Geburtstag von T. Hamanaka*. S. 215–233, 1994.

(33) ブランケンブルク「心身問題——その精神医学における意味」（高橋潔訳）『名古屋市立大学医学部精神医学教室：濱中淑彦教授還暦記念研究業績集』一九七—二一三頁、一九九四年。

(34) Blankenburg, W.: Lebensgeschichte und Krankengeschichte. Zur Bedeutung der Biographie für die Psychiatrie. In: W. Blankenburg (Hrsg): *Biographie und Krankheit*. S. 1–10, Thieme, Stuttgart 1981.

(35) Blankenburg, W.: Hysterie in anthropologischer Sicht. *Praxis der Psychotherapie*, 19/6 ; 262–273, 1974 (Wiederabgedruckt in: W. Bräutigam (Hrsg): *Medizinisch-psychologische Anthropologie*. Wissenschaftliche Buchgesellschaft, Darmstadt 1980, 349–371)

(36) ブランケンブルク「精神医学におけるシステム論の意義」（花村誠一訳・解説）『精神医学』38／4—5、四三五—四四二頁、五四九—五六〇頁、一九九六年。

(37) ブランケンブルク、花村誠一、河本英夫「現存在分析からシステム論へ」『現代思想』一九九六年二月号（『複雑系の科学と現代思想——精神医学』青土社、一九九八年に再録）。

(38) Blankenburg, W.: Überlegungen zum 'Selbst'-Bezug aus phänomenologisch-anthropologischer Sicht. In: M. Heinze et al (Hrsg): *Die Psyche im Streit der Theorien*. Königshausen & Neumann, Würzburg 1996.

(39)　ブランケンブルク「現象学的・人間学的見地からの「自己」――関係性への考察」（飯野由美子訳）『現代思想』27／4、一七四―一九二頁、一九九九年。

第X章　西田哲学と精神病理学

はじめに

われわれが研究し実践している精神医学は、もともと西洋で、だから当然西洋人の精神障害を理解し治療するために生み出され、展開されてきた科学である。これはあまりにも自明なことなので、あらためて指摘されることは少ない。しかしわれわれが日本人（あるいは非西洋人）として、もっぱら日本人の精神障害の理解と治療にたずさわり、それを通じてこの科学へのなんらかの寄与を行おうとする場合、われわれはこの問題と一度は正面から対決して、みずからの態度を決定しておかなくてはならないだろう。

わたし自身、若いときにドイツで臨床活動を行なって、わたしがそれまで学んできた（主としてドイツ系の）精神医学が、ドイツ人の患者を理解するにはそのまま有用である反面、日本人患者の精神病理を「事柄に即して」、その日本的特性を捨象することなく把握しようとするには、根本的な「修正」を要することを痛感した。しかしこの「修正」は、西洋精神医学の単純な改変にとどまってはならない。それはむしろ、われわれの日本的（あるいは非西洋的）な精神構造と、伝統的な精神医学を生み出した西洋人の精神構造との本質的な違いに着目することによって、「西洋的」な精神医学を、より「世界的」な精神医学へと拡大し、補完するものであるべきだ、とわたしは考えた。

このような西洋的精神構造との基本的な対決に際しては、西洋的な思考を日本人固有の論理によって「脱構築」しながら独自の哲学を形成してきた、何人かの優れた日本人哲学者の思索が導きの糸になる。ここではそのなかでもとくに傑出した西田幾多郎を取り上げて、その思索が精神医学に対して果たしうる寄与について考えることにする。

西田哲学の出発点は、その最初の著書『善の研究』（一九一一）で提唱された「純粋経験」の概念である。これがその後、そのような純粋経験を通じて直観される自己の「自覚」についての思索に移り、そこからこの自覚を成立させる「場所」の概念が提起されることになった。この「場所」はやがて「世界」へと展開され、生命ある歴史的身体としての自己が世界を見る立場として「行為的直観」の概念が提唱された。一方、自己の根底としての「場所」を論理化しようとする努力は、その後さらに「私と汝」を等根源的に成立させる場所としての「絶対の他」、あるいはそのような場所の構造を支配している非西洋的論理としての「絶対矛盾的自己同一」など、後期西田哲学を特徴づける独自の諸概念を生み出すことになる。以下、これらの概念が精神病理学（ことに統合失調症の理解）に対してどのような意味をもちうるのかを、与えられた紙数の許すかぎり述べてみたい。

1 純粋経験

西田哲学の原点である「純粋経験」については、『善の研究』の冒頭に次のように書かれている。《経験するというのは事実其儘《そのまま》に知るの意である。……純粋というのは、……毫《ごう》も思慮分別を加えない、真に経験其儘の状態をいうのである。たとえば、色を見、音を聞く刹那、未だこれが外物の作用であるとか、我がこれを感じているとかいうような考のないのみならず、この色、この音は何であるという判断すら加わらない前をいうのである。それで純粋経験は直接経験と同一である》（西田、一九八二、一三頁）。

これを読むと、「純粋経験」というのは我を忘れてなにかに没頭している状態で、そこから脱して我に返った後にはじめてそれと気づくといった、例外的な意識状態であるかのように思われるかもしれない。しかしそれは、時間軸上でその前後の「思慮分別」の意識から区切られるような、特殊で一時的な心理状態ではない。それはむしろ、あらゆる意識的体験を根底から支えている、経験の原初的な層を指している。西田が「……という判断すら加わらない前」という場合の「前」は、時間的な「以前」であるよりも、体験構造上の先行性・原初性の意味に解さなくてはならない。西田が「純粋経験」を「直接経験」と言い換えているのもそのためである。

「経験」Erfahrung と類縁の語として「体験」Erlebnis がある。「体験」がつねになんらかのノエマ的対象極を持ち、「自我」あるいは意識の内容を構成しているのに対して、「経験」とは——それを「体験」から切り離して「純粋」に取り出すなら——主観客観の意識的分離に先立った、世界との直接的な接触（あるいは「世界の開け」といってもよい）のことである。（ただし英語やフランス語ではこの区別を十分に言い表すことができない。）

「経験するとは事実其儘《そのまま》に知るの意である」と西田はいう。ここで「事実」といわれているのは、なんらかの検証を経て確認される客観的事実ではない。ヴィトゲンシュタイン（1984）は『論理哲学論考』の冒頭で、《1世界とは、そうであることのすべてである Die Welt ist alles, was der Fall ist》《1・1世界とは事実の全部であって、事物の全部ではない Die Welt ist die Gesamtheit der Tatsachen, nicht der Dinge》と述べているが、この「そうであること」つまり「事実」を「そのまま」に知るのが、西田の「純粋経験」あるいは「直接経験」だといってよいだろう。あるいは日本語の「もの」と「こと」の区別（木村、一九八二）を持ち出すならば、純粋経験は「こと」を知るはたらきであって、知覚や想像のように「もの」を知るはたらきではない。

このような経験あるいは純粋経験に関して、西田は『善の研究』の「序」に次のあまりにも有名な文章を書いている。

《純粋経験を唯一の実在として説明して見たいというのは、余が大分前から有《も》っていた考であった。……個人あって経験あるにあらず、経験あって個人あるのである。個人的区別より経験が根本的である……》（西田、一九八二、四頁）。

つまり「純粋経験」は、それを「実在」のレベルにまで徹底して考えるなら、「私」というすでに個別化された個人的自己が営む心理作用ではなく、むしろそれが生じてはじめて私が私として、個人が個人として成立してくるような、いわば「自己の根底」だということである。それは、けっして形而上学的に要請された抽象的理論的な仮定ではない。それは自己の体験のすべてを産出する審級として、事実的に存在する「生命的」なはたらき、あるいは力の場である。西田はこれを「唯一の実在」と呼ぶ。しかしこの「実在」は、ふつう「実在」Realität の語が意味しているような、「もの」として対象化可能な（三人称的）存在様態をもっていない。むしろそれは、ドイツ語で Wirklichkeit（英語なら actuality）と表現されるような、「こと」としての事実的な存在のことである（西田（二〇〇二）自身、Wirklichkeit を「実在」と表記している）。

精神病理学は患者の病態を、ふつう「病的体験」を中心にして取り扱う。妄想、幻覚、作為体験、つつぬけ体験などは、すべて「体験」である。そこではすでに、脆弱な「自我」と圧倒的な「他者」、必死になって生きようとする「生」の領域とそれを脅かす「死」の領域が、明確な対極構造を示している。精神病理学が患者の体験世界の静態的 statisch な記述にとどまらず、これを病態発生的 pathogenetisch（これは因果論的な意味での「病因的」ätiologisch ということではない）に見ようとする現象学的な観点を取ろうとするかぎり、われわれはこれらの病的な「体験」を、それを根底から基礎づけている「経験」へと「還元」する必要がある。

「体験」が「自我の体験」であって、そこにはすでに「個人」が前提されているのに対して、「経験」とくにその純粋態は、そこからはじめて主客が分離して個人の自我のようなものが可能になるような、「根本的」なものである。体験を一人称的とするならば、純粋経験のあり方は「非人称的」といわなくてはならない。しかしこの「非人称」は、けっして三人称化されることがない。それはあくまで一人称的自我のそれ自体としては対象化不可能な根底なのであって、それが「ふと」対象化されるときには、必ずそこに「我に返った」自我の一人称的な体験が生じてくる。このいわば「経験と体験の狭間」に「自己意識」が成立するといってもよい。「自己」とは、いわば「直接経験」そのものが「体験」によって触発された、なかば間接的な「自己限定」として意識されるものである。

2　自覚

精神科症患、ことに統合失調症の精神病理を考える際には、自己とは何か、自己が自己であるとはどのような事態であるのか、の問いを避けてとおるわけにはいかない。統合失調症者は、自己が自己として確立するべき思春期に、独立不羈の自己を発見することに失敗して発病し、その自己はつねに他者の手中にもてあそばれている。このような自己の病理を考える場合に、「自己」をあらかじめ与えられた心理学的機能のようなものとみなす立場に立っていたのでは、統合失調症の謎は永遠に解けないだろう。この点で西田哲学は、西洋の哲学や心理学には類を見ない独自の「自己」概念によって、われわれの思索に大きな示唆を与えてくれる。

西田が『善の研究』に次いで世に問うた著作は、『自覚に於ける直観と反省』(一九一七)であった。この表題からもわかるように、ここでは自己意識の根底をなす純粋経験への直観が(ベルクソンの「純粋持続」への強い共感をこめて)深められ、それと同時に(当時のドイツ哲学の主流であった新カント派の学説を取り入れながら)これを論理化しようとする反省的思惟の努力がなされている。

西田の「自覚」は、一般にいわれる「自己意識」とはまったく違うし、もちろん「自覚を促す」という言い方に見られるような日常倫理的な意味合いも、直接にはもっていない。それはむしろ「純粋経験」それ自身が(なんらかの「体験」に触れることによって)それ自身を「自己」として限定し、それ自身に目覚める働きをさしている。

西田は「自覚」の概念を、「自己が自己に於て自己を見ること」(西田、一九六五、四二七頁)として定式化している。そのような「自覚」と通常の「自己意識」との根本的な違いは、そこに「自己に於て」という契機が入っていることと、この「自覚」がそのまま「自己の存在」になっているという点だろう。「自己に於て」の問題についてはのちに「場所」の項で述べることとして、ここでは「自覚」がそのまま「自己の存在」であるという点について一言しておこう。

「自己」という存在は、「自己が自己を見る」という仕方でそれが「自己」によって見出されなければ、「自己である」ということができない。「自己が自己を見る」という「行為」がそのまま「自己が自己である」という「直観」を作り出している。「自己」という存在があらかじめどこかにあって、それを「自覚」が見出すのではない。「自覚」という行為が行われてはじめて、「自己」の存在が直観されるのである。

ものごころつく前の赤ん坊には、まだ自己はない。もちろんそのような赤ん坊でも、一個の生物学的主体として環境とのあいだで有意味な生命活動を営んでいる。その生命活動のもっとも重要な部分として、母親をはじめとする周囲の他人たちとの対人的な交わりがあるだろう。この交わりを通じて徐々に「自己」が見出されてくるプロセスについては、多くの発達心理学が教えてくれる。

われわれにとって大切なことは、この「自己を見出す」という「働き」あるいは「行為」が、そのまま「自己である」あるいは「自己がある」という自己存在の本態をなしているということである。統合失調症の患者では、未知の（おそらくは患者自身の側と養育者の側との複合的な）原因のために、幼児期におけるこの自己発見が阻害されているものと考えなければならない。そこでは、本来なら「自己」の相のもとに発見されるべきはずのもの（上述の「自己に於て」）が、むしろ「非自己」の、つまり、「他者」の相のもとに発見され、その結果患者は「自己」の主体性によってでなく、「他者」の主体性によって行動せざるをえない。いいかえれば「自己が自己に於て自己を見る」のでなく、「自己が他者に於て自己を見る」ことを強いられている。

3 場所

「自己が自己に於て自己を見る」のが「自覚」であり、この自覚の働きによって自己の存在が見出される。つまり自己が「自己に於て」という「場所」をもつ点で、西田の「自己」概念は通常の意味での自己概念と異なっており、彼の「自覚」は通常の意味での「自己意識」と異なっている。だから西田の「自己」概念を理解するためには、「場所」についての理解が必須の要件となる。

「場所」の概念が最初に出現するのは『働くものから見るものへ』(一九二七)においてである。しかしこれは西田哲学全体の基本タームの一つとして、彼の最後の完成論文「場所的論理と宗教的世界観」(一九四六)(西田、一九八九、二九九頁以下)にいたるまで一貫して論じ続けられている。

「場所」とはとりあえず、何かがそこに「於てある」場所である。物は物理的空間という場所に於いてあり、知識は意識という場所に於いてある。それらの場合には、「於てある」ものも「於てある」場所も、「有」であり存在者である。だからそのような場所は「有の場所」といわれる。しかし「於てある」もの(たとえば知識)が「有」であるとして、それが「於てある」場所(意識)がそれと同じ意味で「有」であるということはできない(意識は知識ではない)。その意味で、意識の場所は「無」である。ふつうに考えられるすべての場所は、さらにその場所が「於てある」場所を考えることができるから、「相対無の場所」にすぎない。場所としての意識そのものが「於てある」場所、それこそが「真の無の場所」あるいは「絶対無の場所」にほかならない。

西田はこの「場所」の論理を、「SはPである」という包摂判断の形で示している。主語S（たとえばイヌ）について「哺乳類である」という述語Pを加えると、「イヌは哺乳類である」という判断が成立する。その場合、イヌは「特殊」、哺乳類は「一般」であるから、特殊が一般に含まれるということになる。これを西田は、「特殊が一般の場所に於てある」ということだと解する（あるいは「一般が自己を特殊として限定する」ともいう）。いいかえると、「主語は述語の場所に於てある」ということになる。主語「イヌ」はさらにたとえば「日本犬」の、「日本犬」は「柴犬」の述語となりうるけれども、そうやって特殊化を進めてゆけば、最後にどうしても述語とならない唯一無二の「個物」としての「ポチ」に到達する。反対に「哺乳類」は「動物」であり、「動物」は「生物」であり、「生物」は「存在者」（すなわち「有」）である、というように外延を拡げてゆけば、「於てある」場所がさらに大きな場所に於いてあるとみなすことができる。そしてその最後に、すべての「有」が「於てある」場所としての「絶対無の場所」に到達する。

すでに述べたように、精神医学ではとくに患者の自己形成をめぐって、自己の「於てある」場所が重大な問題となる。またすでに発病した患者と、その周囲の人たち、あるいは妄想において患者を苦しめる「他者」たちとの関係や、患者と医者の治療関係を考察する場合にも、直接的には患者の自己が（治療関係の場合には治療者の自己も）問題となるが、ここでもそのような人間関係の「於てある場所」が重要な意味をおびることになる。「自己の於てある場所」について、西田はたとえば次のようにいう。

《場所的自己同一とは、如何なるものであるか。それは自己自身の内に自己を映す、自己自身の内に自己を表現するということでなければならない》（西田、一九八九、一七九―一八〇頁）。《自覚ということは自己が自己に於て自己を見るということである。……自己が自己に於てとなることである。すなわち場所そのものとなることである》（西田、一九六五、四二七頁）。

通常の自己意識において、意識に映され、表現され、見られている自己は、それについてさまざまの述語を加えることのできる「主語的」な自己である。しかしこの自己が、他と交換不可能な、唯一無二の自己として意識されるとき、そのような自己が「於てある」場所としての「述語的」な自己は、もはやそれに対してなんの述語も加えることのできない絶対無の場所となる。この絶対無の場所を自己の「在処」として直観すること（西田の言い方では「自己が〈自己に於て〉となること」「自己が場所そのものとなること」）が、「自覚」ということであり、「場所的自己同一」ということである。

しかし、自己は自分ひとりで「自己」であることはできない。自己が自己であるためには、かならず他者との出会いが必要である。しかもその他者は、やはり「自己」であるところの他者でなくてはならない。西田はよく「個は個に対してのみ個である」という。

個である「私」が、もう一人の（他の）個である「汝」に対して個として成立し、おのれを「自己」として自覚しうるためには、この二つの（私と汝それぞれの）「自己に於て」が、どこかで一つになっていなければならない。すなわち、私と汝が一つの共通の場所に「於てある」のでなくてはならない。そしてこの共通の場所は、私と汝それぞれの「自己」という「有」にとっての「絶対の無」であり、したがって私と汝それぞれにとって「絶対の他」でなくてはならない。この「絶対の他」が、「個は個に対してのみ個である」の「対して」を可能にするという仕方で、私と汝を結びつけると同時に引き離している。そのあたりの消息を、西田は次のように書いている。

《……自己が自己の中に絶対の他を含んでいなければならぬ、……自己は自己自身の底を通して他となるのである。何となれば自己自身の存在の底に他があり、他の存在の底に自己があるからである。私と汝は絶対に他なるものである。私と汝を包摂する何らの一般者もない。しかし私は汝を認めることによって私であり、汝は私を認めることによって汝である。私の底に汝があり、汝の底に私がある、私は私の底を通じて汝へ、汝は汝の底を通じて私へ結合するのである、絶対に他なるが故に内的に結合するのである》(西田、一九八七、三〇六―三〇七頁)。

《自己が自己自身の底に自己の根柢として絶対の他を見るということによって自己が他の内に没し去る、即ち私が他に於て私自身を失う、これと共に汝もまたこの他に於て汝自身を失わなければならない、私はこの他に於て汝の呼声を、汝はこの他に於て私の呼声を聞くということができる》(西田、一九八七、三二五頁)。

以前ある論文にも書いたことだが(木村、一九七五)、これはまさに統合失調症のいわゆる「自我障害」の構造そのものである。他者が(パラノイアの妄想の場合のように)外部から自己を襲うのではなく、自己の「中心部」に忽然と姿を現すという、統合失調症特有の「自我障害」や「幻聴」体験を理解するには、自己が「於てある」場所そのものが「絶対の他」として他者の「於てある」場所でもあるという西田の場所論は、このうえない説得力をもっている。

さきにわれわれは、西田が「純粋経験」について「個人あって経験あるにあらず、経験あって個人あるのである」と述べているのを見ておいた。「場所」の概念は、この「純粋経験」の概念がそのまま発展して成立したものである。だから「場所」は、私の自己と他人の自己がそれぞれ「自己」として成立し「自覚」されるという意味での、いっさいの個別化に先立っている。通常の（健常な）自己意識においては、この「純粋経験」の「場所」は個別的自己の意識にすっかり回収され、あるいはそのはるか背後に取り残されて、それとしては見えなくなっている。しかしこの「場所」の成立が（たとえば統合失調症の場合のように）ひとたび妨げられると、それは「絶対の他」であるという異物性をおびた「異場所」として、にわかに「自己」の「自己性」を脅かすものとなってくる。

西田の場所論は、もちろん自己の精神病理といった文脈を考慮して書かれたものではない。それだけにいっそう、哲学者としての彼の鋭い自己洞察が見出した「場所の論理」は、精神病理学的な自己論や他者論にとって貴重な示唆を与えてくれる。

結び

精神病理学は精神医学の一分野であり、精神医療、ことに精神療法と手を携えて進まなくてはならない以上、それはあくまでも臨床的な具体的事実に即した学であるべきであって、いたずらに抽象的な理論を駆使する知的遊戯のようなものであってはならない。しかしこの「臨床的な具体的事実」が何であるかをよく考えてみると、それはいわゆる「実証主義」が（あるいは最近では“evidence based medicine”が）金科玉条としているような再現可能な客観的データとはほど遠い、というかそれとは正反対の、主観的・主体的かつ歴史的・行為的な「経験」であることがわかる。科学の borderlessness とは真っ向から相反する「日本的（あるいは非西洋的）精神病理学」を模索して、それを通じて真の意味で borderless な精神病理学を志向しようとすれば、そのような「経験」を言語的に表現して伝達する必要があるし、またそのためには一般に「哲学的」と呼ばれるであろう概念に頼らざるをえない。ただ、多くの哲学的概念は、それを生み出した哲学者の思索から分離して、独り歩きをさせてよいものではない。概念とそれを育んだ思索とは切り離せないものなのである。「難解」といわれる西田幾多郎の思索が、精神病理学にとって重要な意味をもちうるのはそのためである。

以下の文献記載にあたっては参照の便を考慮して、西田の著作は原則として岩波文庫版で入手可能なものにかぎった。

文献

木村敏（一九七五）「精神分裂病の症状論」『分裂病の現象学』二一四頁、弘文堂。（『木村敏著作集』第一巻、二八七―二八八頁、弘文堂）

木村敏（一九八二）『時間と自己』四頁以下、中公新書。

西田幾多郎（一九六五）「一般者の自覚的体系」『全集』第五巻、岩波書店。

西田幾多郎（一九八二）『善の研究』岩波文庫。

西田幾多郎（一九八七）『「場所・私と汝」他六篇』（上田閑照編）西田幾多郎哲学論集Ⅰ、岩波文庫。

西田幾多郎（一九八九）『「自覚について」他四篇』（上田閑照編）西田幾多郎哲学論集Ⅲ、岩波文庫。

西田幾多郎（二〇〇一）『思索と体験』一八七頁、岩波文庫。

Wittgenstein, L.（1984）*Tractatus logico-philosophicus*. Suhrkamp, Frankfurt, S. 11.

第XI章　一人称の精神病理学へ向けて

――ヴォルフガング・ブランケンブルクの追悼のために

1　現象学的精神病理学の成立の根拠

私たちはいつも、自分自身のことをいうときに「私」ということばを使う。あるいは日本人だったら、それ以外の自称詞（「ぼく」とか「おれ」とか）を使うかもしれないし、それよりも、たいていの場合には、なにも言わないで話を通じさせているだろう。そんな人が外国へ行ってたとえば英語で話さなくてはならないようなときだと、日本語だったらわざわざ「私」を言わずにすますような場面でも、不思議なことになんの抵抗もなく「アイ」とか「ミー」とかのことばが出てくる。ということは、口に出して「私」と言わなくても、必要さえあればそれを言う用意はできているということにちがいない（この「用意」のことを「自己」と呼ぶのだといってもよい）。そしてその「必要」が日本語の場合、西洋語と比べてはるかに生じにくいだけのことである（このことは、日本人である筆者のものの考え方と、どこかで密接に関係しているだろう)。

この「私」ということばがなにを、あるいはどんな事態を意味しているのか、「私」ということばがそれを指して言われることになっている「自分自身」とはなんのことなのか、「自己である」とは、そして自己が一人称の「私」で名指されるというのはどういうことなのか……古来の哲学(西洋では近代以降、つまりデカルト以降の哲学、そしてとくに現象学)の思索は、実に多様な論点について議論を重ねながら、窮極的にはこの一つの問いに収斂していたように思われる。(「収斂していた」と書いたのは、最近の「科学的」な哲学の中には、この問題をまるで重視しない風潮がはっきり見られるように思われるからである。)

その一方でわたしのような精神病理学者が、医学者として(曲がりなりにも)科学の一翼を担いながら、「臨床哲学」などということを言いだして哲学のこの根本問題に口を出そうとしているのは、この「私の自己性」ないし「自己の私性」、あるいは「私の私性」ないし「自己の自己性」が、一般に思われているほど自明なことではなく、実際にある種の精神障害においては深刻な疑問に直面するからだし、またその疑問に対して精神科医がどのような観点を持つかによって、その治療にも影響が及ぶからである。

わたし自身も、本論がその追悼のために捧げられているブランケンブルク(1)も、ともに長年この自己論を基軸にして統合失調症 Schizophrenie(従来の呼称では「精神分裂病」あるいは単に「分裂病」(2))の精神病理を探究してきた。わたしの基本的な考え方はこの問題に関する最初の論文以来一貫しているつもりだが、それを言い表す概念ないし用語は、その間いろいろな試行錯誤を伴って、それなりの変化を見せている。そのために、昔から使ってきた概念と最近使い始めた概念とのあいだに、ややもすると調整の不具合が生じて、不要な誤解のもとともなりかねない。それをすこし整理しておきたいのと、このところ何人かの哲学者からわたしの書いたものに対する立ち入った批判ないし論評をいただいているので、そのうちとくに上田閑照氏(3)と齋藤慶典氏(4)の議論に対するわたしの考えを申し述べるという意味もふくめて、いま一度わたしなりの自己論をまとめておきたい。

ブランケンブルクもわたしも、ともにルートヴィヒ・ビンスヴァンガーの「現存在分析」を直接に、そして意識的に継承して、自らの学問的方法を（これもビンスヴァンガーにならって）「現象学的」と称してきた。もちろんこの呼称は、フッサール、あるいはそれ以上にハイデガーの現象学を（そしてわたしの場合には、やはり「現象学的」と呼ぶことを許されるであろうところの西田幾多郎の哲学をも）念頭に置いてのことである。

しかし精神病理学が自らを「現象学的」と称することができるためには、まずはじめにクリアしておかなくてはならない問題点がいくつかある。そのひとつは、精神病理学者にとって他人である患者の経験が、はたして、そしていかにして、現象学が本来それのみを取り扱うはずの主観的な直接経験となりうるのかという問題だろう。この問題と自覚的に関わって、それを立論の中に取り入れて行かないかぎり、「現象学的精神病理学」はいつまでたっても《単に哲学的現象学者の考案した気のきいた表現を借用してきて文章を飾るだけのレトリックにすぎないか、たかだか哲学的現象学の成果を精神病者の世界に適用してみる皮相な応用哲学程度のもの》[5]にとどまらざるをえない。
　このことが「問題」として持ち上がってくるのには、それなりの理由がある。それは、精神病理学と哲学では、その立脚点というか、思索の出発点となる原初的な経験《エアファールング》の源泉が原理的に違うということである。[6]
　精神病理学者の拠って立つ経験を哲学者のそれから区別する最大の特徴は、この経験がつねに患者との二人状況でのみ得られるものであって、哲学者のそれが原則的にそうであるような、自分一人での内省の所産ではないということである。もちろん精神病理学者でも、それを後から思索にまとめて言語化し、論文として文章化する作業は、自分一人の机の上で行うことになるかもしれない。しかし、その思索に汲み上げられ、言語的加工の「原材料」となる直接経験は、患者とのアクチュアルな、現にいまここでの二人状況でしかえられない。
　このことは、精神病理学の営みが哲学者にとって近づきがたいものだと言おうとするのでもないし、ましてそれが哲学者の批判から遮断されているなどと言おうとするのではない。もしそのように考える向きがあるとすれば、それは精神病者を健常者とはまったく違った不可解な精神構造の持ち主であるかのようにみなす（刑事裁判で典型的にみられるような）不当な判断だということになるだろう。むしろ逆に、精神病者について言いうることはそのまま（たとえ日常性の塵埃に埋もれてその鮮度を低めているとはいえ）いわゆる健常者にも言えることなのであって、哲学者も書物を前にしての思索からいったん離れて、日頃彼自身も営んでいるはずの他者（たち）との具体的な二人状況に目を向けさえするならば、両者の原理的な差異はたちどころに解消するといってよい。

精神病理学の場合、この二人状況で取り交わされる話題は、さしあたっては患者がその意識のなかで対象化し、ノエマ的に構成した意識内容である。さまざまな精神症状として精神病理学が記載する患者の体験《エアレープニッセ》も、そういった意識内容以外のなにものでもない。そのかぎりでは、それは内科医が患者の訴えを聞く問診の作業と本質的になにも違わない。事実、ほとんどの精神科医が、自然科学的な立場に立って患者を「客観的」に観察し、薬物などの内科的手段を用いて治療を行おうとするときには、ほぼこのような作業を行なっていると考えてさしつかえない。

そういった自然科学的な立場に立つかぎり、精神科医が聴取する患者の意識内容は、自然科学の客観性が要請する「再現可能性」の基準を満たしていなければならない。つまり、一定の訓練を経た精神科医であるならば、誰が診察しても同じ所見がえられるのでなければならない。その場合患者の意識内容は、そしてそれに伴って患者という人物は、任意の診察者の主観から等距離にある客観として、それ自身の一人称的な主観性を棚上げされ、三人称的に「報告可能」な対象として扱われることになる。

そしてその場合には診察者の側にも、それが誰であるかを問わないという理由のために、一人称的な主観性は成立しないことになる。事実、理想的な客観的診断をめざして構想されている国際診断基準では、患者に対する問診は、あらかじめ文書化された質問表を用意することによって、可能なかぎり「没個性的」に遂行することが求められている。

これに対して現象学的精神病理学は、薬物その他の身体療法をあくまで副次的で暫定的な対症療法と位置づけて、患者の人間存在、自己存在そのものの病理を問題にしようとする。それに伴って現象学的精神病理学は、精神医学を客観主義的な（没主観的・没主体的な）自然科学の理念から、可能なかぎり引き離そうとする。そのような立場に立つ精神科医は、当然ながら患者自身の主観的・ノエシス的な直接経験を重視するから、患者との会話も、患者が一人称的・主観的にみずから生きている私的な世界に焦点を当てたものとならざるをえない。そのような主観的世界が客観主義の要請する「再現可能性」の理念を満たすなどということは、到底考えられない。それだけではない。そのような面接状況では、治療者が変わればそれに伴って患者の訴え（つまり症状）も変化するという、自然科学的な医学にとっては対処不可能な事態が生じてくる。

観察者が誰であるかによって観察の対象が違ってくるというこの現象は、もちろんその一部には、相手次第で意識的に話題を変えるというノエマ的な反省段階での規制によるものも含まれる。たとえば、同性の医師には話せる内容でも異性の医師には話しにくいとか、年齢差のために話題の共有が困難だとか、西洋諸国では双方の宗教の違いとかが、回答の均質性を制約する要因として考えられるだろう。しかしけっしてそれだけではない。

たとえばロールシャッハ・テストと呼ばれる心理テストがある。これは一〇枚の図版を用いて、そこに印刷されている不定形のインクのシミが何に見えるかを質問し、全体を通じてのその答えのパターンから被験者の性格を判断する検査法であって、患者の性格特徴に関する「客観的」なデータを入手する目的で、精神科の臨床でもよく用いられている。ところがこの検査法では、誰がテストを行うかによって（たとえばそれが患者とすでに十分に親しい関係を持っている主治医であるか、それとも患者と初対面の心理士であるかによって）反応が明らかに違う。（だからこそこのテストは、患者とすでに「馴れ合って」しまった主治医の、悪い意味での「主観的」な思いこみを是正する目的で、心理士に依頼されることが多い。）これは、被験者である患者自身が、その世界をまず自分自身に対してどう構成するか（つまりその図形から何を見てとるか）、そしてそれを相手に向かってどう表現するかを限定する、反省以前のノエシス的な直接経験それ自体が、相手が誰であるかによって変化しうるということである。つまり観察対象である患者の主観的世界そのものが、患者にとってのそのつどの話し相手である観察者の主観との、「間主観的」あるいは「間ノエシス的」な関係のいかんによって変化しうるのであって、これでは科学的な医学が要請する再現可能な客観的データとは到底なりえない。

しかしよく考えてみれば、これは精神科の治療場面にかぎらず、われわれ全員が身を置いている日常的な対人関係にもひろく認められることである。われわれは日常、現に会話を交わしている相手が誰であるかによって、単に意識的・反省的に話題を取捨選択するだけではない。そこで持ち出される話題の源泉である自己の主観的な世界、あるいは直接経験それ自身が、相手次第で、あるいは相手との気分的な、反省以前の関係次第で、大きく変化する。話題だけではなく口調も変わるし、さらには幼いときに過ごした土地の方言が、幼馴染みに出会ったとたんに無意識に口から出るなど、われわれの自己表現行動のすべてが対人環境によって根本から一変する。この変化は、いうまでもなく相互的である。主観と主観とのあいだに間主観性が成立するのではない。むしろ間主観性のほうが、個々の主観を主観として成立させるのである。（日本語が相手との関係によって、多数の一人称自称詞と二人称対称詞を自在に使い分けたり、多くの場合にそれを省略したりしうるのは、そのなによりの証左といってよい。）

　これは要するに、われわれが自己のノエシス的な世界ないし主観と呼んでいるものの根底に、周囲の他者（たち）のノエシス的な世界ないし主観の根底と、反省以前、意識以前、さらにいえば両者の「あいだ」以前の段階で、直接無媒介的に「通底」する場所があることを物語るものではないのか。

　この「場所」は、西田幾多郎が「自覚」を《自己が自己に於て自己を見ること[7]》と規定したときの、「自己」が「於てある」場所と同じものであろう。のちに西田は「自己の根柢」であるこの場所を、「私」と「汝」という絶対に他なるものを「結合」する共通の場所として「絶対の他」と呼んだ。《自己が自己自身の底に自己の根柢として絶対の他を見るということによって自己が他の内に没し去る、即ち私が他に於て私自身を失う、これと共に汝もまたこの他に於て汝自身を失わなければならない、私はこの他に於て汝の呼び声を、汝はこの他に於て私の呼び声を聞くということができる[8]。》「私」と「汝」は、つまり自己と他者は、相互の「あいだ」に意識的な関係をもつ前に、すでにそれぞれがそれぞれの自己をそこに於いて見出している「絶対の他」の場所で、直接無媒介的に通じ合っている。この「絶対の他」の場所は、自己にとっても他者にとっても絶対に他なるものでありながら、それゆえにこそ両者を通底している。

わたしは以前、この場所のことを「メタノエシス」と呼んでおいた。[9] 谷徹氏は、この概念の射程を、フッサール現象学に照らして論じている。[10] この「メタノエシス」というのは、自己と他者各自のノエシスにとってそれぞれ「絶対の他」でありながら、しかもその「根柢」をなしているという意味である。ノエシスにとって絶対に他なるものである以上、それをノエマとして対象的に構成し、体験的に認識することはできない。しかしわれわれは、このメタノエシスの場所から自己自身のノエシスが——そしてそれと同時に、現在自己が出会っている他者のノエシスも——「立ち上がってくる」その「発生期の状態」なら、直接に経験することができる（西田が《個人あって経験あるにあらず、経験あって個人あるのである》[11] という言い方で言おうとしたのは、このあたりの機微であったと思われる）。このメタノエシス的な「同時性」によって、患者の主観的・ノエシス的な世界が、精神科医にとっても主観的・ノエシス的な世界の直接経験として与えられることになる。そしてこの事実こそ、他者の主観的経験について、これを主観的に直接経験しうるという現象学的精神病理学の成立を根拠づけるものであるといってよい。精神病理学が現象学を標榜しうるということそれ自体が、他者の主観的内面（フッサールが「他我」と呼んだもの）が直接に経験可能であるという、強い主張を含んでいるのである。

2　自己のヴァーチュアリティ・アクチュアリティ・リアリティ

自己の根底において自己と他者それぞれの主観がメタノエシス的に通底しているというこの事態は、おそらく進化論的に古い動物の生態から受け継がれてきたものだろう。すでにたびたび述べてきたように[12]、動物の集団行動においては個々の個体の個別的な主体的行動のほかに、集団全体のいわば集団主体的な行動（たとえば動物の群全体の移動）が認められる。個々の個体は、自らの個別的有機体の欲求に応じた行動を遂行すると同時に、その時点で所属している集団全体の集団主体的な行動の具体的な遂行者ともなっている。その場合、たとえば異性の他個体とつながって子を産むという性行動も、あるいは空腹時に餌を摂取する食行動ですら、それが個別主体的な行動であるのか集団主体的な行動であるのかを厳密に区別することはできない。個々の個体の個体保存は、そのまま集団全体の種の保存につながっている。

人間の場合、「自己」あるいは「私」という個別主体性についての意識が飛躍的に高まった。しかし普段はそれに隠蔽されて潜在化し無意識化しているとはいえ、動物段階での集団主体性も、この個別主体性の「母胎」として、もちろんそのまま残っていると考えなくてはならない。そしてそれが、右に「自己の根底」と名づけておいた場所での、他者とのメタノエシス的な通底を可能にしている。この根底は、そのままの姿では意識的体験に現象してこないから、自己存在の潜在的・潜勢的な、ヴァーチュアルな基底層と見なすべきだろう。それは自己の構成に深く関与するものであるとはいえ、それをそのままノエマ的に対象化することは不可能である。それは、いってみれば自然そのものに属する非人称的な（ドイツ語でいえばesとしかいえない）存在様態を持っている。周知のようにフロイトが「エス」の概念を借りたグロデックにおいては、この非人称の代名詞das Esは、フロイトのすでに徹底的に個別化され言語化された無意識と違って、もっと自然的で超個人的なヴァーチュアリティを意味していた(13)。

これに対して個別的自己の内面のいわば最表層を形成するのは、すでに完全に意識のノエマとして構成された「私」、いいかえれば「自我アイデンティティ」である。それは意識のノエマであるかぎり、「自我というもの」「私というもの」という「もの」的な在り方を示すから、自己存在のリアリティ面と呼んでもさしつかえないだろう。

エリクソン以来人口に膾炙している意味での「自我アイデンティティ」は、日本人としての私、男性としての私、精神科医としての私というように、つねに「……としての私」という構造を持っていて、この「……」の部分は自分で勝手に決めることができず、他人からの承認を必要とする。つまりそれは「私」のことでありながら、実際には三人称的な存在性格に支えられている。また、私が昨日も一〇年前も子どものときもほかならぬこの私であり、自我アイデンティティの担い手であり続けてきたという事実も、私の可視的な身体から切り離せないものである以上、やはり他人からの認知を必要とするだろう（だからリクールが「同一性」identitéと区別して「自己性」ipséitéと呼んだもの、たとえば約束を果たす主体としての自己にも、それなりに三人称的な側面が付着していることは否定しえない）。そして自己のこの三人称的側面の標識になっているのは、右に述べたノエマ的自己のリアリティであるだろう。この次元では精神病者の自己意識においてすら、自他の区別が曖昧になることは原則としてありえない。病的に他有化された自己も「他有化された自己」としての自己性を失っていない。

自己の自己性をめぐる現象学的・精神病理学的な問題が発生するのは、この自他未分の非人称的な基底層と、自他がすでに分離し三人称化した表層とのあいだの「境界」、あるいは前者から後者への「移行」の過程においてである。つまり、潜在的《ヴァーチュアル》なメタノエシス的深層が、それ自身を顕在化してアクチュアリティの様態をとり、それがたちまち自己の身体存在にからめ取られてリアルなノエマ的自己の様態をおびる、その途上においてである。この「移行」は間髪を入れぬ瞬間的なものであって、アクチュアリティはヴァーチュアリティからの「発生期の状態」としてしか成立しえない。純粋な一人称が云々できるのは、この絶えず生々消滅するアクチュアリティの発生期においてのみなのである。

この一人称的なアクチュアリティを、わたし（木村）は自己のノエシス作用そのものの次元で理解しているのだが、これに対して齋藤慶典氏[14]は、「ノエシスそのもの」を「アクチュアリティの問題系とは別の次元」に属する問題であるとして、それをむしろヴァーチュアリティの問題系に取り込もうとする。

齋藤によれば、《「現象するもの（ノエマ）」をそのようなものとして現象させる「作用（ノエシス）」がそのようなはたらきとして「ありありと」「アクチュアルに」感じとられるのは、そのはたらきが何らかの仕方で自己自身にかかわるものとして受け止められるもののもとで、その作用《はたらき》（actio）の遂行者、担い手、つまり作用主体（私）の成立の相のもとで以外ではない……。この意味で、アクチュアリティの問題次元とは、「現象がそれに対して現象するもの」の構成にかかわる問題系（すなわち「私」の構成にかかわる問題系）にほかならない[15]》。これに対して、《世界のすべてを現象へともたらす》ノエシスというはたらきは、《それ自体としては何の実質も持たない（この意味で「空」であると言ってもよい）》のであって、だから「ありありとした」感じその他のいかなる「感じ」も伴っていない「潜在性《ヴイルチユアリテ》（潜勢態）」のことである、と齋藤は言う[16]。

しかし私見によれば、齋藤がいうこの「ノエシスそのもの」とは、何らかの現象がそれに対して現象しうるところの生命体（これはけっして人間にかぎらない）が、そのつどの環境世界《ウムヴエルト》に向けている生命的な関与のこと、あるいは西田のいう「純粋経験[17]」のことであるように思われる。人間は（そしてすべての生物は）、「生きて」その環境世界と交渉をもっているかぎり（だから世界に対する「ありありとした」感覚を失っている離人症患者でも）、この生命的な関与を停止することはありえない。それは当然、人間の場合でいうと「自己」や「私」、あるいは「現実感」や「非現実感」の成立・不成立に（構造的に）先立っている。そして（これがわたしのいいたいことなのだが）人間を含めたすべての動物において（おそらくは植物においても）、この生命的な環境世界との関与は、各個体のレヴェルではなく、集団のレヴェルで（集団主体的な行動として）営まれているはずなのである。

だとすると、齋藤が「ノエシスそのもの」としてアクチュアリティの問題次元から分離しようとしている「はたらき」とは、わたしが先に主客未分、自他通底の非人称態としてとりだした「メタノエシス」の場所の問題だということになる。これを「潜在性《ヴィルチュアリテ》（潜勢態）」とみなすことについては、わたしにはもちろん異存はない。わたしにとっては、個々の個人が意識レヴェルでいとなむ志向作用としてのノエシスは、このメタノエシス的な潜勢態からノエマ的なリアリティへの移行途上で、いわばこのメタノエシスの個別化という形で成立するものであって、アクチュアリティを云々できるのはあくまでこの次元においてである。

しかし、だからといって、「自己」や「私」がそのままこのノエシスだというわけではない。ノエシスが事実としてはたらいていても、「自己」が、したがって「私」も成立していないという場合もありうるからである（自己意識発生以前の幼児の意識を考えてみるとよい）。この点に関して興味深いのは、離人症患者が自己の喪失を訴える場合と、外界の事物の実在感の喪失を訴える場合との表現の違いである。外界の事物に関しては、たとえば「ここに机があることは頭ではわかっているが、それに生き生きした実感が伴わない」という言い方がされる。これに対して「自己」の場合には、端的に「自己が失われた、自己は存在しない」という表現がなされる（ちなみに、これは時間の流れや空間の拡がりについても同様である）。つまり外界の対象については、そのノエマは（したがってそれに向けてのノエシスは）保たれているのに、それにアクチュアリティが伴わないといわれるのに対して、「自己」（および時間、空間）については、そもそものノエマが（したがってノエシスも）成立しないのだといわれる。ということは、「自己」（および時間、空間）は、ノエシス*が（そしてそのノエマが）アクチュアルに感じとられるときにかぎって、現象し、存在することのできるものだということだろう。ノエシスのアクチュアリティという問題系と、アクチュアルな自己（これは同語反復だが）という問題系を分離することができない所以である。

＊　このノエシスは、けっして「自己」に向けられたノエシスには限らない。そもそも世界に向けられたノエシス一般がアクチュアルにはたらいている場合にのみ、「自己」は存在しうる。西田が《物来って我を照らす》[18]と言うのもその意味だろう。

時間性という観点から見れば、ヴァーチュアルで非人称的な自他未分の状態は、いわば時間以前の相のもとにある。一方リアリティとしてノエマ化された自他分立の状態は、そのつどすでに分離の成就した現在完了的なありかたを示す。そして前者から後者への移行そのものであるアクチュアルな発生期状態は、つねに瞬間的かつ現在進行的という一見矛盾した時間性格をもっている。このアクチュアルな生成過程が、ヴァーチュアルで前時間的な状態からリアルな完了態へのそのつどの移行であるかぎり、それは、このヴァーチュアルな状態からつねに一瞬遅れて経験される。デリダのいう「差延」différance はこの一瞬の遅れを名指したものと見なしてよい。それはヴァーチュアリティからリアリティへの途上にあるアクチュアリティの動きそのもののことだ、ということになる。

ここで、デリダの「差延」にとって先駆的な概念となったハイデガーの「存在論的差異」について一言しておきたい。これはハイデガーが「存在者」Seiendes とその「存在」、つまりそれが「ある」ということ自体 Sein als solches のあいだに見いだしたものである。彼は、現存在がこの差異を成立させる仕方で存在者と関わっていることを現存在の「超越」として捉え、この超越が現存在の「自己性《ゼルプストハイト》」を構成しているという。(19) そしてそのうえで、この差異こそ真の意味での「ある」ことだと考えて、古い書体である Seyn を用いたり、(20) Sein の文字に×印をつけたりしてこれを表記する。(21) そこには、「存在論的差異」によって区別されている二つの項の一方が、その真実態においては両者の「差異」でもあるという、「非アリストテレス的」な論理が構想されている。

彼のいう「存在者」はすでに三人称化したリアルな完了態である。そしてこの「差異」によって存在者から「区別」される項としての「存在それ自体」つまりその存在者が「ある」ということのほうは、現存在がその存在者にそのつど(「自己性」として)関与することによってのみ見いだされる出来事であって、これはあくまで一人称的でアクチュアルな事態といわなくてはならない。これに対して彼が両者の「差異」それ自身と考えた真の意味での「ある」(彼はこれに×印をつけた)は、われわれの文脈でいえばむしろ非人称のヴァーチュアルなありかたをもっているのではないかと思われる。ハイデガーが、Sein についてはSein ist とは言えず、es gibt Sein というかたちで「(非人称の)エスからの贈与」を与えるほかないというのも、そのことを物語っている。(22)「存在」とは、「存在論的差異」が「存在」とは「別の仕方」で「あって」、はじめて可能になるような出来事なのである。

だからわれわれがここで論じている一人称的・ノエシス的自己は、ハイデガーのいう存在者である三人称的・ノエマ的自己と、彼自身は「存在論的差異」の真実態（差異そのもの）と見なした非人称でヴァーチュアルな（有無の区別を超越しているから、Seinに×印をつけるべきであるような、非人称的・メタノエシス的な）次元とのあいだの差異だということになる。強引に図式化してしまえば、ハイデガーのいう「存在論的差異」は、リアリティ（存在者）とアクチュアリティ（存在）のあいだにヴァーチュアリティ（×つきの存在）を差し挟んだかたちになっているのに対して、われわれのそれはリアリティ（ノエマ的自己）とヴァーチュアリティ（メタノエシス）のあいだにアクチュアリティ（ノエシス的自己）を差し挟むという構図になっている。存在者としての三人称的自己から区別して「存在それ自体」と考えられる一人称的自己は、むしろそのつどのアクチュアルな「差延」として生起していると見たほうが正しいのではないかと思われる。この論理的に整理することの困難な事態の全体が、そのつど存在者に関わってそこに「存在」を見いだしている現存在の「自己性」を構成しているのだろう。

　西田幾多郎が「私と汝」の論文で述べている「絶対の他」の概念は、明らかにこの非人称のヴァーチュアリティを指している。西田によれば、《自己が自己に於て自己を見ると考えられる時、自己が自己に於て絶対の他を見ると考えられると共に、その絶対の他は即ち自己であるということを意味していなければならない[23]》。そして《自己が自己自身の底に自己の根柢として絶対の他を見るということによって自己が他の内に没し去る、即ち私が他に於て私自身を失う。これと共に汝もまたこの他に於て汝自身を失わなければならない[24]》。あるいは《何等か他に媒介するものがあって、自己が他となり、他が自己となるのではなく、自己は自己自身の底を通して他となるのである[25]》ということになる。そして西田が「自己が自己に於て自己を見る」「自己が自己に於て自己を映す」「自己が自己に於て自己を表現する」などの言い方で語っている「見る」「映す」「表現する」などの動きは、間違いなく一人称のアクチュアルな自己生成を指している（西田はこれを「自覚」と呼ぶ）。

3 「私」と「自己」

上田閑照氏はわたしの自己論[26]についての綿密な読解と立ち入った批判を、一編の長大な論文「「私」と「自己」」として、その著作集に書き下ろされた[27]。この論文は(1) わたしがミシェル・アンリの議論[28]に触発されて、デカルトの命題 cogito ergo sum について提示した解釈について、(2) わたしが統合失調症（精神分裂病）の基本的障害と考えている「生の自己」と一人称的「私」の「重ね合わせ」の不調という事態について、(3) わたしが肯定的に紹介した、統合失調症における「病的な自意識過剰」についての長井真理の議論[29]をめぐって、の三点にまとめられている。ここでその全体にわたってわたしの意見を展開するのは紙幅の制約からも不可能なので、ひとまず本論文でのわたしの論旨とも深く関わっている第二点を主として取り上げるというかたちで、いささか私見を申し述べてみたい。それがひいては第一点と第三点についての弁明ともなるだろうと思われるからである。

わたしは従来「私」と「自己」の概念を、ややもすると十分明確な区別なしに使用してきた。ふつう「自己」と訳されるドイツ語のSelbstや英語のself、そしてそれとまったく別の起源であるフランス語のsoiが、いずれも「同一性」ないしは「それ自身」を表示する、いわば三人称的な概念であるのに対して、日本語固有の「自己」は元来すぐれて一人称的で「私的」な意味をおびているというのが、その理由の一つとなっている。(30)

しかし本論文の冒頭にも書いたように、「私」と「自己」は日本語では明らかに別々の使われ方(「私」の場合には、それが使われないことも含めて)をする、別個の概念である。上田が私の議論から感じとっている疑問も、煎じ詰めればわたし(木村)におけるこの両概念の不分明な用法(および、上田とわたしとの用法の違い)がもたらしたものであると言ってよい。だから上田の批判は、あらためてこの両概念の(そしてそれと密接に連関する「主体」概念をも加えて三つの概念の)関係を考え直すよい機会を与えてくれた。

アンリはデカルトのcogito(私ハ思ウ)について、コギトとは一般に理解されているような表象的な思惟のことではなく、何かが「現れて感じとられる」(私ニ思ワレル videor)ということであり、そこでは《現れることそのものが、そのままひとつの「自己」であり……生の「自己」である》(アンリ『精神分析の系譜』一一七頁――煩雑さを避けるために、引用文献は以下しばらく、著者名と当該文献のページ数を本文中に直接記入する)と述べている。これを受けてわたしが、《アンリのいう「自己」には、それ自体、まだ「私」の一人称的な「自己意識」は与えられていない》(木村、『著作集』第七巻二七二頁)と書いているところに上田は着目する。アンリのいうこの「生の自己」を、わたし(木村)は《あらゆる生命現象の「根柢に横たわるもの」》、《特殊人間的ならざる生の直接性における主体の「それ自身」》、《生物の「主体」subjectum》、《生命的根拠を形成しているアクチュアリティ〔これは厳密にいえば「ヴァーチュアリティ」〕》（同二七五頁および二七九頁）などと言い換え、このような「生の自己」を根底的な契機とする「自己の自己性」について、《特殊人間的な自己意識において表象されるリアリティとしての「私」と、その生命的根拠を形成しているアクチュアリティ〔むしろヴァーチュアリティ〕としての「主体それ自身」との差異》（同二七九頁）あるいは《個の主体と、集団ないし群の主体とは二重構造を構成している》（同二七六頁）などと書いているのだが、上田はこれを《私とは、私と自己との、差異を挟んだ二重構造である》と定式化する（上田、二〇〇頁）。

そのうえで上田は、統合失調症においては「個の主体」と「集団の主体」との「重ね合わせ」がうまくいっていないために、一方では他者が「恐るべきもの」の様相で経験され、またもう一方では（長井真理の指摘する）「病的な自意識過剰」が生じるのだ、というわたしの考えに批判の目を向ける。たとえばわたしが《人間の場合、二重の主体のうち個の主体のほうだけが圧倒的な力を持つことになって、集団や群の主体のほうは通常はほとんど意識されなくなっている。……個における「私意識」の増大に伴ってそれ〔集団の主体〕が忘却ないし隠蔽されることは必然的な運命なのだろう》（木村、前掲書二八〇頁）と書き、さらに《このような集団の主体の忘却ないし隠蔽……こそ、実はわれわれの精神的健康の必要条件のひとつではないか》（同二八一頁）と書いているのに対して、上田は、《実際にそうであろうか。……「私意識の増大」とともにむしろ集団の主体との対立、葛藤、分裂が「私意識」

において意識されるのがしばしばではないか。あるいは、集団の主体のほうに個の主体が埋没してしまって、「私」と言いながら主体としての「私」の力を失っているのがしばしばではないか》（上田、二一一頁）という疑問を呈する。

　この疑問はおそらく、「私」として意識される「個」の主体と、それを根底から支えている「集団」の主体とが、どこかまだ相互外在的な二つの主体として理解されていることを示すものではないか。だから両者が「対立、葛藤、分裂」の関係に立ったり、前者が後者に「埋没」したりするというイメージが出てくるのだろう。しかしわたしの真意は、この二つの主体が、最終的に「私」と名指されることになる一つの「自己」の「二重性」を構成している二つの契機であるという点にあるのであって、その両者間に何らかの相互外在的な「関係」が生じるなどということはほとんど考えられない。上田も正しく引用しているように、わたしの考えている「集団の主体」とは「生物（として）の主体」のことであり、アンリの言う「生の自己」のことである。あるいはそれは、本論文（いまわたしの書いているこの論文）でいう意味での「メタノエシス」のこと、あるいは西田が「私」と「汝」に通底する「根柢」として考えた「絶対の他」のことだと言ってもよい。「私」が自己の根底である「絶対の他」と「対立、葛藤、分裂」の関係に立ったり、「絶対の他」に「埋没」したりすることなどは（少なくともこの二重主体の重ね合わせがうまく行っている健常者においては）考えられないことだろう。

　この「生の自己」、「集団の主体」は自他に通底しているために、（統合失調症では）《容易に非自己化されて他者性をおび、この「非自己」が「私」の唯一性を侵害する「恐るべき」主権簒奪者として経験されることになる》(木村、前掲書二八二頁)。これを上田は、《「生の自己」に触発された「私」は容易に他者化して、「私」の唯一性が他者に奪われるという経験になる》(上田、前掲書二一四頁)と読む。わたし(木村)の場合には、他者性をおびるのはメタノエシス的な(したがって元来「非人称」の)集団主体であるのに対して、上田はこれを一人称の「私」のこととして捉えている。わたしが統合失調症における(妄想的)他者を「恐るべきもの」とした規定についての議論の文脈の中で、上田が《自他に通底するものに触発されることによって「私」の特権性が制限されて自他「共に生きる」感じが生まれる可能性もあるはずである。それがそうならないのは、「生の自己」の触発によるのではなく、むしろ「私」の「私性」そのものに問題があるとみなければならないであろう》(同二二一頁)と書いているのも、同じこの「すれ違い」によるものだと理解できる。

要するに、上田とわたし(木村)のあいだに見解の相違があるとすれば、それは二人における「私」と「自己」の概念の捉え方の違いと、上田の批判の対象になっているわたしの論文では、まだアクチュアリティとヴァーチュアリティとの関係が明確になっていなかったこととの二点に、ほとんど集約できるように思われる。さきにも述べたように、上田はわたしの自己論を彼なりに《私とは、私と自己との、差異を挟んだ二重構造である》(同二〇〇頁)と「定式化」したのだが、この定式化それ自体がやはりそのために問題をはらんできている。「差異を挟んだ二重構造」は、わたしの場合、「自己」を構成している「個の主体」と「集団の主体」とのあいだで言えることなのであって、「私」と「自己」とのあいだで言えることではない。もう一歩踏み込んでいうならば、「自己」を構成する二つの契機である「個の主体」と「集団の主体」との「差異」こそが、真の意味で「自己」と呼ばれるべきものではないかとわたしは考えている（この図式は、さきにハイデガーの「存在論的差異」に関して述べておいたのと同型である）。そして上田にとって「私」が実質的な意味をおびた重い概念となっている（この『上田閑照集』第十巻に収められた主論文は「私とは何か」と題されている）のに対して、わたし（木村）の場合、「私」というのは、いってみれば「自己」の構造全体を必要に応じて発話するための符号にすぎないといってもよい。「私」が重い意味をおびて語られるとすれば、それはその背後にあってつねに語り出される用意をととのえている、「自己」の重さを借りてのことなのである。

＊　アクチュアリティとヴァーチュアリティの両概念を、わたしがいくらかなりとも明確に区別しえたのは、ここで問題となっている論文のすぐ後に書かれ、同じ著書に収められた拙論「リアリティとアクチュアリティ(31)」においてである。

最後に統合失調症患者にみられる「病的な自意識過剰」について一言しておきたい。この「病的な自意識」は、長井が（「コギト」についての解釈としてはともかく、臨床的な事実としては）的確に把握しているように、患者において「私ニハ……ト思ワレル」つまり「ヴィデオル」がその自明性を失い、不本意に非自明化するというかたちで意識化している現象である。だからそれは、上田が《他者も物もすべて自意識の内の表象になってしまう》（上田、二二六頁）と述べているような意味で「病的」であるような（健常者の）「自意識過剰」ではない。他者との関係でいえば、患者はむしろあまりにも自己本位でなさすぎて、自己をかえって「他者の自己意識の内の表象」としてしか意識しえないということすらできる。このいわば「病的な自意識欠如」と、長井がいう意味での「病的な自意識過剰」とでは、「自意識」の意味が対極的に違っているように思われる。

4 統合失調症における「自覚」の障害

統合失調症において、自己が自己として成立せず、自己の主体性が他者によって簒奪されるのは、ヴァーチュアルで自他未分の状態からリアルな自他分立の状態への発生期にある、差異としてのアクチュアルな自己生成の段階においてである。ここでは西田が《私が〔絶対の〕他に於て私自身を失う。これと共に汝もまたこの他に於て汝自身を失わなければならない。私はこの他に於て汝の呼声を、汝はこの他に於て私の呼声を聞くということができる[32]》と書いている、まさにその通りの事態が、意識のリアルでノエマ的な次元にまで到達して「症状」のかたちをとっている。

ブランケンブルクは、統合失調症において「ずれて」（「狂って」verrückt）いるのは、「自然的自我」（われわれのいうリアルな「自己」あるいは「私」）ではなく、「超越論的自我」ないしこの二つの自我のあいだの関係だ、という[33]。彼のいう「超越論的自我」は、それが「自我」と呼ばれているかぎり、われわれの文脈に置きかえればアクチュアルな自己生成の動きそのもので、それは「自然的自我」の対立項であると同時に、絶えず自然的自我を生み出し続ける動きそのものとして、両者の「関係」でもある。これはまさに西田のいう「絶対の他」の自己限定のことだといってよい。「超越論的自我」がアクチュアルな自己であるためには、それはかならずヴァーチュアルな「絶対の他」から、つまり自他未分のメタノエシス的な根底から「立ち上って」くるのでなくてはならない。

自他未分の根底が、それ自身を「自己」として限定《アクチュアライズ》しえなかったとき、それは必然的に「自己ならざるもの」の相のもとに姿を現す。つまりそれは「他者」の姿をおびたアクチュアリティとしてノエマへと向かうことになる。それが「妄想的他者」としてノエマ化され、そこから妄想が展開されるか、それが抽象的な「他者一般」のかたちを取って現実の他人たちに雰囲気的に投影されるかは、大きな問題ではない。

この場合、非人称のヴァーチュアリティ、一人称のアクチュアリティ、それと三人称のリアリティ、この三者の関係は、一般の人においてもけっして単純ではない。そこには非常に込み入った基礎づけの循環関係が見られる。さきにも述べたように、ヴァーチュアリティはアクチュアリティにもリアリティにも（時間的というより構造的に）先立っている。自己の個別的な身体存在に定位して、他者から分離した個別性を主張するリアルな自己イメージは、自他未分の根源的な場所からそのつど成立するアクチュアルな差異化の動きがなければ形成されない。しかしこの差異化の動きが「自己」のアクチュアリティとして経験されるためには、それはすでに成立した身体的自己イメージからの先導を必要とする。ノエマ的自己はメタノエシスから生み出されるものであるけれど、ノエシス的自己が「自己」であるためには、それはすでに生み出されたノエマ的自己による「逆限定」を必要とする、ということである。

ブランケンブルクは、自然な「自明性」Selbstverständlichkeit と自己の「自立」Selbständigkeit との関係、いいかえれば「おのずから」von selbst と「みずから」selbst との関係を、弁証法的な相互止揚の関係として理解した。[34] 彼の考えでは、自己を立てれば自然さが損なわれ、自然さに埋没すれば自己は確立できない、ということになる。これに対してわたしの考えでは、「おのずから」も「みずから」も、ともに両者よりも根源的な、非人称的な生命的自発性に根ざしていて、この自発性が「あるがまま」に経験されると「おのずから」の自然さとなり、それを「わが身」に引きつけて経験すると「みずから」の自己となる。「みずから」が「おのずから」から成立するためには、「身」という身体意識が働いていなくてはならない。[35] これは、彼とわたしが意見を異にした、数少ない基本的論点のひとつであった。[36]

統合失調症患者にとって、世界は全体として自明性を失って異物化している。本来そこから自己と自然さ、「みずから」と「おのずから」がアクチュアライズされてくるはずの世界との境界面において、逆に自己と自然さの欠如が顕在化してくる。

西田は《世界が自覚する時、我々の自己が自覚する。我々の自己が自覚する時、世界が自覚する》[37]という。さきにも述べたように、西田のいう「自覚」とは普通にいう自己意識ではなく、自己のヴァーチュアルな根底《メタノエシス》（「絶対の他」）から一人称的自己がアクチュアルに生成してくる差異化の動きを指している。そしてここで「世界が自覚する」というのは、自己と世界に通底するヴァーチュアルな「絶対の他」（いいかえれば「純粋経験」）から、自己の側での「みずから」の生成が可能になるような仕方で、世界が世界として、「おのずから」の自明性をおびて、それ自身をアクチュアライズしてくるということである。ブランケンブルクのいう「自然な自明性の喪失」とは、まさにこの「みずから」と「おのずから」、自己と世界の自然さの「共軛的」conjugate な不成立のことである。

統合失調症者の世界が自己との共軛的な「自覚」を妨げられているとすれば、その世界とは、事物的世界、道具的世界であるよりも、まずは人間の世界のことである。しかしそれは患者の周囲にいる個々の人物の総称のことではない。患者は特定の誰かれとのあいだで自己を実現できないだけではない。もちろん、患者の自己実現にとって（とくに発症や寛解の臨界期に）特別に意味深い相手となるような、特定の人物は存在する。それはとりわけ患者の両親、患者が近づこうとする異性、あるいは治療者としての精神科医などであるだろう。しかし統合失調症者が原理的に自己の不成立に苦しむのは、もっと不特定の他者たちに向かってである。それは自己とのあいだに、生物学的な意味での同種集団を自然な自明性をもって形成しうるはずの、そしてそれを通じて自他共軛的な、西田のいう「自覚」を成立させうるはずの、そういった他者たちとの集団主体性の場においてである。健常者の場合、集団主体性の場で成立する自己主体の一人称的な自覚は、他者との間主観的世界の、同じく一人称的な（「われわれ」としての）自覚を等根源的に伴っている。患者において妨げられているのは、この複数一人称的な自覚の成立であるといってもよい。

同じことをこう表現してもよいだろう。自己が個別主体として成立するためには、それはその根底において、西田が「絶対の他」と呼んだ自他未分で非人称の集団主体性に基礎づけられていなくてはならない。特殊人間的な個別的主体性と普遍生物的な集団的主体性との「あいだ」ないし境界に、人間的であるだけでなく生物的でもあるような「差異」としての一人称的自己性が、差し挟まれなくてはならない。ある種の生来的な脆弱性のために、この一人称的「差異」がその十全な実現を阻まれるとき、そこに統合失調症の病理が準備されるのではないか、とわたしは考えている。だから、これはすでに現象学的精神病理学を離れた実証的研究に属するべきことだけれども、人間を含む生物一般がどのような生理的機構によって（おそらく遺伝子レヴェルで）集団としての世界への適応と個体としての世界への適応を調整し、集団の一員である自己主体と単独の個別である自己主体を両立させているのか、その解明が統合失調症の病因論に迫る唯一の道であろうと考えている。

注

（1）木村敏「Blankenburg 氏の死を悼む」『臨床精神医学』三一巻三号、二〇〇二年、二七五頁以下（本書第Ⅸ章）。

（2）木村敏「精神分裂病症状の背後にあるもの」『哲学研究』四三巻四九七号、一九六五年、二五五頁以下（『著作集』第一巻、弘文堂、二〇〇一年、四七頁以下）。

(3)　上田閑照「「私」と「自己」」『上田閑照集』第一〇巻、岩波書店、二〇〇二年、一七五頁以下（本論文はこれが初出である）。
(4)　齋藤慶典『心という場所――「享受」の哲学のために』勁草書房（とくに第七章「アクチュアリティの／と場所」二二九頁以下、初出は、中村雄二郎・木村敏監修『講座・生命』第五巻、河合文化教育研究所、二〇〇一年、五九頁以下）二〇〇三年。
(5)　木村敏「精神医学と現象学」『自己・あいだ・時間』弘文堂、一九八一年、一七六頁（『著作集』第一巻、三八四頁）。
(6)　「経験」Erfahrungについては、谷徹「経験と自我」中村雄二郎・木村敏監修『講座・生命』第七巻、河合文化教育研究所、二〇〇四年、七九頁以下を参照。また「経験」と「体験」Erlebnisの区別については、木村敏「西田哲学と精神病理学」『精神療法』二〇〇四年二月号（本書第X章）を参照。
(7)　西田幾多郎『一般者の自覚的体系』全集第五巻、岩波書店、一九六五年、四二七頁。
(8)　西田幾多郎「私と汝」上田閑照編『西田幾多郎論文集 I』岩波文庫、一九八七年、三二五頁。
(9)　木村敏『あいだ』弘文堂、一九八八年、四一頁以下（『著作集』第六巻、一四四頁以下）。
(10)　谷徹「メタノエシスとメタフィジックス」中村雄二郎・木村敏監修『講座・生命』第五巻、河合文化教育研究所、二〇〇一年、一四二頁以下。
(11)　西田幾多郎『善の研究』岩波文庫、一九八二年、四頁。
(12)　たとえば木村敏『心の病理を考える』岩波新書、一九九四年、一七〇頁以下（『著作集』第六巻、三五二頁以下）。
(13)　Groddeck, G.: *Das Buch vom Es. Psychoanalytische Briefe an eine Freundin* (1923). Ullstein, Frankfurt a. M., 1992（岸田秀・山下公子訳『エスの本――無意識の探究』誠信書房、一九九一年）、木村敏「エスについて」『分裂病の詩と真実』七章、河合文化教育研究所、一九九八年（『著作集』第七巻）、グロデック・野間俊一『エスとの対話——心身の無意識と癒し』新曜社、二〇〇二年などを参照。
(14) 齋藤慶典、前掲書。
(15) 同書二三八頁。
(16) 同書二四八—二五〇頁。
(17) 西田幾多郎、前掲書一三頁。《経験するというのは事実其儘《そのまま》に知るの意である。……純粋というのは、……毫《ごう》も思慮分別を加えない、真に経験其儘の状態をいうのである。たとえば、色を見、音を聞く刹那、……この色、この音は何であるという判断すら加わらない前をいうのである。それで純粋経験は直接経験と同一である》と西田はいう。
(18) 西田幾多郎『哲学論文集第五』全集第十巻、岩波書店、一九六五年、四二七頁。
(19) Heidegger, M.: Vom Wesen des Grundes (1929). *Wegmarken*. 2. Aufl. Klostermann, Frankfurt a. M., 1955, S. 132f, 136f.(辻村公一・ハルトムート・ブフナー訳『道標』『ハイデッガー全集』第九巻、創文社、一九八五年、一六五、一七一頁)。
(20) Heidegger, M.: Vom Wesen der Wahrheit (1930). *Wegmarken*. 2. Aufl. Klostermann, Frankfurt a. M., 1955, S. 198.(同二四四頁)、辻村訳ではSeynは「真有」と訳されている。辻村による「訳語解説」一六頁をも参照。
(21) Heidegger, M.: Zur Seinsfrage (1955). *Wegmarken*. 2. Aufl. Klostermann, Frankfurt a. M., 1955, S. 408f.(同五一七頁)、辻村訳では「有」に×印がつけてある。辻村による「訳語解説」一一頁をも参照。
(22) Heidegger, M.: Zeit und Sein. In; *Zur Sache des Denkens*. Niemeyer, Tubingen, 1969, S. 5 u. a.(辻村公一・ハルトムート・ブフナー訳『思索の事柄へ』筑摩書房、一九七三年、一〇頁その他)。この点については、木村敏前掲論文「エスについて」をも参照。
(23) 西田幾多郎「私と汝」上田閑照編『西田幾多郎論文集 I』三一二頁。

(24)　同書三二五頁。
(25)　同書三〇六—七頁。
(26)　とくに木村敏「コギトと自己」『生命のかたち／かたちの生命』九章、青土社、一九九二年（『著作集』第四巻、三四四頁以下）および木村敏「コギトの自己性」『分裂病の詩と真実』四章（『著作集』第七巻、二六一頁以下）。
(27)　上田閑照、前掲書。
(28)　Henry, M.: *Généalogie de la psychanalyse. Le commencement perdu.* PUF, Paris 1985（山形頼洋ほか訳『精神分析の系譜——失われた始源』法政大学出版局、一九九三年）。
(29)　長井真理「分裂病者の自己意識における「分裂病性」」『内省の構造——精神病理学的考察』岩波書店、一九九一年、一八五頁以下。
(30)　木村敏「個別性のジレンマ——記憶と自己」中村雄二郎・木村敏監修『講座・生命』第六巻、とくに一七—一八頁（本書第V章）を参照。
(31)　木村敏「リアリティとアクチュアリティ」『分裂病の詩と真実』一二七頁以下（『著作集』第七巻、二八七頁以下）。
(32)　西田幾多郎「私と汝」上田閑照編『西田幾多郎論文集 I』三二五頁。
(33)　ブランケンブルク『自明性の喪失——分裂病の現象学』木村敏・岡本進・島弘嗣訳、みすず書房、一九七八年、一六七頁。
(34)　同一六二—一六三頁。
(35)　木村敏『あいだ』一八九頁以下。
(36)　この問題に関しては、京都の日独文化研究所が一九九三年に開催した公開シンポジウム「自然さと不自然さ——精神病理学の視点から」での、わたしとブランケンブルクそれぞれの発表と、それに物理学者・哲学者であるカール・フリートリヒ・フォン・ヴァイツゼカーを加えた討論（芦津丈夫・木村敏・大橋良介編『文化における〈自然〉——

哲学と科学のあいだ』第四、第五章、人文書院、一九九六年）をも参照。

(37) 西田幾多郎「自覚について」上田閑照編『西田幾多郎論文集 Ⅲ』岩波文庫、一九八九年、二六二頁。

第XII章　未来と自己——統合失調症の臨床哲学試論

1　生の原理としてのプロレプシス

エルヴィン・シュトラウスは「われわれは現在形で生き、完了形で認識している」(Wir leben im Präsens und begreifen im Perfekt)[(1)]と言った。彼はたとえば、人間の経験している感覚は「感覚するということ」(das Empfinden) であって、「感覚というもの」(die Empfindungen) ではないという。「感覚というもの」としての「感覚」は、つねにすでに「感覚されたもの」(das Empfundene) として、個々の完結した対象として、完了形で認識され、捉えられた「もの」にほかならない(だから複数形で表記できる)。これに対してわれわれが刻々に世界を感じ取って生きているいとなみは、絶対に客観化不可能な「感覚すること」「感じ取ること」なのであって、これは動詞の現在形をそのまま名詞化した書き方でしか言い表せない。複数形での表記は不可能である。

彼のいう「現在形」の「現在」は、もちろんクロノロジカルな時間系列の上で過去と未来にはさまれた「単純現在」(simple present) の意味ではない。むしろそれは、絶えず未来に侵入しつつある進行状態、英語でいえば「現在進行形」(progressive present, present continuous) の "we are living" で記述されるべきはずの動きを示唆している。「生きる」といういとなみは、定義上、けっして過去の方向には向かわないし、また単純な現在にとどまりもしない。でなければ、生は死の可能性を含みえないことになる。この原初的かつ根源的な事実が、人間にとっての時間がなぜ、本性上可逆的な物理的時間と違って、不可逆的に未来への一方向だけに流れるのかの理由となっている。(時間を動作主として見た場合には、時間は「未だ来ない」未来から「現に在る」現在を通って「過ぎ去った」過去へ向かって流れるということになる。しかし時間のうちに生きているわれわれ自身を動作主とするならば、われわれは時間のうちで過去から現在を通って未来に向けて、死に向かって生きているといわなくてはならないだろう。)

われわれは現在に生きている。生きている「現場」は現在でしかありえない。しかし現在に生きながら、われわれは絶えず未来の領域を侵食している。われわれは、いかなるときにも未来との接触点に出で立って「実存」し、われわれ自身の「居場所」を未来との接点に、つねにいくぶんか未来を先取りした現在に見出している。これがわれわれの「生きている」(we are living) という原初的な経験である。「経験」といっても、それは特殊人間的な意識的経験だけとは限らない。われわれが生活世界に適応し続けるための、非意識的で身体的な経験というものも存在する。ヴィクトーア・フォン・ヴァイツゼカーのいう「プロレプシス」(Prolepsis)(2)は、人間にかぎらず、あらゆる生きものが、生理学的・非意識的な仕方で未来を先取する機能を指している。

ヴァイツゼカーは、《生はつねに「時間を橋渡しする現在」(zeitüberbrückende Gegenwart)であり、過去を未来へつなぐアクチュアリティ(Aktualität)である。生は時間のなかにはない。生は時間をつねに新たに固定する。それによって生は、時間が経過しても一貫して自己を保持し続け、したがって時間に対して脱自的／出立的(ekstatisch)にふるまう(3)》という。有機体の感覚運動機能によって環境世界との生命的な関係が一貫して維持されている状態を、ヴァイツゼカーは「相即」(Kohärenz)(4)と呼ぶ。有機体と環境との物理的な関係は絶え間なく変化しているから、相即はそのつど新たに作り直す必要がある。有機体が相即の中断という「危機／転機」(Krise)(5)をそのつど乗り越えて、環境世界との関係を維持しているかぎり、有機体は「主体」(Subjekt)として環境世界と対峙して生き続けることができる。そしてこの相即は、有機体が過去をそのつど現在に組み入れてゲシュタルトを構成するアナムネシス(Anamnesis)と、絶えず未来を先取するプロレプシス(Prolepsis)の機能によって維持されている。

このプロレプシスについて、ヴァイツゼカーはたとえばこう書いている。《運動の形態が所要時間を規定し、おおまかには運動の速度、力、大きさ、そしてそれらの比率をも規定する。そのため、たとえば犬に人と歩調を合わせる習慣をつけてやる場合のように、一定の歩き方のテンポを変えるためには始めからすっかり調教しなければならない。馬に速度を変えさせれば、歩きかた(常歩、速歩、駆歩、疾走）も必然的に変わる。脚の運びが速度を規定しているからである。字を書く速度を遅くしたり速くしたりすると、書体が変わる。ゆっくり書くと小学生のお習字になるし、速く書けば「なぐり書き」になる。ところが字の大きさを変えても書体に大した変化は生じない〔所要時間もほとんど変わらない〕(6)。》これは要するに、ある目的を持った運動は、その作業に取りかかる前からすでに作業の全体を時間的に先取りしているということである。未来の先取のみが環境世界との相即を可能にし、有機体の主体性を可能にしている。

ヴァイツゼカーのいう「主体」や「主体性」は、このように通常の用法とは違い、人間の心的な自立性の意味を離れて、単細胞生物まで含めたあらゆる有機体が自律的な行為者として環境世界と向かい合いながら生きている生命的原理の意味で語られている。《ここで心的ということと主体的ということとの同一視を捨てなくてはならない。意識のない有機体にしても、ちょうどそのときに特別な心的内容を体験していない有機体にしても、やはり主体として環境世界と関わりをもつ(7)》。そして人間については《古典的自然科学の問いかたが「認識が対象的／客体的なもの（Objektives）を認識する」という形式であったのに対して、新しい問いかたは「一つの自我（Ich）がその環境世界（Umwelt）に出会う」という形式をもつ。ここで「自我」と心的な現象（psychische Erscheinung）との一切の混同を防止するために、われわれは現象との結びつきをまだ残している自我の概念から、それと環境世界との対峙（Gegensetzung）の根拠をなす原理（Prinzip）を取り出して、これを主体（Subjekt）と呼ぶ(8)》（強調はヴァイツゼカー）ということになる。

自我は絶えずその環境世界に向かい合い、それと対峙しながら生きている。この「向かい合うということ」「対峙するということ」の「原理」は、「現象」として捉えられるようなリアルな「もの」ではなく、行為としてのアクチュアルな「こと」である。主体は、自我と環境世界との出会いの場で、この出会いを基礎づける（「根拠をなす」）アクチュアリティの原理として取り出されている。

　このような環境世界との対峙の原理である「主体」を可能にする条件として、ヴァイツゼカーは「生それ自身との根拠関係」（Grundverhältnis zum Leben selbst）ということを言う。《生物学的経験にとっては、生きものがその中に身を置いている［生きているという］規定の根拠それ自体は対象となりえない。このことを生物学における「根拠関係」と呼ぼう。……根拠関係とは実は主体性（Subjektivität）のことであって、これは一定の具体的かつ直観的な仕方で［非対象的に］経験される。われわれの［医学的な］探究はこの根拠関係のうちで行わなくてはならないのだが、この根拠関係をあからさま（explizit）に認識することは不可能である。なぜならばそれは最終的な審級（die letzte Instanz）なのだから。それはひとつの力（Macht）であって、［それへの］従属あるいは［それからの］自由のかたちで［のみ］経験されうる[9]》（強調はヴァイツゼカー）。

　「主体」は環境世界との――いわば「水平」の関係における――「出会いの原理」としてそのつど成立するのだが、そのような主体はその可能性の条件（つまり「主体性」）を、有機体と「生それ自身」との――いわば「垂直」の関係における――「根拠関係」のうちにもっている。生きものを生きものたらしめている「根拠それ自体」は、「対象となりえない」。ということは、それもやはりリアルな「もの」ではないということである。しかしこの根拠それ自体は（あるいはこの根拠との根拠関係は）、「一定の具体的かつ直観的な仕方で」——アクチュアリティとして——経験される。

しかしここでヴァイツゼカーは、もうひとつ注目すべきことを語っている。それ（つまり根拠関係）は「ひとつの力」であって、［それへの］従属あるいは［それからの］自由のかたちで［のみ］経験されうる、というのである。ということは、この「根拠関係」という仕方で「経験」される「根拠それ自体」は、デュナミスあるいはポテンシャリティの意味での潜勢的《ヴァーチュアル》なありかたをしているということである。生きていることとの根拠である「生それ自身」は、けっしてエクスプリシットなかたちではアリティとしてはおろか、アクチュアリティとしてさえ——認識できない。ただ、生きものがそれに従属したり、それからの自由を（たとえば自殺というかたちで——ただしヴァイツゼカーにとっては、すべての「死」は主体的な死として「自死」の意味をもっている）[10] 行使したりするという仕方でそれとの関係を経験するときにだけ、この「根拠関係」は非対象的なアクチュアリティとしてエクスプリシットになりうる、ということなのだ。

あらゆる生きものを「生きているもの」として規定する「最終的な審級」が、ヴァイツゼカーにとっての「生それ自身」(das Leben selbst) である。《生それ自身は死なない。個々の生きものだけが死ぬ》(das Leben selbst stirbt nicht; nur die einzelnen Lebewesen sterben)[11]。この「生それ自身」はわれわれの生を支配するひとつのヴァーチュアルな「力」であり、それとの（従属あるいは自由の）関係は対象的には認識しえないけれども、アクチュアリティとして具体的かつ直観的に経験することができる。この非対象的でアクチュアルな経験こそ、「主体」の「主体性」のことだ、と彼は考える。人間にかぎっていえば、それはそのまま「主観」の「主観性」のことだといってよい。そしてヴァイツゼカーは、生物学に、そして医学に、この意味での「主観」と「主観性」を導入することを、彼の「医学的人間学」の使命と見なしていた。

2　生命論的差異

個々の有機体が主体的に生きるためにそれとの「根拠関係」に身を置かねばならない「生それ自身」という考えは、対象的に接近可能な個別的有機体の生命事象と、対象化不可能ではあるが「一定の具体的かつ直観的な仕方で」経験可能な「生それ自身」とのあいだに、ある種の「存在論的」な差異があるという洞察に基づいている。

この差異は、ラテン語では「ウィータ」(vita) の一語で表現される「生」について、二つの別々の語「ビオス」(bios) と「ゾーエー」(zoé) を有していた古代ギリシア人の思惟にまでさかのぼる。カール・ケレーニーによれば、ビオスは「ある特定の生の輪郭、性格特徴、ある存在と他の存在を区別する外観」を表現する。これに対してゾーエーの語は「ありとあらゆる生きものの生」を言い表している。(12) ビオスとゾーエーの関係は、単なる個別と一般、含まれるものと含むものの外面的・論理的な差異ではない。そこにはもっと深い、本質的・存在論的な差異がある。それは、両者と「死」

(thanatos) との関係を見ることによって明らかになる。ビオスとタナトスは互いに排除しあわない。特徴的な死は特徴的な生の一部をなす。これに対して、ゾーエーは死と対立的な関係にある、とケレーニーはいう[13]。しかしその一方でケレーニーは、《ゾーエーは〔フロイトのいう〕死の欲動の前提であり、死もまたゾーエーと関係することによってのみ意味がある。死はそれぞれのビオスに含まれるゾーエーの産物なのである[14]》ともいう。だからゾーエーと「排除」しあい「対立」しあうのは、「ビオスの一部」であるところの特定の個別的な死なのであって、ゾーエーそれ自身は、特定のビオスとその死を絶えず産出しながら、それ自身は生死の別を超越していると言わなくてはならない。

ヴァイツゼカーが《生それ自身は死なない。個々の生きものだけが死ぬ》といったときの「生それ自身」は、明らかにこのゾーエーのことを指しており、「個々の生きもの」の生はビオスのことを指している。この「個々の生きものの生」と「生それ自身」とのあいだに考えられる本質的・存在論的な差異を、ハイデガーがその「基礎的存在論」で提唱した「存在者」と「存在それ自体」との「存在的・存在論的差異」(ontisch-ontologische Differenz) になぞらえて、「生命論的差異」(biologische Differenz) と呼んでおいてもいいだろう。

ハイデガーはこの存在的・存在論的差異を、われわれ人間の一人ひとりがそれであるところの現存在が、「ある」(sein) ということを理解しながら個々の存在者と関わることによって成立させている差異として捉える。こうして「ある」ということそれ自体と「あるところのもの」(Seiendes) である存在者とを「差異化しうる」という、この可能性の根源を現存在は自らの本質の根拠のうちに確保している。[15] この差異を根拠づけている現存在のありかたを、ハイデガーは現存在の「超越」(Transzendenz) と呼ぶ。《超越において、現存在ははじめて、みずからそれであるところの存在者に、つまり自己「自身」としての現存在に到達する。超越が自己性 (Selbstheit) を構成する[16]》(強調はハイデガー)。つまりハイデガーの目指している基礎的存在論の眼目は、個々の存在者の存在の仕方にあるのでないことはもちろん、それらにいわば「通底」するものとして着想できるような「存在そのもの」にあるのでもない。それはむしろ、この両者を隔てつつ結びつけている「差異それ自体」に、それもその差異を可能にしている現存在の自己に関して、その「自己性」を構成する「超越」としての差異それ自体にある。

ここで当然われわれは、ハイデガーのいうこの「現存在の超越」、つまり現存在の「自己性」がそれによって構成される超越を、ヴァイツゼカーが人間だけでなく生物一般に仮定した「主体性」の、いわば真正の「人間版」と見ることができるだろう。生きている有機体が「主体的」に（人間の場合にはさらに「主観的」にも）存在しうるためには、この有機体が自らの個別的なビオスと関わる場所において、この個別的な生と「生それ自身」であるところのゾーエーとの生命論的差異がそれ自身を差異化しうるのでなくてはならない。いいかえれば有機体の個別的な生命事象が、その根拠をなす生それ自身との根拠関係において成立しているのでなくてはならない。ハイデガーとヴァイツゼカーは、厳密に同じ構造を見てとっているのではないか。

世界の対象的認識をこととするわれわれ人間にとっても、自らの主体性／主観性を基礎づけているこの生命論的差異を、意識のリアルな所与として対象的に認識することはまったく不可能である。それは、われわれがヴァーチュアルな審級である生それ自身を、対象的に認識しえないのと同じことである。しかしこの生命論的差異は、われわれにとってはヴァイツゼカーのいう「根拠関係」として、つねに直接的・具体的に、アクチュアリティとして経験されている。実際、われわれが「リアリティ」から区別して「アクチュアリティ」と呼んでいるものは、すべてわれわれ自身の主体性あるいは自己性と密接に関わっていて、「経験のアクチュアリティ」と「自己の自己性」は同一の事態を表す二つの用語だといってもよい。

「アクチュアリティ」という語の通常の用法はつねに現在という時間様態を含意していて、「アクチュアル」の語はしばしば「今日的」ないし「当面の」といった意味を含んでいる。しかし正確にいえば、主体性あるいは自己性との関連で「アクチュアリティ」という場合には、そこには「単純現在」の時制で確認可能な事実ではなくて、絶えず未来へと進行する運動、「現在進行」という時制で表すのが適当であるような動きが意味されている。自己が自己であること、自己が自己として世界と関わっていることを、所与の事実として確認するのではなく、動かしがたい生の現実として経験するとき、この「現実」(Wirklichkeit すなわちアクチュアリティ)は、つねに未来への一方通行的な方向をおびている。

われわれはアクチュアリティとしての現実に生きながら、われわれの主体性ないし自己性を、刻一刻、未来との接点でプロレプシス的に構成し続けている。ここで「未来」ということばを、われわれが生きるために絶えず関わり続けねばならない「世界」ないし「他者」と言い換えてもよいだろう。われわれの実存の主体性ないし自己性は、われわれが世界や他者をプロレプシス的に先取する行為に根本的に依存している。

3　統合失調症の精神病理学

自己の主体性ないし自己性を、未来を先取することによって基礎づけるということの課題は、統合失調症（Schizophrenie）の患者たちにとって、あるいは明白な統合失調症の臨床症状を発現していなくても、現象学的にはそれと同じ構造を見てとれる「統合失調症親和的」な人たちにとって、このうえなく困難な事態として立ちはだかる。「われわれは世界や他者と出会いながら生きている」という現在進行形のアクチュアリティが、この人たちにあっては平凡な健常者の想像を絶した深刻な疑問に直面するからである。

多くの統合失調症者は、彼らの幼児期に、おとなしく、親に従順で、ときに極端なまでに他人への共感性があり、嘘をつけず、うらおもてのない子どもと見なされていた。ふつうはポジティヴに評価されることの多いこれらの特性の背後に、自己主張の深刻な弱さを発見することは容易だろう。統合失調症者は、教科書に書かれているような典型的な症状が出現して「発病」するはるか以前から、おそらくは生物学的な意味で一個の個体として発生したときにまでさかのぼって、すでに統合失調症に対するはっきりした親和性をもっていたということができる。

しかしこのことは、この病気が遺伝的に決定された先天的疾患だということを意味するものではない。同一の遺伝子を有していると見なしてよい一卵性双生児の一方が統合失調症を発病した場合に、もう一方も発病するリスクは、ほぼ五〇パーセントと見なされている（一般人口での罹病危険率は一パーセント未満である）。同じ遺伝子型をもって発生し、統合失調症への明白な親和性をそなえている個体でも、その約半数は発病しないということになる。だから実際に臨床症状を発現した残り半数の個体においては、先天的な遺伝素因以外の、つまり後天的な環境要因が当然問題になる。それが何であるのか、幼児期の養育状況なのか、それともなんらかの身体的要因なのかについては、一致した結論がまだ得られていない。

思春期あるいは青年期と呼ばれる年齢に達するまでのあいだ、通常それほど大きな困難は表面化してこない。しかし思春期になって、生物学的には生殖可能な性的成熟を迎えると、異性との接触がそれまでと違った意味をおびてくる。つまりそれは、生物としての種ないし社会的な共同体の独立した成員であることを証明する試練として体験されるようになる。この試練に耐えるだけの自己の成熟を確認しようとするとき、統合失調症親和的な人たちは、たちまち予期せぬ困難にぶつかる。それに加えて、心理的および生物学的な意味での自律性の獲得は親からの分離独立を通じてしか達成できないから、彼らは同時に親との関係という問題にも直面することになる。思春期・青年期における異性や両親との関係が、統合失調症を発病に導く主要な要因となるという疑いない事実は、心理学的にだけでなく、なによりもまず生物学の観点から容易に理解できることである。

発病にいたった統合失調症の最初期の徴候であり、その基本的な障害を反映しているのは、まず自己の自己性が根底から疑問に付されるいわゆる「自我障害」（Ichstörungen）であり、そして患者自身の内的経験と患者が他者に向かって示す行動との、内外両面にわたってみられる不自然さの印象である。

自我障害は、患者の自己がそこに基礎をもっているはずの根底が、無名の他者に簒奪されて他有化する（alieniert）というかたちをとる。その代表的な表現形態の一つは「作為体験」（Gemacht-erlebnis）と呼ばれるもので、患者は自分の行為のすべてについて、その自発的意図の源泉が他者性をおび、他者の意志が自分を操っているという体験をもつ。もうひとつの表現形態はいわゆる「思考伝播」（Gedankenausbreitung）で、患者は自分のちょうどいま考えていた、あるいは考えようとしていたことを、周囲の他者たちがすでに考えている、自分の考えが周囲に伝達されているという体験をもつ。

このどちらのかたちをとるにせよ、自我障害とは、自分が行為面あるいは思考面でしようとしていることが、他者によって、つまり自分に属していない自発的意図のはたらきで、すでに先取りされているという体験である。作為体験の場合、他有化された（本来は自己自身の）意図が、自己の行為に先行するのはいわば当然だろう。しかし、同じこの「他者の自己に対する先行性」が思考伝播にも認められることは注目しておいてよい。思考伝播を訴える患者は、多くの場合「自分の考えたことが他人に伝わる」という一般的な表現をとりながら、実際には「自分の考えようとしたことを、他人がすでに考えている」という他者の先行性を体験している。(17) この「他者の先行性」の重要な意味については、のちにあらためて考察することにする。

「自我障害」は、自分の実在の全体が自分以外の実在によって乗っ取られる、あるいは取って代わられるという、いわゆる憑依（Besessenheit）あるいは多重人格の体験とは違って、そこで「他有化」されるのは、つねに自己の「ノエシス的」な様態、つまり行為し思考する主体的意図が自己自身に属するという「こと」のアクチュアリティにかぎられる。経験主体そのもののリアリティ・レヴェルでの自己所属性、つまり「ノエマ的」で実在的・「もの」的な自己に関する形式的な判断はけっして失われない。

憑依状態あるいは多重人格においては、（フッサール現象学に則してみても、本論文でのわれわれ自身の立場からみてもかなり誤解を招きやすい表現を用いることになるが）「ノエシス的」自己と「ノエマ的」自己からなる「複合体」の全体――この全体を「人格」（Person）と呼ぶのだといってもよいだろう――が、患者の常態的なありかたとは違ったものになる。だからそこでは「他者性」や「他有化」について云々する余地はない。これに対して、統合失調症で「他有化」されるのはこの人格複合体の

「ノエシス的」な側面だけであって、「ノエマ的」自己の側面は依然としてその患者個人の「人格」に——いいかえればその患者の「自己意識」に——帰属している。

このことは「自己」とか「自分」とかいわれているものの構成に、二つの異なったレヴェルが関与していることを明白に物語っている。自己が自己意識のノエマ的対象として構成されたリアリティのレヴェルと、自己のノエシス的な自発性が絶えずそこから発現してくる源泉としての、それ自体はけっして対象的に経験できないヴァーチュアリティのレヴェルとの二つである。そしてこの二つのレヴェルのあいだに、上述の存在論的あるいは生命論的差異が差し挟まれて、ハイデガーがこの差異を根拠づけているとした「現存在の超越」が、あるいはヴァイツゼカーが（ゾーエー的な）「生それ自身」との「根拠関係」として定義した「主体性」が、ノエシス的自己の自己性として、アクチュアルに経験されるという図式になっている。

われわれは通常、自分の思考や行動はもっぱら自分自身の自発性の支配下にあると思っている。しかし少し反省してみればわかるように、これは事実ではない。私がなにを考え、どのように行動するかは、つねに（あるときは意識的に、しかし多くの場合は無意識的に）私がいまここで参加している対人状況全体の、アクチュアルな雰囲気（リアルな実在として知覚することができず、「雰囲気」ないし「空気」としか呼びようのないなにか）に左右されている。私の思考や行動は、私がいま誰と出会っているかによって、根本から変化する。私の言語的・非言語的な行動の自発的志向ないし意図という、われわれが自己性の源泉として理解しているものは、このように私自身と周囲の対人状況との接点で、つまり私が自分なりの仕方で言語的・非言語的に行為しようとする意図／志向と、状況全体の集合的な意図／志向との接点で発生し、そこに座を占める。統合失調症でない人では、この二つのレヴェルの主体的志向性、個人的および集合的な主体的志向性が、通常は統合されて単一の主体性を形成し、それがその人自身の自己性として経験されている。

しかし統合失調症患者の場合には、この二つのレヴェルの統合が十分に確立されず、生命論的差異が差異として形成されていない。そのため彼らは自分の行動が絶えず他者の影響下にあり、自分の思考の自発性が周囲の環境の雰囲気に拡散するという経験を持つ。雰囲気の動きはもはや自らの主体性固有の超越論的根底として経験されず、ノエマ的自己から切り離されて外部の無名の他者たちに投影される。

次に、統合失調症の基礎的病理のいまひとつの大きな表現として、患者の経験と行動の両面に見られる不自然さ、あるいは自然さの喪失があげられる。わたし自身、統合失調症についての最初の論文で、明白な病的体験の出現する前にすでに確認できる徴候として「自然な自明性の喪失」を強調しておいたが[18]、とくにこの現象についての比類なく綿密な現象学的分析を世に問うたのは、ヴォルフガング・ブランケンブルク[19]である。

ブランケンブルクが彼の論考の出発点とした症例アンネ・ラウは、自分には「ふつうの当たり前さ」が欠けていて、「自分がどうすればよいのか」の「作法みたいなもの」、あるいは「人と人を結びつける感情みたいなもの、人間らしいといえるために必要なそういった感じ、一番簡単なこと」がわからないと訴える。しかしその一方、ほとんどの統合失調症患者はむしろ「過大」で「不自然」な自明性のなかに安住していて、われわれに奇異の感を与えつづけている。これもやはり「自然な自明性の喪失」の一様態である。

ブランケンブルクによれば、「自明」（selbstverständlich）なことは「わかりきっている」（es versteht sich von selbst）といわれるが、この von selbst（自ずから）はわれわれの自己（自ら selbst）を指すのではなく、われわれを超えた無名の自発性を指している。「自ずからあること」（Von-selbst-sein）と「自らあること」（Selbst-sein）は独特の弁証法的緊張関係にある。自立（Selbständigkeit）はつねに自明なあり方（Selbstverständlichkeit）の止揚を意味するが、それが可能であるためにはこの自明性が前提とならねばならぬ。《自然な自明性に隙間がなければ自我が自立性を確立する余地はない。逆にこの隙間が大きすぎて脆弱だと、自立性はおのれを十分に展開するのに必要な基盤を見いだせないうちに、あまりにも早く自立を迫られて破滅してしまう[20]》。

日本語でも、自己の自律性ないし自立性は「みずから」の語で表現され、内的・外的な世界の自然さは「おのずから」の語で表現される。しかし、日本語の語感に即して考えるかぎり、この両者のあいだにはブランケンブルクが解釈しているような「弁証法的緊張関係」は見いだしにくい。「みずから」と「おのずから」に共通の「から」は、或る起源からの発生あるいは開始を含意している。だからこの二つの語はともに、ブランケンブルクも語っている「われわれを超えた無名の自発性」への言及を含んでいて、この自発性の「発現」する「場所」ないし「様態」の違いによって、二つに言い分けられているにすぎないとみるほうが、語感に忠実だと思われる。

このことは、同じ意味を表す漢語である「自己」と「自然」について考えあわせるとき、もっと明確になる。「自己」と「自然」が共有する「自」も、やはり或る起源からの発生ないし開始を意味している（一昔前までは、「自一時至三時」とか「自京都至東京」とかの表記が一般に行われていた）。「自発性」はこの「自」が直接に発出する意味だし、「自由」や「自在」はこの自発性に由来し、それに逆らわないあり方を指している。だからわれわれ日本人固有の考えでは、「おのずから」ないし「自然」は或る原初的な自発性に関連し（これは西洋古代の「ピュシス」あるいは中世の「能産的自然」を連想させる）、「みずから」ないし「自己」は自分自身の身体的実存の場所におけるこの自発性の個別化に関連する（「みずから」の「み」は「身」である）。

だから自立と自然さ、「みずから」と「おのずから」の相互関係を十全に捉えるには、これを弁証法的緊張関係と見るより、両者がともに原初的な自発性に根ざしているという共属関係、あるいは前者つまり自己の自己性が後者つまり自然の原初的自発性に基礎づけられているという基礎づけの関係と見たほうがよいだろう。しかしこの基礎づけの関係は、建物が大地に基礎をもっているというような安定した静止的な関係ではない。自発性の根源である能産的自然が、それ自身を自発的に自己意識の中で個別化し、いわば所産的自然としての個別的自己の意識を生み出す。しかし意識的自己を生み出すこの個別化の作業は、それ自体、原初的自発性の動きそれ自身以外のなにものでもない。個別的自己の生成が、その発生期の状態において（in statu nascendi）、「自己である」というアクチュアリティとして、つまり最終的に所産的自然のリアリティとして表象される「自己というもの」とは違った、アクチュアルな「生成」として経験される。自己であるというアクチュアリティの生起する場所は、個別的自己の発生期状態以外のどこでもない。発生期状態における出来事として、それはつねに未来との接点で生起する。

まさにこの未来との接点において自己となるという生成のアクチュアリティが、現存在の自律的／自立的な自己性ないし主体性を構成している。そしてこの自己性ないし主体性が、統合失調症においてはなによりもまず障害される。

たとえば四一歳の男性患者は、幼少時から手のかからない無口な子だったが、ものごころついた頃から、自分はどこか他の子どもたちと違うという、自明性の成立不全を思わせる感覚を持ち続けていた。中学生の時に隣の席の女の子を意識しはじめてから赤面恐怖症状を抱くようになって、次第に統合失調症の病像が形成されてきた。彼の言うところでは、《タイミングがうまくとれない。父にタイミングを狂わされる。父にタイミングで負けている。少しでも間があくとつけこまれる。人と話していても間がもてなくて、全体の雰囲気よりも早めに出てしまう。いつもフライングをしている感じで、リズミカルに行かない。自分がキープできない。間がもてないから、行動がスムースに行かない。タメがないから加速度的に早くなってパッパッパッと出ていく。待っていると苦しい。あせるというより、ふわっと出てしまう。自分のなかで満たされないうちに出ていく。フライングみたい[21]》。

二一歳の女性患者はこういう。《中学のとき、自分を出そうとするとなにかが引っ込んで出せなかった。自分の自然な感情が出せなくなってすごく苦痛だった。なめらかな感情が出せないから、自分というものが出せず、自分ではないという感じだった。自分を出したい出したいと思って出せずにいるうちに、人が自分の中にどんどんはいってくるようになった。人がはいってくると自分がなくなって他人が中心にいるようになってしまう。人が自分の中にはいって自分のまねしてるんじゃないかと思ったり、一人の人間として、他人として、パッと分かれて見ることができない。お母さんとのあいだに間がもてない。間の取り方がわからない。だから気詰まりなんです。今はだれとでも間がもてなくなってしまって、それで自分が出せない[22]……》。

4　形而上学と生物学の接点を求めて

かつて別の機会に論じたように、われわれは統合失調症の病因論に関して、現象学的精神病理学を基礎にした進化論的・生物学的仮説を持っている[23]。

進化の長い歴史の上で、人類のみに自己意識が出現し、自己存在の唯一性と自律性が自覚されるようになった。人間は他のすべての生物と違って、種の存続と繁殖よりも個別的自己の生存と生活のほうを主要な関心事とするようになった。しかしそれによって人類が進化論的な生物の系統樹から離脱して、生きた有機体であるという、他のすべての生物と共有するその規定を放棄したわけではない。その結果、個別的自己の自己意識に目覚めた人類は、個別的主体性をもった単独の自己であるという規定と、他の生物と同様に集合的主体性を備えた種の一員であるという（自己意識から排除された）規定との、この二つの規定の不一致を統合するという困難な仕事を引き受けることになった。

上述のすべての現象学的な差異、つまり存在者と存在それ自身とのあいだの「存在的・存在論的差異」も、個別的生命と生それ自体とのあいだの「生命論的差異」も、さらには「自己の自立性」と「自然な自明性」、「自己」と「自然」、「みずから」と「おのずから」などのあいだの差異も、結局のところはすべて、進化の途上で人類に発生した個別的および集団的主体性の不一致に根ざしていると見なくてはならない。そして上に示唆したように、この不一致はハイデガーが「超越」と呼んだ、現存在の自己性を構成する作用を通じてのみ「差異」として統合され、乗り越えられうるものなのである。いいかえれば「自己が自己である」という「事実」は、この二つの次元の主体性が自己そのものに内在する自己固有の差異として、統合できているときにのみ成立しうる。そしてわれわれはこの統合の働きを、自己が「いまここにある」というアクチュアリティとして、現在進行形で、未来との接点において生きている。

人類以外のすべての生物種においても、もしそこに行動の「志向性」を云々することが許されるなら、個々の個体の志向性とそれらが集合して形成している同種集団全体の志向性とのあいだには、けっして厳密な一致は成立していない。集団で行動する渡り鳥のような動物でも、そこに機械のような物理的同調がみられるわけではない。一羽一羽の鳥はそれぞれの個体の生理学的制約に従って、他の鳥たちとは異なった行動を行いながら、結果的には集団全体が統制を崩すことなく目的地に向かって飛行する。ヴァイツゼカーにならって人間以外の有機体にも「主体性」という概念を使用するなら、そこには個体の主体性と集団全体の主体性を統合するなんらかの機能が有効に作用しているのにちがいない。そしてこの機能が、当然想定できるように意識外のものである以上、それは種を種として成り立たせている生物学的・生命論的な機構の一環として、遺伝子のレヴェルで先天的に組み込まれていると考えるほかはない。それはとくに種の存続の成否がかかっている生殖行動に際して（渡り鳥の渡りも生殖行動の一部である）、大きな役割を果たすことになるだろう。そしてこの統合機能は、意識のレヴェルで行動を制御するようになった人類にあっても失われていないはずなのである。

統合失調症の病因論に関するわれわれの仮説は、したがって次のようなかたちを取る。もしもある個人において個別的主体性と集団的主体性を統合する生物学的な機能が、その個体の発生に際する遺伝子レヴェルでのなんらかの事情で有効に作用しなくなっているとしたら、その個人は自己と他者、自己と自然とのあいだに自然で自明な雰囲気を感じとることができず、「自己が自己である」という基本的な感覚を持つことが困難になるだろう。つまりそのような個人は、統合失調症とのある種の先天的な親和性を持つことになるだろう。この親和性がなんらかの後天的な事情のために不幸にも表面化した場合には、この統合の成否がもっとも重大な問題となる生殖準備年齢（思春期）に至って、親からの独立と異性との接近を契機として決定的な発病をみることになるだろう。

その場合、種全体の集団的主体性（今西錦司[24]にならって「種の主体性」といってもよい）は、その個別化として個別的主体性を成立させる根拠であり根源である以上、原理上つねに個別的主体性に先立っている。身近な対人状況でいえば、個人の言動が周囲の場の雰囲気によって左右されるとき、場の雰囲気の方が個人の主体的行動に先立っているのと同じことである。さきに統合失調症の「思考伝播」に関して、「自分の考えようとしたことを他人がすでに考えている」という「他者の先行性」について述べておいたが、同じような他者の先行性はこの病気のほとんどすべての対他症状に認められ、他者や世界が自己にとって未来と等価の存在であることを雄弁に物語っている。

統合失調症に親和的な人たちにとっては、種としての人類の（日常的な場面では自分がそのつど関与している対人状況の）集団的主体性から、そのつどの未来をプロレプシス的に先取しながら、他者との接点において、自らの個別的主体性を「自己」として確保するということが大きな難問となる。だから彼らは、われわれの男子患者が言っているように、「タイミングがとれず」「タメがない」から「待つ」ことができず、「全体の雰囲気よりも早めに出て」しまい、「いつもフライングをしている感じ」になる以外ない。この「待てない」という未来への姿勢は、統合失調症に親和的な多くの人に共通した特徴であるように思われる。自己性を確立するための場所を獲得するために、彼らは何ごとも時期尚早に、未来が熟さない中に先取しようとする不自然な努力を強いられる。私が従来から「アンテ・フェストゥム」（ante festum）の語で言い表そうとしてきたのは、このような統合失調症患者特有の、強迫的な未来先取のことだった[25]。

「アンテ・フェストゥム」は、字義通りには「祭の前」を意味しているが、日本語的にはむしろ「前夜祭」と言い換えるほうがぴったりするかもしれない。これはジェルジ・ルカーチが『歴史と階級意識』においてブルジョワジーの資本主義的な意識を、過去が現在を支配しているという意味で「ポスト・フェストゥム（「祭の後」ないし「あとのまつり」）意識」と規定したのに対して[26]、ジョゼフ・ガベルが革命を待望するプロレタリアートのユートピア意識を「アンテ・フェストゥム意識」と呼んだのに[27]ヒントをえている。

ハイデガーは「未来」（Zukunft）について、それは《まだ「現実」（wirklich）になっていないが、いつかは現実になるであろうところの今（Jetzt）ではなく、現存在がそのこのうえなく自己的な存在可能［ありうること］において自己自身に到来するという場合の到来（die Kunft, in der das Dasein in seinem eigensten Seinkönnen auf sich zukommt）を指す[28]》（強調はハイデガー）と書いている。このZukunftの語は、九鬼周造の示唆[29]に従って「将来」と訳されることが多いが、「将来」の語は「まさに来るべきとき」として、あくまでも予定された予測可能な今後を指しており、われわれがここで論じている「未来」とは根本的に違う。「未だ来ない」という西洋諸語には見られない否定的な表現をとっている「未来」の語を、われわれは字義通りに解して用いて行かなくてはならない。未来において現存在は、そのこのうえなく自己的な存在可能において自己自身へ到来する。統合失調症の患者は、自然な仕方で「自己自身に到来する」ことができず、彼らの未来は自己の存在可能の場であることをやめて、むしろ他者が自己に先行して「自己自身に到来」する場になってしまっている。彼らのアンテ・フェストゥム的な姿勢は、そこでいかに不自然なかたちであれ、自己の主導権を奪回しようとする必死の努力の現れだろう。

従来の「古典的」な西欧の哲学は、プラトンのイデア論とアリストテレスの形而上学の流れを継承して、ある意味で「唯心論的」あるいは「観念論的」な立場を堅持してきた。デカルト主義的な二元論も、哲学固有の形而上学的営為から物質的自然の法則性についての探究を分離する効果しかおさめなかった。現象学的哲学ももちろんその例に洩れない。これに対して近年の神経科学・認知科学に定位する科学哲学は、意識的・精神的な現象のすべてを脳・神経機構の過程に還元することによって、「唯物論的」な一元論を指向している。「心」や「自己」は物質過程の淡い影にすぎないということになる。

これに対してわれわれの立場は、意識に代表される心的・精神的な事態も、脳に代表される身体的・物質的な諸過程も、いずれも人間が個別的な生を「生きる」ために「生それ自身」という最終的な審級に根ざしているという事実から派生した二次的な現象にすぎず、デカルト的二元論の真の克服は「生の一元論」によって達成する以外ない、というものである。二元論はそれ自体、「生きている」という原初的な事実が物心両面の現象界に投影された幻影にすぎない。

となると、ここであらためてメタピュシカとピュシカとの、形而上学と自然（科）学（それはわれわれの場合には生物学ということになるだろう）との再接合が求められなくてはならないのではないか。真実はこの両者の「あいだ」にこそあるのではないか。旧来の二元論をそのいずれかの一方に「一元化」することによって克服しようとするのは、「対象化可能」「合理化可能」という餌におびき寄せられた安易な方途でしかないだろう。形而上学と自然科学的生物学の「あいだ」そのものは、どこまでも対象化不可能であり合理化不可能である。しかしこの「あいだ」、この接点を考え抜く作業なしには、「心の医学」としての精神医学はその根拠を失うだろう。われわれに求められているのは、主観を客観化することなく主観のままで「非合理的」に、しかも「科学的」に思索するという、困難な途である。

注

（1） Straus, E.: *Vom Sinn der Sinne*. 1. Aufl. Springer, Berlin 1935, S. 312. この著書でシュトラウスは、パヴロフの条件反射理論に代表される「客観的心理学」に対して厳しい批判を展開している。この著書についての詳細は、拙著『生命のかたち／かたちの生命』青土社、一九九二年（『木村敏著作集』第四巻、弘文堂、二〇〇一年所収）10章「治療関係のエステジオロギー」を参照。

（2） Weizsäcker, V. v.: *Der Gestaltkreis. Theorie der Einheit von Wahrnehmen und Bewegen*. Gesammelte

Schriften 4, Suhrkamp, Frankfurt 1997, S. 261（木村敏・濱中淑彦訳『ゲシュタルトクライス』みすず書房、一九七五年、二二九頁）。「プロレプシス」についてのヴァイツゼカーの別の記述については、拙著『生命のかたち／かたちの生命』（『木村敏著作集』第四巻）６章「かたちと時間」を参照。

（3）Weizsäcker, V. v.: *Gestalt und Zeit*. 2. Aufl. Vandenhoeck & Ruprecht, Göttingen 1960, S. 23（木村敏訳『生命と主体』人文書院、一九九五年所収、三四頁）。

（4）Weizsäcker, V. v.: *Gestaltkreis*. S. 110（邦訳四二頁）。

（5）同書 S. 297（邦訳二七三頁）。

（6）Weizsäcker. V. v.: *Gestalt und Zeit*. S. 16（邦訳二五／二六頁）。

（7）Weizsäcker, V. v.: *Gestaltkreis*. S. 300（邦訳二七七頁）。

（8）同書 S. 299（邦訳二七五／二七六頁）。

（9）同書 S. 318（邦訳二九八頁）。

（10）Weizsäcker, V. v.: *Pathosophie*. Vandenhoeck & Ruprecht, Göttingen 1956, S. 273ff.

（11）Weizsäcker, V. v.: *Gestaltkreis* S. 83（邦訳三頁）。

（12）カール・ケレーニー『ディオニューソス』岡田素之訳、白水社、一九九三年、一六頁。

（13）同書一八頁。

（14）同書二二二頁。

（15）Heidegger, M.: *Vom Wesen des Grundes*. 4. Aufl. Klostermann, Frankfurt 1955, S. 15f.

（16）同書 S. 19.

（17）思考伝播におけるこの「他者の先行性」に関しては、この症状に「つつぬけ体験」という独自の名称を与えた長井真理のすぐれた症例記述と考察（長井真理『内省の構造——精神病理学的考察』岩波書店、一九九一年、二〇頁以下）を挙げておきたい。彼女は「自分の心がこわれていて、つつぬけになる」と訴える患者（症例1）の体験について、《すでに明確な言語形式をとって分節された思考内容がぬけるのではなくて、ある考えが考えとして成立する一歩手前の「ほんのちょっとでも思い浮かんだこと」が、まだ「自分でも内容がわからない」うちに、すでに「ぬける」のである》という。別の患者（症例2）は、「ぼくが頭の中で言おうとすることがすぐマスコミにわかって、テレビやラジオがそっくり放送してくる」というのだが、これは《頭に浮かんでくる考えが前もってすでに先取りして知られてしまっている》からである。もう一人の患者（症例3）は、《他者の「思いが入る」ことによって、自己の「考えが取られる」》という。「音は文字。書いた文字もしゃべる文字も人がぬいてしまう。そのため、音があっという間になしになる。言葉にする前になしになる。……一秒と育たない。それで先方へ伝わる発音が出てこない。音をつくることができん。……大きい音と小さい音のあいさに人が入って、大きい音が聞こえないうちに取られちゃうから困る」とこの患者はいうのだが、長井はこれについて《「小さい音」とは、言葉が言葉として成立する以前のもの、つまり記号（signe）として具現する以前の萌芽的所記（signifié naissant）ともいうべきものである》と述べている（強調はすべて原著者）。

(18) 木村敏「精神分裂病症状の背後にあるもの」『哲学研究』第四三巻四九七号、一九六五年（『木村敏著作集』第一巻、八一頁）。

(19) Blankenburg, W.: *Der Versut der natürlichen Selbstverständlichkeit. Ein Beitrag zur Psychopathologie symptomarmer Schizophrenien.* Enke, Stuttgart 1971（木村敏・岡本進・島弘嗣訳『自明性の喪失——分裂病の現象学』みすず書房、一九七八年）。

(20) 同書 S. 77（邦訳一二九頁）。

(21) 木村敏『偶然性の精神病理』岩波現代文庫、二〇〇〇年、一〇三頁以下（『木村敏著作集』第七巻、一一九頁以下）。

（22）木村敏『分裂病の現象学』弘文堂、一九七五年、三二〇頁（『木村敏著作集』第八巻、一七六頁）。
（23）木村敏『心の病理を考える』岩波新書、一九九四年、一六二頁以下（『木村敏著作集』第六巻、三四六頁以下）を参照。
（24）今西錦司「生物の世界」『今西錦司全集』1、講談社、一九七四年、一二三頁。
（25）木村敏「分裂病の時間論」笠原嘉編『分裂病の精神病理5』東京大学出版会、一九七六年（木村敏『自己・あいだ・時間』弘文堂、一九八一年、『木村敏著作集』第二巻所収）。
（26）Lukács, G.: *Geschichte und Klassenbewußtsein.* Luchterhand, Darmstadt und Neuwied, 1968, S. 392（城塚登・古田光訳『歴史と階級意識』『ルカーチ著作集』9、白水社、一九六八年、四〇七頁）。この「ポスト・フェストゥム意識」の概念を、わたし自身はメランコリー患者特有の時間の生き方を記述するために使用している。
（27）Gabel, J.: *La fausse conscience.* Minuit, Paris 1962, p. 50（木村洋二訳『虚偽意識』人文書院、一九八〇年、七〇頁）。ただしガベルは、ルカーチのいうブルジョワジーのポスト・フェストゥム意識も自分のいうプロレタリートのアンテ・フェストゥム意識も、それぞれ過去と未来の物象化に基づく「虚偽意識」ないし「イデオロギー」として、ともに統合失調症的性格をもつ現象であると見なしている。わたしはこのような統合失調症理解には賛同しえない。この点に関しては、この著作の邦訳についてのわたし自身の書評（『木村敏著作集』第八巻、二九六頁以下）を参照してほしい。
（28）Heidegger, M.: *Sein und Zeit.* 7. Aufl. Niemeyer, Tübingen 1953, S. 325.
（29）九鬼周造「ハイデッガーの哲学」『人間と実存』岩波書店、一九三九年、二六五頁。ここで九鬼は、われわれの引用したハイデガーの文章の前半を受けて《「将来」とは「未来」ではない》と述べているが、これは「未来」の語の誤った解釈だといわねばならない。「未来」の概念には、「いつか現実になるであろう」というような推量の意味は含まれていない。

あとがき

著作集（二〇〇一年）の出版以来はじめての論文集を、ようやくお目にかけることができることになった。若いころから何冊も翻訳を出していただき、いってみればわたしの精神病理学の原点となっているみすず書房から、老後の論文集が出版されるのは嬉しいことである。

「序論」以外の収録論文はほぼ執筆年次順に配列した。初出は以下の通りである。

「序論」は本書のために新たに書き下ろした。

第Ⅰ章「私的な「私」と公共的な「私」」は、京都フォーラム第三回公共哲学研究会（京都リーガルホテル、一九九八年七月）での発表「対人恐怖と日本的心性——私的存在と公共的存在の交錯」を素材として、「対人恐怖における私的な「私」と公共的な「私」の交錯」の原題で中村雄二郎・木村敏監修『講座・生命　2000 vol. 4』（河合文化教育研究所、二〇〇〇年）のために執筆した。

第Ⅱ章「時間の人称性」は、林原フォーラム「時間と時」（岡山国際交流センター、一九九九年一〇月）で発表し、広中平祐・井上愼一・金子務編『時間と時――今日を豊かにするために』（日本学会事務センター、二〇〇二年）に収録された。

第Ⅲ章「他者性のクオリア」は、河本英夫・谷徹・松尾正編『他者の現象学Ⅲ――哲学と精神医学の臨界』（北斗出版、二〇〇四年）のために執筆した。

第Ⅳ章「自分であるとはどのようなことか」は、「自分であるとはどのようなことか――自己性と他者性の精神病理学のために」と題して第二四回日本精神病理学会（名古屋大学、二〇〇一年一〇月）で行なった特別講演で、『臨床精神病理』第二二巻第三号（二〇〇一年）に掲載された。

第Ⅴ章「個別性のジレンマ――記憶と自己」は、第二回河合臨床哲学シンポジウム「臨床哲学の可能性――木村敏著作集刊行を記念して」（愛知芸術文化センター、二〇〇一年一一月）で発表し、中村雄二郎・木村敏監修『講座・生命　2002 vol. 6』（河合文化教育研究所、二〇〇二年）に収録された。

第Ⅵ章「〈あいだ〉と言葉」は、国際高等研究所研究プロジェクト「臨床哲学の可能性」第一五回研究会（国際高等研究所、二〇〇二年二月）での報告をもとにして、加藤敏編『語りと聴取――新世紀の精神科治療7』（中山書店、二〇〇三年）のために執筆した。

第Ⅶ章「「あいだ」と恥ずかしさ、そして証言――アガンベンを読む」は、『批評空間』二〇〇二年第四号のために執筆した。

第Ⅷ章「生命論的差異の重さ」は、「〈生命論的差異〉の重み」と題して、「第三回土井道子記念京都哲学基金シンポジウム」（京都ガーデンパレスホテル、二〇〇一年一二月）で発表したもので、日本哲学史フォーラム編『日本の哲学　第三号　特集 生命』（昭和堂、二〇〇二年）に掲載された。

第Ⅸ章「ブランケンブルクの死を悼む」は、「Blankenburg の死を悼む」と題して『臨床精神病理』第二三巻第三号（二〇〇二年）のために執筆した。

第Ⅹ章「西田哲学と精神病理学」は、立命館大学での講演（二〇〇三年一二月）をもとにして、『精神療法』第三〇巻第一号（二〇〇四年）のために執筆した。

第Ⅺ章「一人称の精神病理学へ向けて――ヴォルフガング・ブランケンブルクの追悼のために」は、「一人称精神病理学へ向けて」と題して、第三回河合臨床哲学シンポジウム「交錯する自己――ブランケンブルク追悼記念」（東洋大学、二〇〇三年六月）で発表したもので、中村雄二郎・木村敏監修『講座・生命　2004 vol. 7』（河合文化教育研究所、二〇〇四年）に収録された。なお、これと同じ趣旨の発表を、"Toward a First-person Psychopathology" と題して、Philosophical Thinking and Psychiatric Practice – Post World Congress Meeting on Philosophy and Psychiatry（東京大学、二〇〇二年八月）で行なった。

第Ⅻ章の「未来と自己――統合失調症の臨床哲学試論」は、『現象学年報』第二〇巻（二〇〇四年）のために執筆した。なお、これと同じ趣旨の発表を、"On Future" と題して 7th International Conference on Philosophy, Psychiatry and Psychology（ハイデルベルク大学、二〇〇四年九月）で招待講演として行なった。

本書に収録した諸論文の執筆期間中に、これまで「精神分裂病」（あるいは単に「分裂病」）と訳されていたschizophreniaの公式訳語が「統合失調症」に変更された。わたし自身はこの改称を歓迎しているのだが、それ以前に執筆された論文での表記は変更しなかった。そのために生じた不統一については、読者各位のご寛容をいただきたいと思っている。

本書の出版にあたっては、みすず書房の守田省吾氏と浜田優氏にたいへんお世話になった。こころから御礼を申し上げたい。

二〇〇五年二月

木村　敏

著者略歴

(きむら・びん)

1931年生まれ. 1995年京都大学医学部卒業, 京都大学名誉教授, 元河合文化教育研究所主任研究員. 精神病理学専攻. 2021年歿. 著書『異常の構造』(講談社, 1973)『時間と自己』(中公新書, 1982),『偶然性の精神病理』(岩波書店, 1994),『木村敏著作集』全8巻(弘文堂, 2001), "Ecrits de psychopathologie phénoménologique" (PUF, Paris 1992), "Zwischen Mensch und Mensch" (Wissenschaftliche Buchgesellschaft, Darmstadt 1995), "L'Entre" (J. Millon, Grenoble 2000) ほか. 訳書 ビンスワンガー『精神分裂病』I・II(共訳, 1960-61), 同『現象学的人間学』(共訳, 1967), ヴァイツゼッカー『ゲシュタルトクライス』(共訳, 1975), ブランケンブルク『自明性の喪失』(共訳, 1978), テレンバッハ『メランコリー』(1978, 1985), ハイデッガー『ツォリコーン・ゼミナール』(共訳, 1991)(以上みすず書房)ほか. 1981年第3回シーボルト賞(ドイツ連邦共和国), 1985年第1回エグネール賞(スイス, エグネール財団), 2003年第15回和辻哲郎文化賞受賞.

木村 敏

関係としての自己

2005年4月22日 初 版第1刷発行
2018年7月9日 新装版第1刷発行
2022年6月15日 新装版第2刷発行

発行所 株式会社 みすず書房
〒113-0033 東京都文京区本郷2丁目20-7
電話 03-3814-0131(営業) 03-3815-9181(編集)
www.msz.co.jp

本文印刷所 精興社
扉・表紙・カバー印刷所 リヒトプランニング
製本所 松岳社
装丁 安藤剛史

ISBN 978-4-622-08730-4
[かんけいとしてのじこ]
落丁・乱丁本はお取替えいたします